全国高等职业教育示范专业规划教材

公共关系教程

第2版

主　编　万国邦
副主编　赵　奕　赵玉辉
参　编　汤雪静　李荣新　高秀东

机械工业出版社

本书以满足高职高专经济管理类专业学生公共关系技能培训为主要目的，服务于社会成员和高等职业院校公共关系的教育需要，根据《公关员国家职业资格标准》（中级）选择教学内容，以中级公关员职业技能为主线构建公共关系课程体系。

本书共九章，分别为公共关系工作基础、公关人员素质、公众关系协调、公共关系传播、公共关系调查、公共关系策划、公共关系实施、公共关系评估、公共关系危机管理。首先，每章开始由案例导入，设置学习情境；其次，正文详尽阐述技能操作的工作流程，理论知识简洁明了，中间穿插典型案例，便于理论联系实际；最后，通过技能训练提高学习者的实践能力和综合素质。全书语言通俗流畅，案例经典有趣，可读性强。

本书既可作为高等职业院校公共关系课程的教材，也可作为广大读者自修公共关系的参考资料。为方便教学，本书配备了电子课件等教学资源。凡选用本书作为教材的教师均可登录机械工业出版社教育服务网 www.cmpedu.com 免费下载。如有问题请致信 cmpgaozhi@sina.com，或致电 010-88379375 联系营销人员。

图书在版编目（CIP）数据

公共关系教程/万国邦主编．—2 版．—北京：机械工业出版社，2015.9（2019.6重印）
全国高等职业教育示范专业规划教材
ISBN 978-7-111-51588-3

Ⅰ．①公…　Ⅱ．①万…　Ⅲ．①公共关系学—高等职业教育—教材
Ⅳ．①C912.3

中国版本图书馆 CIP 数据核字（2015）第 216426 号

机械工业出版社（北京市百万庄大街 22 号　邮政编码 100037）
策划编辑：孔文梅　　责任编辑：孔文梅　乔　晨
封面设计：张　静　　责任印制：郜　敏
责任校对：郭明磊
北京圣夫亚美印刷有限公司印刷
2019 年 6 月第 2 版第 2 次印刷
184mm×260mm・13.75 印张・312 千字
3001— 4500 册
标准书号：ISBN 978-7-111-51588-3
定价：33.00 元

凡购本书，如有缺页、倒页、脱页，由本社发行部调换

电话服务
服务咨询热线：010-88379833
读者购书热线：010-68326294

网络服务
机 工 官 网：www.cmpbook.com
机 工 官 博：weibo.com/cmp1952
教育服务网：www.cmpedu.com
金 书 网：www.golden-book.com

前　　言

21 世纪，随着全球经济一体化的加速发展，人类社会面临着巨变，公共关系也备受关注。社会对专业公关人员的需求越来越多，对每个社会成员的公关素养要求也越来越高。公共关系的职业化、专业化、普及化，要求公共关系教育和培训有更长足的发展，这就需要公共关系课程建设和教材建设更好地配合。

教育部《关于全面提高高等职业教育教学质量的若干意见》（教高[2006]16 号）明确指出："高等职业院校要积极与行业企业合作开发课程，根据技术领域和职业岗位（群）的任职要求，参照相关的职业资格标准，改革课程体系和教学内容。建立突出职业能力培养的课程标准，规范课程教学的基本要求，提高课程教学质量。""加强教材建设，改革教学方法和手段，融'教、学、做'为一体，强化学生能力的培养。"《国家中长期教育改革和发展规划纲要（2010～2020 年）》进一步提出，要积极推进学历证书和职业资格证书"双证书"制度，推进职业学校专业课程内容和职业标准相衔接。《国务院关于加快发展现代职业教育的决定》（国发[2014]19 号）也进一步强调，职业院校要"适应经济发展、产业升级和技术进步需要，建立专业教学标准和职业标准联动开发机制。推进专业设置、专业课程内容与职业标准相衔接"。

在总结高等职业教育教学改革成果的基础上，我们认为探索高职课程内容与职业标准对接，就必须从以下四个方面展开：①如何将职业资格标准融入高职课程标准之中，合理定位课程教学目标，从实践层面真正实现高职课程目标与职业工作需求对接；②如何将职业资格标准融入高职课程教学内容之中，合理编制课程教学内容，从实践层面真正实现高职课程教学内容与职业岗位任务对接；③如何将职业资格标准融入高职课程教学方式之中，合理选择课程教学方式，从实践层面真正实现高职课程教学方式与职业工作过程对接；④如何将职业资格标准融入高职课程评价之中，合理开展学习效果评价，从实践层面真正实现高职课程效果评价与职业能力素质对接。

在本书的编写过程中，我们力求实现"四个对接"与"三个转变"。

"四个对接"是：①公共关系教学课程目标与公共关系工作需求对接，②公共关系教学内容与公共关系岗位任务对接，③公共关系教学方式与公共关系工作过程对接，④公共关系学习效果评价与公共关系素质要求对接。

"三个转变"是：①教师角色的转变，由传统的知识传授者转变为学生构建知识结构的引导者、帮助者和促进者；②学生学习方式的转变，由传统的知识接受者转变为自主学习者；③课程体系的转变，由传统的学科体系转变为行动体系。

将这些理念落实到教材编写中，由此就形成了本书的四个特色：①突破学科体系，强化技能训练，构建了一个崭新的公共关系课程体系。我们以中级公关员职业技能为主线，对公共关系理论知识和实务进行了重新组合，以技能训练带动知识学习。②突出案例教学，融“教、学、做”为一体。每章开始由案例导入，引导学生进入学习情境；正文中穿插典型案例，便于理论联系实际，增加可读性，提高学生的学习兴趣；每章最后给出技能训练题，发动学习者动手、动脑，使学习者的实践能力和综合素质通过技能训练得到提高。③体现了教师主导、学生主动的教学理念。教材对技能操作方面的知识务求按照工作过程详尽阐述，对理论知识则以够用为度，务求简洁。我们将在后续的“网络课程”建设中为学生提供自主学习的丰富资源和师生互动、学生之间互动的环境。④紧密结合《公关员国家职业资格标准》（中级），实施课程教学内容与职业资格考证培训的统一。本教材的技能训练和理论知识的选择均以《公关员国家职业资格标准》（中级）为依据。

本书由万国邦任主编，赵奕、赵玉辉任副主编。各章编写分工如下：武汉软件工程职业学院万国邦撰写第一、四、六、八章和综合案例；贵州电子信息职业技术学院汤雪静撰写第二章；哈尔滨金融高等专科学校李荣新撰写第三章；四川航天职业技术学院赵奕撰写第五章；四川航天职业技术学院高秀东撰写第七章；哈尔滨金融高等专科学校赵玉辉撰写第九章。在本书编写过程中，我们参阅了大量相关著作和报刊，在此谨向这些文献的作者表示衷心的感谢！

为方便教学，本书配备电子课件等教学资源。凡选用本书作为教材的教师均可索取，请发送邮件至 cmpgaozhi@sina.com，咨询电话：010-88379375，QQ：945379158。

本书从策划到出版的过程中，机械工业出版社的孔文梅编辑付出了大量的心血，她的许多宝贵意见对我们提高教材的质量起到了不容忽视的作用，对此我们向她表示诚挚的谢意！

由于编者的水平和经验所限，书中难免存在不足之处，敬请同行专家和广大读者以及使用本书的老师和同学们批评指正。

编　者

目　录

第一章

公共关系工作基础

学习目标

1．认识公共关系是现代社会文明的产物，公共关系观念、公共关系活动都随着社会发展而演变，公共关系的基本目标是帮助企业塑造良好形象。

2．理解公共关系状态、公共关系活动、公共关系观念的含义，公共关系的构成要素，公共关系的独特管理领域。

3．掌握公共关系的基本原则和基本职能，在公共关系活动中遵循公共关系原则，履行公共关系职能，帮助企业与公众建立和维持良好关系。

1992年圣诞节，在法国首都巴黎，出于一个要求为穷人提供更多住房组织的安排，约有200名无家可归者占据了豪华的乔治五世饭店的门厅。这无疑会给饭店的正常经营造成妨碍。如果仅仅依法办事，饭店可以与警方联系，或与政府福利部门联系。但是，一旦动用了强硬措施，便会造成巨大的影响，而这样的影响是极不利于饭店形象的。况且，那个组织正愁无法向政府施加压力呢！精于公关艺术的饭店不仅没有强硬地驱赶这些无家可归者，而且力图向相反的方向努力，利用这个机会为自己的形象添上光彩的一笔。饭店经理亲自出面，向门厅内的人们问候，并发放巧克力给他们，同时向他们的子女赠送圣诞礼物，迅速地使这些人消除了敌对感。这种赠礼的家庭式气氛，增进了店方与这些无家可归者之间的感情。于是，这批不速之客就像一般来访的客人一样，90分钟后便离店而去了。他们来的时候满怀一腔不平，走的时候则带着一丝愧疚，并且感觉到一种被友善对待的温暖。

新闻界把这则圣诞花絮当作消息报道了。人们的一般印象是：鼓动者无可厚非，饭店通情达理，受鼓动者也值得同情。人们因事情温和友好地被解决而感到庆幸，这种解决办法对住店的宾客也是一种安慰，他们感谢店方既解决了让他们不得安宁的危机，也让他们的良心不因强烈的居处对比反差而感到不安。

在我们的经营管理工作中，经常会遇到类似的情景。乔治五世饭店为什么不依法办事，而要采取这种温情脉脉的方式对待那些“不速之客”？这是因为该饭店要考虑其“公共关系”，因此选择了用“公共关系”的方式来解决这一突发事件。那么，公共关系是什么？公共关系工作的目的是什么？公共关系做什么？这些正是本章试图解答的问题。

在现代社会里，公共关系无时不有、无处不在。任何社会组织，都需要通过有效的公共关系工作塑造良好形象、创造有利于生存发展的社会环境。要有效地开展公共关系工作，必须先正确地认识公共关系，本章的作用就是帮助你认识公共关系的基本理论，正确理解公共关系这一现代社会文明的产物，以达到学习入门的目的。

第一节　公共关系的基本含义

类似于现代公共关系的思想和活动古已有之，但作为一门科学的公共关系产生于19世纪末20世纪初的美国，这是因为公共关系的产生与发展受到社会经济、政治、文化以及传播技术等因素的制约。要弄清楚什么是公共关系，首先，有必要分析公共关系概念的基本含义，把握公共关系的本质；其次，要分析公共关系的构成要素，把握各要素的作用及其相互关系；最后，要在上述分析研究的基础上，表述公共关系的含义。

一、公共关系的基本形式

现代公共关系源于美国，译自英文Public Relations，英文缩写PR，最初传入我国时，被我国香港特别行政区、台湾省的公关界译为公众关系，现在通行的译法是公共关系，简称公关。

Public Relations 在英文原意中有多种指代，今天人们常说的“公共关系”，主要包含三种含义：①社会组织与其公众之间客观存在的关系；②专门为协调这些关系而进行的活动与工作；③由此而形成的一种现代社会意识。即公共关系状态、公共关系活动、公共关系观念三种含义。这三种含义正是公共关系的三种基本存在形式。公共关系状态是公共关系的静态存在形式，公共关系活动是公共关系的动态存在形式，公共关系观念是公共关系的文化存在形式。

（一）公共关系状态

公共关系状态是指一个社会组织所处的社会关系状态和社会舆论状态，它体现了公众对社会组织的联系、了解和支持的程度。换言之，公共关系状态即社会组织在公众心目中的现实形象状态。公共关系状态伴随着人类社会的产生而产生，是一种不以人的主观意志为转移而客观存在的社会关系。公共关系状态主要通过关系的规模大小、质量好坏和变化趋势等来体现。它有可能处于人们意识到的状态，也有可能是人们还没有意识到的。例如，社会组织在公众心目中的知名度是否高、美誉度怎么样、组织与组织相互间的关系是否亲密，是相互合作还是彼此对抗等。

一般来说，我们从良好或不良，自觉或自然两种角度剖析组织的公共关系状态。

1．良好的公共关系状态和不良的公共关系状态

良好的公共关系状态是指社会组织拥有良好的组织形象，处于被公众支持的状态。这是社会组织存在和发展的环境基础。

不良的公共关系状态是指社会组织形象欠佳，不被公众支持，这种状态不但使社会组织无法取得“人和”的便利，而且还使社会组织处于潜在的危机之中，一旦产生某种危机，便会对社会组织造成危害，甚至可能是灭顶之灾。

良好的公共关系状态可以带来公众同情、支持、重视和合作；不良的公共关系状态将会带来公众淡忘、冷漠，产生偏见和敌对。

2．自觉的公共关系状态和自然的公共关系状态

自觉的公共关系状态是指社会组织通过开展有意识的公共关系活动之后所拥有的组织形象。

自然的公共关系状态则是指社会组织在无为的情况下自然而然地获得的组织形象。

公共关系状态既是组织公关活动得以进行的基础，也是组织公关活动实际形成的结果。任何组织要在激烈的竞争环境中生存和发展，就必须主动去适应、改变社会环境，自觉追求和塑造良好的组织形象，建立良好的公共关系状态。

（二）公共关系活动

公共关系活动是社会组织以创造良好的公共关系状态（或树立良好的组织形象）为目的而开展的各种协调、沟通活动。

公共关系活动是主观见诸于客观的一种社会实践活动；公共关系活动是改善组织原有

的公共关系状态，实现公关目标的手段；公共关系活动是社会组织树立自身良好形象的过程；任何一项公共关系活动都具有目标性、主观性、技巧性等特点。

公共关系活动可以细分为兼及的公关活动和专门的公关活动。

1．兼及的公共关系活动

兼及的公共关系活动是指那些在组织日常事务中兼顾了公共关系的活动。例如，接待工作中谦虚有礼、营销工作中诚实待人等。这种活动并非由专门的公共关系部门和公关人员所从事，一般不需要周密的策划，不需拨给专门的经费。

2．专门的公共关系活动

专门的公共关系活动是指由专门的公共关系机构和公关人员所策划和从事的公共关系活动。例如，对组织形象进行调查、对组织的方针政策可能给组织公关状态产生的影响进行评估、筹划组织的庆典活动、编印公关刊物、制作公关广告等。

无论是兼及的公关活动还是专门的公关活动，对于公关工作来说都十分重要，不可偏废。

公共关系活动是否自觉、是否科学的重要标志，就是看有没有自觉的公共关系意识和科学的公关理论作指导。因此，现代公共关系活动又是和公共关系观念相联系的。

（三）公共关系观念

公共关系观念属于一种现代经营管理和行政管理的思想、观念和原则，它是在总结现代经营管理和行政管理经验的基础上，用以指导社会组织自身行为、树立组织良好形象、处理组织内部和外部各种关系的一整套具有哲学意义的指导思想。

公共关系观念影响和指导着个人或组织决策与行为的价值取向，从而反作用于人们的公共关系活动，并间接影响实际的公共关系状态。

对于任何一个组织或者个人来说，要有良好的公共关系状态，必须要有相应的公共关系活动。而这些活动，必须是在正确的公共关系观念指导下进行的。换言之，没有现代公共关系观念，就没有适应现代状况的公共关系活动，因而也不会产生良好的公共关系状态。所以，在这三个层面上，公共关系观念是至关重要的。

二、公共关系的构成要素

公共关系是由社会组织、公众和信息传播沟通三大要素构成的。社会组织是公共关系的主体，它主宰着公共关系活动，决定公共关系状态；公众是公共关系的客体，他们的态度和行为影响着社会组织目标的实现；信息传播沟通是公共关系的手段，它决定着公共关系活动的效果。

（一）公共关系主体——社会组织

社会组织简称组织，是指人们为实现特定目标，按照一定的规范建立起来的社会团体。例如，政治组织、经济组织、军事组织、文化团体以及民间组织等具体机构，它们是实施公共关系活动的主体，可以发起和从事各种公共关系活动。

1．社会组织的基本特征

任何一个社会组织都具备以下基本特征：

（1）目的性。每个组织都有自己的特定目标，这个目标体现了该组织存在的意义和奋斗方向。

（2）群体性。每个组织都有一定数量、较为稳定的成员。

（3）系统性。每个组织都是以一定的规章制度、责任分工相互约束的整体，以形成合力，完成共同目标。

（4）协作性。每个组织都有与实现其特定目标相适应的结构形式，要求组织成员之间相互协作、相互制约。

（5）变动性。每个组织都受到社会环境的制约，社会环境的变化必然带来组织的相应改变。

2．社会组织的运行环境

组织运行环境是由影响和制约组织生存和发展的诸多因素构成的大系统。按照组织对这些因素的控制、影响程度的不同，可将它们区分为组织的内部环境和外部环境两大类。

组织的内部环境包括组织的决策层、员工队伍、员工关系、经营状况、管理机制、文化氛围、精神面貌和设备设施、建筑风格、装潢布置等，它们是由有形的人、财、物与无形的信息、知识、管理、精神等组成的微观环境系统，是组织赖以生存和正常运行的基本条件。

组织的外部环境更为复杂，由自然环境和社会环境两大系统组成。前者是指组织所在地区的地形、地理、气候特点和水、空气质量、植被面积、天然景观等各种自然因素及其对组织的影响；后者是指组织所面对的政治、经济、文化等状况及其对组织的影响。

3．社会组织的公关工作

社会组织开展公共关系工作，其目的就是为实现组织目标创造良好的内部环境和外部环境。因此，公共关系工作目标与组织目标的关系是：

（1）组织目标决定公共关系目标。

（2）公共关系目标体系是组织目标体系中的子目标系统。

（3）公共关系目标服务、服从于组织目标。

（4）公共关系工作必须帮助组织实现目标。

（二）公共关系客体——公众

公众是与特定的公共关系主体相互联系、相互作用的个人、群体和组织的总和，是公共关系工作对象的总称。公众的数量以及态度，决定着组织生存环境的优劣。正确认识和分析公众，积极地影响公众，争取不同公众对组织的理解与支持，是公共关系工作的重要任务。

1．公众的特点

公众是由组织来确定的，每个组织都有自己特定的公众对象。组织的性质、规模和目标，决定着公众的范围和数量。一般来说，公众具有如下特点：

（1）整体性。每一个公众都是某一类公众群体中的一员，或是以代表某类公众的“代表者”出现。公众不是单一的群体，而是与某一组织运行有关的整体环境。任何组织的生存和发展都离不开一定的公众环境。公众环境是组织运行过程中必须面对的社会关系和社会舆论的总和。公共关系工作不可只注意其中某一类公众而忽略其他公众。对其中任何一种公众的疏忽，都可能致使整个公众环境恶化。因此，开展公共关系工作时，首先应该将组织面对的公众视作一个完整的环境，要用全面、系统的观点来分析自己面临的公众。

（2）共同性。公众是具有某种内在共同性的群体。这种内在共同性即相互之间的某种共同点。这样一些共同点，使一群人或一些团体、组织具有相同或类似的态度和行为，构成组织面临的一类公众。要了解和分析自己的公众，必须了解和分析其内在的共同性、内在的联系，这样才能化混沌为清晰，从公众整体中区分出不同的对象。

（3）多样性。公众的多样性表现在公众种类的多样性、公众存在形式的多样性和公众态度、行为的复杂性三个方面。公众种类的多样性，决定了沟通内容、信息角度的多样性；公众存在形式的多样性，决定了沟通方式和传播媒介的多样性；公众态度、行为的复杂性，决定了公共关系工作中公共关系策略的运用。公共关系工作要针对不同的公众，传播不同的信息，选择不同的传播媒介，运用不同的沟通方式，采用不同的公共关系策略。

（4）可变性。任何组织面临的公众都在不断地变化，其性质、形式、数量、范围等方面随着主体条件、客观环境的变化而变化。公众环境的变化，必将导致公共关系工作目标、方针、策略、手段的变化；组织自身的变化，也会导致公众环境的变化。明确公众的可变性，社会组织才能随时修订计划，采取公共关系措施，让公众向有利于组织的方向变化。

（5）能动性。公众不只是被动地作为公共关系的客体，而是从自身利益需要出发，积极主动地影响某一组织的决策和行为。社会组织必须及时了解和分析公众的态度，满足公众的需求，以争取公众对组织的支持与合作，并要善于引导公众，调动公众的能动性向有利于组织的方向发展，确保组织目标的顺利实现。

2．公众的分类

在公共关系工作中，我们不仅要了解公众的特点，还要对公众进行详细的划分，以明确公共关系的具体工作对象。常见的几种分类法如下：

（1）根据公众与组织的所属关系，可分为内部公众和外部公众。内部公众是指组织内部的各类成员和与组织有较多共同利益的公众，如企业的管理、技术、生产、销售等人员和股东；外部公众是指组织外围的公众，他们不从属于组织，如消费者、原料供应商、政府以及上级主管部门、竞争对手、新闻媒介、社会名流、社区居民等。

（2）根据公众对组织的重要性程度，可分为首要公众、次要公众和边缘公众。首要公众是指对组织的生存、发展起着决定性作用和影响的那部分公众；次要公众是指对组织有一定的影响，但没有决定性作用的公众；边缘公众是指与组织有关系，但对组织的生存和发展影响有限的公众。组织的公共关系工作，要保证能够有效地影响首要公众，兼顾次要公众，关注边缘公众。

（3）根据公众对组织的不同态度，可分为顺意公众、逆意公众和独立公众。顺意公众是指对组织的政策和行为持肯定态度的那部分公众；反之，对组织缺乏好感、持否定态度的公众就是逆意公众；独立公众对组织的政策与行为持不明朗态度，既不明确赞同，也不反对。面对不同态度的公众，组织的公共关系工作就是要尽量稳定、维系顺意公众，努力使独立公众向顺意公众转化，对逆意公众来说，也不要采取听之任之的态度，应该弄清楚他们对组织产生敌意的原因，针对原因采取对策，诚恳地向他们做出解释，与他们进行沟通，使他们逐步向独立公众、甚至向顺意公众转化。

（4）根据公众与组织关系的稳定程度，可分为稳定公众、周期公众和临时公众。稳定公众是指具有稳定结构，与组织保持较为稳定关系的公众，如组织的员工、老顾客、社区公众等；周期公众是指那些遵循一定规律和周期出现的公众对象，如旅游旺季出现的众多旅游者、春节前后许多地方出现的民工潮等；临时公众是指那些因临时因素和突发事件而出现的公众，如地震、洪水等自然灾害造成的受灾民众、某一特大事故引起的受害者及其家属等。区分稳定、周期、临时三类公众有助于组织根据这些公众的特点和情况，有针对性地分别制定公共关系的长期性策略、周期性策略和处理突发事件的应急策略。

（5）根据公众的一般发展过程，可分为非公众、潜在公众、知晓公众和行动公众。非公众是公共关系学中特有的一个概念，是指与组织不发生关系，不受组织行为影响，也不对组织产生任何影响的社会群体或者个人；潜在公众是指那些组织的行为和目标有可能影响到的公众，其本身也没有意识到；知晓公众是指那些已经了解了组织的有关信息，并意识到自己的权益与组织已经发生了某种联系的公众；行动公众是指那些已经采取行动，对组织产生了实际影响的公众。把公众划分为非公众、潜在公众、知晓公众和行动公众是一种纵向的分类方法，其目的是把公众理解为一个连续的发展过程。对公共关系工作来说，划分出自己的非公众是有意义的，可以帮助我们减少公共关系工作的盲目性，将非公众排除在公共关系活动的范围之外，避免不必要的浪费；对潜在公众，要预测、监视事态的发展，分析各种可能出现的后果，制订多种应对的方案，积极影响事态向好的方向发展，当事态不可避免地要变糟时，采取必要的预警措施，防患于未然，将问题解决在萌芽状态，避免酿成更大的麻烦；对知晓公众，要采取积极主动的公共关系姿态，及时沟通，主动传播，满足公众要求被告知的心情，使公众对组织产生信任感，主动控制舆论局势；对行动公众，除了采取相应的行动别无选择。

对公众进行分类是为了更好地开展公共关系工作，更好地服务于组织的发展，但以上的分类虽然标准不同，他们之间是有交叉和融合的。因此，在具体的公共关系工作当中，应该因时而异，遵循突出重点、强调应急、避免扩散的动态选择原则，对公众进行合理的分类，这样公共关系工作才会卓有成效。

3．影响公众行为的心理因素和社会因素

（1）影响公众行为的心理因素。影响公众行为的心理因素是多种多样的，从公共关系角度看，主要有以下六个方面：需要、知觉、价值观、态度、性格和气质、兴趣和能力。不过在这些因素当中，最基本、最主要的因素是“需要”。在研究和分析公众问题、解决公关问题时，我们应该把这一因素放在首位来考虑。

（2）影响公众行为的社会因素。公共关系中的公众都是生活在特定的社会环境中的，他们的行为以及心理的形成与变化无时不受到其生活的社会环境的影响，因此，要进一步认识公众的行为，还需要进一步研究分析影响公众行为的各种社会因素，如文化因素、经济因素、政治因素、教育因素、组织因素、阶层因素、性别因素、年龄因素、职业因素、种族因素等。这些因素往往同时对公众行为产生影响，因此，在公关工作中，对影响公众行为的社会因素应该考虑各种因素的共同作用，这样才不会顾此失彼。

（三）公共关系过程——信息传播沟通

传播是指个人间、群体间或群体与个人之间交换、传递新闻、事实、意见、感情的信息交流过程。它是人类社会赖以生存和发展的前提。信息传播沟通是连接公共关系主体和客体的纽带，它是公共关系的工作过程，也是公共关系的基本手段。信息传播的质量和效果决定着公共关系工作的效果。

虽然，影响信息传播质量与效果的因素是多方面的——如公关人员的知识结构、文化修养、思维观念、经验阅历，对公众的研究和把握程度，信息传播的物质条件、社会环境和具体环境，公众对信息传播的接受理解水平等。但毫无疑问，制约传播质量和效果最直接、最重要的因素，还是公关人员对传播沟通理论的掌握和实践运作能力。

“工欲善其事，必先利其器”。“利其器”，一是靠实践锻炼积累直接经验，二是靠学习借鉴积累间接经验。“利其器”的基础是“识其器”，因此，我们必须先来认识信息传播沟通的相关知识。

1．信息传播沟通的要素

（1）基本要素。信息传播沟通的基本要素包括信源、信宿、信息、媒介、信道、反馈六个要素。

1）信源，即信息的发布者。信息发布者的编码能力影响着信息传播的效果。

2）信宿，即接受并利用信息的人。信息接受者的译码能力及其观念、态度和情感也影响着信息传播的效果。

3）信息，是具有新内容、新知识的消息，包括观念、态度和情感等。信息是信息传播沟通的内容，对信息传播沟通的效果具有决定性的影响。

4）媒介，是指用以记录和保存信息并随后由其重现信息的载体。信息与媒介密不可分，离开了媒介，信息就不复存在；任何信息都必须以某一特定的媒介作为载体，才可能进行传播。

5）信道，是指信息传递的途径、渠道。信道的性质和特点，将决定对媒介的选择。

6）反馈，是指信息接受者对信息传播者所发出信息的反应。在传播过程中，这是一种信息的回流。信息传播者可以根据反馈检验传播的效果，并据此调整、充实、改进下一步的传播行为。

（2）隐含要素。信息传播沟通的效果除了受到上述基本要素的影响外，还受到时空环境、心理因素、文化背景、信誉意识等隐含要素的影响。

1）时空环境。传播时机的选择、座位的设置排列、交流环境气氛的营造对信息传播沟通的效果有明显的影响。

2）心理因素。在不同的心理状态下，人们接受信息的效果是大不相同的。没有心理上的沟通，是无法获得最佳沟通效果的。“愉悦”感情是促使信息传播取得成效的“催化剂”。

3）文化背景。传播是一种文化现象。不同的经济环境、风俗习惯、民族心理、性格特征、思维方式、价值观念等，使人们对同一信息内容可能产生不同的主观感受。因此，在信息传播沟通过程中，我们务必要了解信息接受者的文化背景，尊重他们的文化习惯，适应他们的心理性格特征，以避免产生沟通障碍。

4）信誉意识。传播内容的可信度、信息内容的权威性与传播效果成正比；信息传播者的可信度及其被公众所信赖的程度与传播效果成正比。

2．信息传播沟通的媒介

荀子在《劝学》中说：“登高而招，臂非加长也，而见者远；顺风而呼，声非加疾也，而闻者彰。假舆马者，非利足也，而致千里；假舟楫者，非能水也，而绝江河。君子生非异也，善假于物也。”这段话可以给信息传播者一个重要启示：如何能使信息“见者远”“闻者彰”“致千里”“绝江河”，克服种种障碍，增强影响的广度和深度？重要的途径在于“善假于物也”。现代科学技术使这类“物”——高效媒体不断发明创造出来，从而使信息传播，也使公关活动发生了深刻变革。

（1）大众传播媒介。大众传播媒介在公共关系传播中发挥着极为重要的作用，它是其他诸多媒介实现最佳效果的“助动器”和“放大机”。大众传播媒介主要包括报纸、杂志、广播、电视、互联网、电影、书籍等，它具有传播范围广、传播速度快、传播内容重要等特点，能够传播信息、引导舆论、传递组织文化、宣传组织形象。

报纸、杂志、广播、电视是公共关系活动中最常用的四种传播媒介，它们各有特点和利弊，因此，在实施公共关系活动时，应有选择地使用。为了取得最佳的传播效果，也可综合使用。互联网由于其具有传播范围广、超越时空、高度开放、个性化、互动性强、使用成本低等特点，越来越被社会组织重视。

（2）人际传播媒介。人际传播媒介可分为语言媒介和非语言媒介。

1）语言媒介又称为口头媒介，它是传、受两者之间双向性的信息交流中介，是人类最古老而又久用不衰的传播媒介，是一切传播活动的基础和重要支柱。语言媒介的使用具有简便、快捷、易懂、生动、易控的特点，能使人产生亲切感和友好感，但出口即逝，传播范围受到限制。日常访谈、讨论问题、会议报告、公关演讲等都使用语言媒介。

2）非语言媒介在我们日常生活中也是较为常见的，如书信、图画、体态语言（如动作、姿态、表情、眼神）等，都是很好的信息交流媒介。有时非语言传播比语言传播更为确切，如皱眉头表示不满，挥舞拳头表示愤怒，这比语言表达还要生动清楚。

（3）其他媒介。除上述传播媒介之外，还有一些常见的、可以灵活使用的公共关系媒介物，如实物媒介、人体媒介。

1）实物媒介指的是实物充当信息的载体，如产品、公关礼品、象征物等。其特点是直观明确、可信度高、视觉和感觉冲击力强，容易引起公众的反应。

2）人体媒介是借助人的行为、服饰、素质和社会影响来作为传递信息的载体，它包括组织成员、社会名流、新闻人物以及能够影响社会舆论的公众等的形象。人体媒介容易建立传播双方感情的沟通渠道，在公共关系传播中有其独特的形象影响力。

3．信息传播沟通的方式

在公共关系工作中，要获得良好的传播效果，不仅要选择最佳的传播媒介，还要选择合适的沟通方式。

（1）自我传播。**自我传播又称内向传播，是每个人本身的自我信息沟通。**其表现形式是人的自言自语、沉思默想、内心冲突、自我安慰、自我陶醉等。内向传播是人的自我需要，也是人的社会需要，是人为了适应环境而进行的自我调节。这种传播的特点是："主我"（I）和"宾我"（me）之间的内向沟通，是人类传播的基本单位和细胞。自我传播能力高的人容易与他人交往、容易适应社会。

（2）人际传播。**人际传播是指个体与个体之间的信息沟通交流。**人际传播是人类最常见、最广泛的一种传播方式，是构成人际关系的基础。其表现形式分为面对面传播和非面对面传播两种。前者一般通过语言、动作和表情等媒介进行交流，在同一空间进行；后者则通过电话、电报和书信等媒介进行交流，可跨越空间进行。它也是公共关系中比较常用的一种传播方式，对组织树立形象有特殊的效果，尤其是在处理内部公众关系时。这种传播具有个人性、私人性和信息反馈的及时性等特点。因此，在传播过程中，双方不断地相互调整，相互适应，传播效果也易于显现。

（3）组织传播。**组织传播是指通过组织所控制的媒介与公众进行的信息传播活动，是组织与其成员、组织与其所处环境之间的沟通交流活动。**组织传播分为组织内部传播和组织外部传播。前者主要分为自上而下的沟通（上级领导传达政策、决策给下级），自下而上的沟通（员工向上级领导反映情况、表达意见和态度、提出建议等），平行沟通（组织内部各部门之间的横向交流）三种方式。后者是指对可能影响组织生存发展的各种外部公众进行的传播。这种传播的特点是：传播的主体是组织，传播的对象十分广泛、复杂，传播具有明确的目的性和可控性。因此，组织传播是疏通组织内外沟通渠道、密切组织内外关系的一种重要的传播方式。

（4）大众传播。**大众传播指的是职业传播者通过大众传播媒介，将大量复制的信息传递给分散的公众的一种传播活动。**从媒介角度看，大众传播媒介分为两大类型：一是印刷类的大众传播媒介，二是电子类的大众传播媒介。这种传播的特点是：传播主体具有高度组织化的特点，具有专业化、现代化和技术化的传播手段，传播对象众多，传播速度快，覆盖面广，影响大，传者和受者之间的"人际关系"不复存在，但是反馈比较慢，信息反馈的渠道比较间接。

从自我传播到大众传播，传播形式发生了四个变化：①受众面越来越大；②传受双方距离和感情越来越远；③信息传播的个性化越来越淡；④组织系统和传播技术越来越复杂。

三、公共关系的定义

从 1903 年美国记者艾维·李开办第一家正式的公共关系事务所算起，公共关系已有百余年的历史了。但是，对于公共关系的定义，目前仍然是五花八门、众说纷纭，可以说有多少种公共关系著作，就有多少种公共关系的定义。

通过上述分析研究，我们将公共关系定义如下：

公共关系是社会组织为了塑造良好的组织形象，通过传播沟通手段来影响公众的科学与艺术。

这一表述，包含下列三个方面的意思：

1．公共关系的根本目的是塑造良好的组织形象

公共关系作为现代组织管理的独立职能，其管理对象不是组织的产品、资金或销售网络等有形资产，而是信息、关系、舆论和形象等无形资产，其管理目标不是直接地提高产量、促进销售、赚取利润，而是调整组织与公众之间的关系，从而优化组织的生存环境，提升组织无形资产的价值，使组织的整体资产增值。它是在正确的公共关系观念指导下，通过有效的公共关系活动，塑造良好的组织形象，协调组织与公众的相互关系，既使组织适应于公众的要求，又使公众有利于组织的生存与发展。

2．公共关系的特殊手段是信息传播沟通

一个组织的管理领域是多方面的，如生产管理、技术管理、设备管理、质量管理、财务管理、人事管理、行政管理等。公共关系作为一种管理职能有别于上述管理领域，它用以协调组织与公众关系的手段不是技术、经济、行政或法律手段，而是现代信息社会的信息传播沟通。

3．公共关系不仅是一门科学而且是一种艺术

从理论上讲，公共关系是一门科学；从操作上讲，公共关系又是一种艺术。它是科学与艺术的统一体。任何组织要想成功地开展公共关系工作，既要遵循公共关系的一般原理，又要结合实际创造性地开展活动，要在共性制约之下张扬个性。

第二节 公关工作的目标与原则

公共关系工作既复杂又烦琐，在这些具体工作中要想取得事半功倍的效果，就必须明确公共关系工作的目标，掌握一些做好公关工作的基本原则。这些原则是开展公关工作的指南，可以使我们避免一些常见的公关误区。

一、公共关系的基本目标

公共关系的基本目标是为社会组织在公众心目中树立良好的组织形象。

1．组织形象的含义

组织形象是公众对一个社会组织的总体评价，是社会组织的表现与特征在公众心目中的反映。

（1）组织形象具有多维性。例如，一个企业，它的组织形象就是由产品形象、员工形象、机构形象、管理形象、企业文化形象综合反映出来的。产品形象由产品的质量、价格、性能、造型、包装、售后服务等一系列内容共同构成，是整个组织形象的基础，其中一个环节出了问题，就将极大地破坏组织在公众心目中的地位；员工形象由员工的素质、能力、文化修养、道德水平、礼仪行为等构成；机构形象主要指组织的机构设置、人事安排、工作程序、办公环境等有关组织体系的形象问题；管理形象包括经营决策管理、生产管理、销售管理、人事管理等；企业文化形象主要指企业对社会的责任感，企业内部的协同意识、合作精神，企业领导人的创新意识、远见卓识，员工对组织的责任心、自豪感、奉献意识和进取精神以及企业理念的提炼和标志的设计等。

（2）组织形象的感受者是公众。公众是组织形象的评定者，公众的感受影响着组织形象。在设计组织形象时，必须高度关注公众的需要，充分考虑公众的心理感受，这样塑造出来的形象才能为公众所喜爱。

（3）组织形象源于社会组织的表现与特征。组织形象的形成，需要很长的时间，其中90%靠自己做得好，10%靠宣传。如果组织没有良好的表现与鲜明的特征，10%的宣传也会变成负面宣传。

2．如何塑造良好的组织形象

组织形象的塑造是一项庞大而复杂、长期而艰苦的系统工程。所有的公共关系工作都是直接或间接地围绕塑造良好的组织形象而展开的。要想塑造良好的组织形象，首先要重视创造良好的组织身份，形成良好的表现与鲜明的特征；其次要重视组织形象的设计，形成鲜明的形象风格；最后要重视公共关系传播沟通，有效地影响公众的感受。

二、公共关系的基本原则

1．以客观事实为基础

（1）传播真实信息。

1）收集真实可靠的信息。在收集信息时，公关人员要努力做到客观、真实、全面、公正，保证所搜集到的信息真实可靠。

2）要向公众说真话。传播信息时，要向公众说真话。一个组织说一次谎话可能不会被公众抓住，一个虚假的广告宣传也可能会为组织带来暂时的巨大经济效益。但我们须知，在传播媒介社会监督作用日益加强的今天，想长久隐瞒事件的真相是不可能的。

3）要从事实出发开展公关活动。在开展公关活动时，公关人员必须树立先有事实，后有公关活动的思想。在每一次公关活动之前，公关人员要进行实事求是的调查研究，掌握组织与公众各方面的实际情况。

（2）塑造真实形象。“公共关系 90%靠自己做得对，10%靠宣传。”公共关系的好坏，组织形象的美丑，主要通过事实而不是单纯依赖宣传来证明。因此，我们在塑造组织形象时，先要通过自己的努力，使组织具有良好的表现与鲜明的特征，然后将这些表现与特征传播出去，为组织塑造真实、美好的形象。

（3）对公众有真情实感。区分公共关系传播是欺骗公众还是运用传播技巧的标准，主要是看这种传播是否损害了公众的利益；选择最佳传播方式的标准主要是看这种传播是否维护了公众和组织利益的最佳结合；判断公共关系传播是否诚实，不在于只看传播事实是否绝对真实，而是要看对公众是否有真情实感。

小案例 1-1

一天，某外贸部门在宾馆设宴，服务员在上菜时发现鱼做得偏生了些，如不讲明原因就撤回去，是对顾客的失礼；如果和盘托出原因，则会影响宾馆的声誉，服务员考虑了一下，对顾客说：“对不起，这条鱼是按粤菜的烹调法烧的，偏生了些，可能不太适合各位的口味，是否需要加把火？”客人欣然同意，并夸奖服务员服务周到。

2．以公众研究为依据

公共关系的对象是公众，公共关系事实上就是公众关系，离开了公众，公共关系就成了无本之木、无源之水。组织的一切活动应本着对公众负责的原则，平衡组织与公众的利益。公众利益是组织开展公共关系活动的出发点和归宿点。因此，公共关系工作要以公众研究为依据。

（1）从公众与组织的横向联系来研究公众。要研究公众的范围、公众的类型、公众的数量、公众的活跃程度等。

（2）从公众的变化过程来研究公众。公众具有可变性特点，对公众的研究应该采取动态研究的方法。从“非公众——潜在公众——知晓公众——行动公众”这一线索来把握公众的变化。在公共关系工作中减少盲目性，使公共关系更加有成效。

（3）与公众所面临的问题相结合来研究公众。公众是与组织发生相互作用并面临共同问题和共同利益的社会群体。只有注重研究问题和研究公众相结合，才能在解决问题的同时协调组织与公众之间的关系。

3．以互惠互利为原则

利益是联结社会组织与公众的纽带。社会组织与公众必须平等互利、共同发展。互惠互利是公共关系工作的基本原则。

公众利益是组织利益的基础和前提，组织利益是公众利益的发展和延续。组织在开展公共关系活动的过程中，应先考虑如何让公众满意，让公众对组织产生认同感，而后才能考虑组织自身利益。

4．以全员公关为保证

全员公关是指在社会组织中所有工作人员都要参与公共关系活动。要做好全员公关，必须进行全员公关管理。所谓全员公关管理，即通过全员的公关教育与培训，增强全员的公关意识，提高全员公关的自觉性，加强整体的公关配合与协调，全面发动全员的公关努力，形成浓厚的组织公关氛围与公关文化。具体包括：

（1）树立全员公关意识。组织的领导应关注组织的公关状态，在经营管理中提出公共关系方面的要求，在实际工作中支持和指导公共关系工作。职能部门和基层的负责人，需要了解自己的公共关系责任；弄清自己的工作职责与公共关系的关系；努力使所属部门的业务支持整体公共关系目标；在工作中及时向公关人员寻求忠告和协作；让公关部门了解本部门的计划、作业、人员变动及新产品（服务）等方面的最新信息。

（2）充分重视全员的公共关系配合。组织及其公关部门要将公关的日常性工作与全体干部、职工的日常行政、业务、生产工作结合起来；应该在有关的规章制度中明确每一个部门或岗位对公共关系应负的责任。

（3）努力培育组织的公共关系氛围。组织及其公共关系部门要经常在干部、职工中进行公共关系的教育和培训，开展公共关系方面的评比和奖励，努力培育组织的公共关系氛围和公共关系文化。

5．以立足长远为方针

开展公共关系工作是一种战略行为，追求的是长远目标，不能急功近利。立足长远要注意以下三个方面：

（1）从长远着眼，追求社会效益。组织为了适应变化的公众评价标准，必须进行长期、持久、艰苦的公共关系工作。我们既不能把它当成一种权宜之计，也不能把它当成推销产品和服务的一般策略，而是要从长远着眼，追求社会效益，塑造组织的良好形象。

（2）注重公共关系效果的积累。无论是塑造组织形象，还是开展公共关系专题活动，即便是公共关系日常工作，其效果都不是一朝一夕、一时一事所能显现的。只有高度重视公共关系效果的积累，良好的组织形象才能得以树立起来，公共关系专题活动的目标才能得以实现，公共关系日常工作的成效也才能得以显现。

（3）注重公共关系工作的系统性和连续性。为了保障公共关系效果的积累，公共关系工作必须具有系统性和连续性。如何保证公共关系工作具有系统性和连续性？这就要求我们在制订公共关系工作规划、策划公共关系专题活动时，必须确立公共关系目标体系。

6．以遵纪守法为准则

（1）遵守国家法律法规。社会组织开展公关活动应遵守国家的相关法律、法规，使自己的活动始终在法律规范的空间内运行。

（2）遵守社会公德。公关人员在公关活动中必须遵守社会公德，决不能用不健康、不文明的活动方式来吸引公众、迎合公众。当某些公众提出伤害国家或其他公众利益的要求时，公关人员不能仅仅为了组织自身的利益而盲目屈从。须知，满足了这些少数公众的不合法、不道德的要求，就是对大多数公众合法利益、公共道德的伤害，最终也会损害组织的形象。

（3）遵守职业道德。各个国家、各种类型的公共关系机构都制订了公共关系职业道德或职业准则，公关人员在公关活动中必须遵守职业道德。

7．以领导支持为动力

从公关部的理想位置来看，我们知道它至少应该在一位高层领导的直接领导之下。这一点正好说明公共关系是需要得到领导的大力支持的。

公关活动的目标是树立组织的良好形象，这一目标也是组织自身根本政策和行动的体现，而上层领导正好是这些政策的制定者和倡导者。

重大的公共关系活动往往涉及整个组织的各部门，需要上层领导来推动。如果组织的上层领导对重大的活动采取轻视甚至反对的态度，那么公关活动就不能得到组织内部其他各部门的配合。

8．以不断创新为灵魂

公共关系工作必须研究公众心理，满足公众求新、求异、求变的心理特征，这样才能取得预期的效果。如果一味重复经典战略，或者长期运用一种公关方法，必然会引起公众的感觉疲劳，事倍功半，甚至会引起公众的反感，产生负面效果。因此，公关人员在开展公共关系活动时，要具有开拓创新的意识，不断推出新形式、新内容、新方法、新手段。

第三节 公共关系的基本职能

公共关系作为现代社会组织经营管理中的重要组成部分，在组织运营的各个环节都发挥着重要的职能作用。

一、采集信息、监测环境

1．信息是公共关系工作的基础

在现代信息社会，信息就是资源。一个组织要想在激烈的竞争中得以生存与发展，必须依赖于对信息的收集、分析和合理利用。正如日本的一位公关学者所断言的，在这个社会里，构成其基础的已经不是物质生产，而是贯穿于整个社会并最终决定其发展的信息交流。

一个社会组织的生存与发展，在很大程度上要受到组织所处环境的影响和制约。公共关系的首要职能就是监测组织环境，并向组织决策者提出建议，将可能危害组织形象的问题消灭在萌芽状态。所谓监测组织环境，是指观察和预测影响组织目标实现的公众情况和其他社会环境的变化情况。

监测组织环境，主要是通过“采集信息——分析信息——预测信息”来完成的。

2．公共关系需要采集的信息

从公关的角度，需要收集的信息主要包括以下几个方面：

（1）内部环境信息。组织内部环境信息主要包括组织的目标、方针、政策；组织成员对组织的要求和评价；组织的实际状况等。

（2）社会环境信息。社会环境信息包括政策指导性信息、社会政治动态、经济金融信息、文化科技情报、时尚潮流变化等动态信息。采集社会环境信息要注意分析各种社会动态信息对组织的直接或间接影响，充分利用环境中的有利因素和有利时机，避免不利因素的影响。

小案例 1-2

1964 年，《中国画报》的封面刊出这样一张照片：大庆油田的“铁人”王进喜头戴大皮帽，身穿厚棉袄，顶着鹅毛大雪，手握钻机刹把，眺望远方，在他背景远处错落地矗立着星星点点的高大井架。《人民中国》报道，“铁人”到了马家窑说了一声：“好大的油海呀，我要把中国石油落后的帽子扔到太平洋里去。”不久，《人民日报》报道了第三届全国人大开幕的消息，其中提到王进喜光荣地出席了大会。当时，大庆油田的具体情况是保密的。然而，上述几则由权威媒体对外播发的极其普通的旨在宣传中国工人阶级伟大精神的照片和新闻，在日本三菱重工财团信息专家的手里变成了极为重要的经济信息：根据对照片和新闻报道的分析，断定油田的大致位置在中国东北北部，马家窑是油田的中心，并可确定已出油；根据当时中国的技术水平和对石油的需求情况，断定中国一定需要采油设备，进一步分析和研制出了适合我国大庆油田使用的钻井设备。

（3）组织形象信息。公共关系活动的策划和开展以维护组织的良好形象为目的。组织形象信息主要包括以下几个方面：

1）公众对组织机构及其办事效率的看法和评价。如机构是否优化、设置是否合理、办事效率的高低等。

2）公众对组织管理水平的看法和评价。如领导机制是否健全、经营方针是否正确、市场目标是否合理、用人制度是否科学等。

3）公众对组织人员素质的看法和评价。如工作人员的工作能力、业务水平、文化水平、创新精神、人际关系以及工作作风等。

4）公众对组织服务质量的看法和评价。它包括服务态度、对顾客的责任感、提供咨询建议的诚实感及售后服务等。

3．公关人员采集信息的渠道

（1）内部员工的信息反馈。

（2）外部公众的信息反馈。

（3）新闻媒介的宣传报道。
（4）上级主管部门的文件与简报。
（5）公关人员的社会交往。
（6）专家分析。

二、咨询建议、参与决策

咨询建议是指公关人员向决策管理部门提供有关公关方面的情况和意见，它是从社会公众的角度、组织形象的角度和传播沟通的角度为决策提供咨询服务的。

1．为确立决策目标提供咨询建议

从社会公众的角度去评价决策目标的社会制约因素和社会影响效果，努力使决策目标与公众利益和环境因素相容。

2．关于组织形象的咨询建议

组织形象的咨询在于诊断组织存在的问题，为塑造组织形象提出合理化建议。特别是组织形象受损时，公关人员更要及时反映现状，提出意见，以便改善组织形象。

3．关于市场动态和公众意向的预测咨询

在科技和商品经济飞速发展的现代社会中，市场变化日新月异，公众心理状态、趋向也在不断变化。能否迅速预测、把握市场变化动态和公众意向的变化趋势，决定着一个组织的生存和发展。

小案例 1-3

我国台湾一伞厂，生产了一种伞，轻巧美观、价格低廉但不耐用，用不了多长时间就散架了。在我国内地销售过程中，由于内地消费者大多数的消费观念还是比较倾向于“经久耐用”，因此这种伞最终没有能打开内地市场。该厂家正处于愁眉不展之时，收集到了美国消费市场的信息，美国消费者对日常生活用品并不讲究“经久耐用”，而是崇尚不断更新换代、常用常新。因此，这一信息把该伞厂从“山重水复疑无路”引向了“柳暗花明又一村”的希望之路。

三、传播沟通、塑造形象

中国传统思想认为，只要行为好，别人评价自然会好，自然就会有很多人拥护你，支持你。“桃李不言，下自成蹊”“酒香不怕巷子深”，都是这种思想的生动描述。而在公共关系活动中，既强调社会组织的行为好，也强调对外宣传和传播。组织行为良好是塑造良好形象的基础。但如果不对外宣传，不让广大公众了解组织的良好行为，组织的良好形象还是不能在广大公众心目中树立起来。公共关系必须通过各种传播媒介，将组织的有关信息及时、有效、准确地传播出去，争取公众的了解、信任与支持，树立良好的组织形象。

传播沟通可以利用广播、电视、报纸、网络等大众传播媒介，也可以利用书信、电话、电报、面谈等个人传播媒介，还可以采用展览、赞助、策划新闻等方式。社会组织要善于运用各种传播媒介和沟通方式，不失时机地宣传本组织，扩大本组织在公众中的影响。

1．宣传产品与服务信息

通过公共关系活动帮助组织实现告知社会并让公众信任本组织的产品与服务信息。

小案例 1-4

我国香港一家经营强力胶水的商店，坐落在一条鲜为人知的街道上，生意很不景气。一天，这家商店的店主在门口贴了一张布告："明天上午 9 点，在此将用本店出售的强力胶水把一枚价值 4 500 美元的金币贴在墙上，若有哪位先生、小姐用手把它揭下来，这枚金币就奉送给他（她），本店绝不食言!"这个消息不胫而走。第二天，人们将这家店铺围得水泄不通，电视台的录像车也开来了。店主拿出一瓶强力胶水，高声重复广告中的承诺，接着便在那块从金饰店定做的金币背面薄薄涂上一层胶水，将它贴到墙上。人们一个接着一个地上来试运气，结果金币纹丝不动。这一切都被录像机摄入镜头。这家商店的强力胶水从此销量大增。

2．宣传组织活动信息

有效地传播组织所开展的公共关系活动信息和日常工作中具有公共关系意义的组织活动信息，扩大组织的影响力，提升组织的美誉度，从而在公众心目中形成深刻的印象。

3．宣传组织参与社会活动的信息

抓住组织参与社会活动的时机，扩大传播该信息，让公众充分认识到组织存在的社会价值，使组织形象得以确立并得到公众的认同。

四、对外交往、增进合作

公共关系要帮助组织广交朋友，保持与公众的良好关系，成功地编织各种"关系"网络，以促进各类公众对组织的信任、支持与合作。

1．对外交往的步骤

公关人员的对外交往活动，一般按如下层次逐步展开：首先是向交往对象传播他们感兴趣的信息，并通过各种形式的活动联络感情、结交朋友；其次是通过组织实施的行为和公关人员的努力来影响交往对象，使他们转变观点、改变态度、密切合作，成为组织值得信赖的朋友。

2．对外交往的方式

公关人员可采用的交往方式多种多样，如组织参观、举办庆典、进行专访、举办联欢活动等。

3．对外交往应注意的问题

（1）注重交往频率与沟通渠道。

（2）把握交往过程中的尺度。

（3）设计具有创意的活动。

（4）重视在交往中培养感情。

五、解决纠纷、协调关系

公共关系协调是在沟通的基础上，经过调整自身的行为，达到组织与公众互利互惠、和谐发展。协调的重要作用在于保持组织与环境的平衡，确保组织目标的实现。

1．协调内部关系，增强组织的凝聚力

组织内部协调包括两个层次：

（1）协调组织内部领导与管理层、员工的关系。领导与管理层、员工关系的好坏，直接关系到员工积极性、主动性、创造性的发挥和领导者职责的实现，也关系到组织全体员工能否形成良好的团结奋斗精神和产生有效的协同作用。因此，公关人员一方面要用科学方法，经常向员工宣传本组织的政策、方针，传达领导层的经营战略，并尽可能充分地对组织的方针、政策、战略意图做出相应的解释和说明，使员工了解、理解，并自觉执行，而且应该在出现矛盾时及时进行调节和消除；另一方面公关人员还要不断地、广泛地从员工中搜集对组织的意见和看法，及时将这些情况转达给领导，以改进和促进组织的工作，保证领导与员工的关系和谐发展。

（2）协调组织内部各部门之间的关系。有时候，由于分工的缘故，组织各部门之间往往缺乏“一盘棋”的全局观念，常常各自为政，而且各部门的主要负责人之间也出现互不买账的行为和言语，从而导致矛盾的产生，这样会给组织的发展设置不必要的障碍和麻烦。因此，需要公关工作人员通过沟通加强各部门之间的联系、了解，使他们能相互支持、信任、谅解、协作，努力提高组织绩效，实现组织目标。

总之，要建立和完善组织内部的各种传播沟通渠道和协调机制，促进组织内部的信息交流。经过不懈的努力，使组织内部保持和谐状态，以促进思想上和行动上的一致，增强组织的凝聚力。

2．协调外部关系，建立和谐的公众环境

组织与外部各类公众之间由于多种因素的影响常常会产生误会、摩擦、矛盾乃至冲突。如何缓和、解决这些矛盾冲突？毫无疑问，就要靠对外协调的工作。

小案例 1-5

1987 年，我国政府决定在深圳大亚湾建一座核电站。但是，由于 1986 年苏联切尔诺贝利核电站发生核泄漏后，许多人对核电产生严重误解，我国香港报界也报道了此事。香港一著名人士组织“地球之友”反核机构，发起一百万人的签名活动，反对在大亚湾建立核电站，并组织请愿团赴北京，向国务院请愿。经研究，国务院决定采用公关方法解决问题，通过调查了解到：原切尔诺贝利核电站泄漏事故，使香港人对核电站产生了莫大的恐惧，而误认为在大亚湾建立核电站是为了万一出现泄漏事故不会危及内地。从恐惧到误会到抵制，都是因为政府没有及时地向公众进行核知识的宣传造成的。于是中央政府针对香港地区公众心理状况做了大量的信息传播沟通工作：通过新闻媒介讲清情况，派核电站专家到香港宣传核电知识，邀请香港著名人士参观大亚湾核电站，政府高级领导与请愿团的代表会谈，进行信息和感情两方面的沟通。这样，不利的舆论很快就平息了，许多人从反对向中立转变，甚至转向赞许、支持。

公关人员必须具备强烈的公共关系意识，将公众观念、互惠观念、传播观念、形象观念等公共关系意识自觉地融入协调各类公众关系的工作中，避免或减少组织与其外部环境的摩擦和冲突，建立和谐的公众环境。

3. 公共关系协调的内容

（1）利益协调。利益是指社会组织与公众获得的物质上和精神上的需求与满足。利益协调，即社会组织进行自身与公众利益需求及利益关系的调整、调节，以促进互补互利关系的顺利实现。

利益协调是公共关系协调的基础。做好利益协调，应当重视以下三个环节：①认清各自的利益需求；②把握相互利益的结合点；③调整利益目标，促进互助互利。

（2）态度协调。态度是人们对于某一对象所持的看法和行为倾向。态度协调，即社会组织为了实现同公众的互助合作而进行的对公众消极态度转化和积极态度强化的各种工作。

做好态度协调，一般应当从认知、情感、意向三个方面入手：①认知协调，主要是做好与相关公众的信息交流，引导公众树立正确的价值观，使公众对组织有一个全面的了解并消除某些误会与偏见；②情感协调，主要是通过组织行为和有效的沟通，努力赢得公众的信任和好感，增进彼此之间的关系和友谊，同时也要重视化解公众对组织的冷漠、敌视等不利于建立和发展良好公共关系的感情障碍；③意向协调，主要是在认知协调和情感协调的基础上，进一步培育公众同组织互助合作的意愿和倾向，防范和克服不利于相互合作的某些消极情绪。

（3）行为协调。行为是受思想支配而表现出来的活动。行为协调是指社会组织及其公众自觉地对自身的行为进行的调整和调节，以便使双方相互配合、相互支持、互助合作。

行为协调是利益协调、态度协调的直接结果。一般来说，做好了利益协调和态度协调，只要进一步加强信息沟通和身体力行，就可以顺利实现行动上的互助合作。同时，也要注意由于行为过程引发的新的利益矛盾和态度变化，以便在行为协调中继续进行利益和态度协调，并最终达到行为协调的目的。

行为协调是公共关系协调的最终归宿。做好行为协调，要注意三个方面的工作：①落实社会组织与公众的互助合作；②建立社会组织与公众的良好关系；③促进社会组织与公众环境的良性互动。

六、开展活动、促进销售

1．吸引公众注意，开拓目标市场

通过公共关系活动"造势"，引起社会大众或特定对象的注意和回应，造成"利己"的声势，以达到"广"而"告"之，不"销"而"售"的效果。

2．转变公众态度，扫清市场障碍

通过公共关系活动，转变公众因道德观念、风俗习惯、文化传统、心理因素等的束缚而形成的妨碍市场营销的态度，改变人们的观念，消除阻力，拓展市场。

3．消除公众疑虑，稳固销售市场

通过有效的公共关系活动，针对公众的误解或疑虑给予必要的解释或说明；对竞争对手的造谣中伤予以必要的回击，以正视听，确保企业产品销售市场的稳固。

4．消弭形象危机，重塑产品形象

通过及时、正确地开展公共关系活动，消除由于内、外原因造成的形象危机，争取公众谅解，将损失降低到最低限度。

七、服务公众、造福社会

公共关系工作本身就是一种服务工作，公关人员所开展的一系列公共关系活动，都是为帮助组织实现目标的。公共关系在为组织服务的同时，也给公众带来了实惠，为社会优化了环境。

1．优化社会互动环境

社会互动是社会学的术语，它是指社会的横向关系，指社会上人与人、群体与群体之间的交往和相互作用。公共关系对社会互动环境的优化通过沟通社会信息、协调社会行为、转化社会风气来实现。

2．优化社会心理环境

现代社会一方面是高科技的飞速发展，另一方面却是人类美好情感和个性的严重丧失，造成人们心理巨大的不平衡。公共关系在一定程度上有助于克服这种病态的社会心理，它可以提供给社会这样一种良好的关系氛围，它用真诚、广泛的社会交往帮助人们摆脱孤独和隔阂、恐惧和忧虑，帮助人们获得一种心理自控能力，从而优化社会心理环境。

3．优化社会经济环境

公共关系沟通了社会各部门、各团体之间的联系，促使它们齐心合力承担各种社会义务，改善经济条件，消除经济环境中薄弱、落后的部分。

4．优化社会政治环境

公共关系既是民主政治的产物，反过来又促进民主政治的建设。公共关系主要从两个方面促进民主政治的建设：一是树立"民本位"思想，增强社会管理人员的公仆意识和人民群众的主人翁意识；二是满足人民群众参与社会公共事务决策和管理的愿望。

八、教育引导、提高素质

教育引导包括两个方面：一是对组织内部员工的教育引导，提高员工素质；二是对外部公众的教育引导，帮助公众正确认识问题。

1．对内部员工的教育引导

（1）促使组织成员增强公关意识。教育引导本组织的员工重视本组织的形象和声誉，时刻注意维护本组织的形象，要使员工形成一种自觉的、主动的甚至习惯的公共关系意识，使员工自觉珍惜组织良好形象和声誉。

（2）提高组织成员的公共关系技能。组织员工仅有为组织增光的良好愿望是不够的，还应掌握一些基本的公关知识和技能，以便在公众面前树立一个美好的形象。在员工中进行公关知识讲座，提高员工的公关技能，是内部公关工作中一项经常性的工作。

2．对外部公众的教育引导

公众的观点、态度和行为对社会组织工作目标的实现具有很大的影响力。社会组织开展公共关系工作，一方面要通过对公众的研究和了解，适应公众的需要，满足公众的要求；另一方面，也要通过卓有成效的传播工作，有效地影响公众。

对外部公众的教育引导，主要是通过有效的传播沟通，帮助公众正确地认识问题，既可以维护组织利益，又可以满足公众利益。例如，工商企业市场营销中的消费者教育，就是典型的对外部公众的教育引导。我国台湾商界流传的“学生荣誉裙”故事，也是一个对外部公众进行教育引导的经典案例。

小案例 1-6

20 世纪 60 年代中期，我国台湾人出国常带回尼龙、特多龙的衬衫及女用衣裙馈赠亲友，纺织厂商从中发现了商机，于是与日本东洋尼龙厂合作，进口其特多龙原料，加工制成衬衫衣裙等销售，果然很受成年人欢迎。为了扩大市场，他们瞄准了学生这一潜在的消费群体。但是，人们对新产品所持的守旧态度构成了他们进取目标市场的障碍。因为当时我国台湾各学校都把尼龙制品看成近乎奢侈品的一种特殊产品，认为穿上这种质料的衣服，会助长学生讲究“漂亮”和“浪费”的心理，有违学校教育中所崇尚的朴实风气，所以，他们禁止学生穿着尼龙料子的袜子和衣裙。

这种观念极大地妨碍着纺织商与原料商开拓市场。如何才能说服学校改变这种观念呢？厂商多次会同营销专家策划如何攻克堡垒，突破防线。最后决定先试着从优秀学生打破阻力，然后再全面铺开战线。

我国台湾著名广告专家颜伯勤先生参与了策划，他建议厂商给全台湾省各级女子中学及女子大专班每一班成绩最优者赠送特多龙百褶裙一件，并命名为“学生荣誉裙”（该命名对这次公关活动的成功具有决定性意义，它使这次活动更容易为学校所接受，也更容易为全社会的公众所认同)。厂商声明，赠予的意义在于鼓励学生学习，使优秀者在群体中激发起一种成绩优良的荣誉感。学校在收到厂商要求提供每一班成绩最佳者姓名和住址的公函后，大多数都采取了合作的行为。

厂商收到名单后，就与这些同学直接联系，她们每人收到一封信和一张兑换券。凭此券，她们可以向附近地区的经销店兑取学生裙一件，颜色与尺寸大小都由她们自己挑选。这种办法既可免去邮寄麻烦，又能确保这些学生穿着得体、漂亮、大方。信的内容则是祝贺她们得到校方的推荐，并向她们介绍这种特多龙质料的裙子具有容易洗涤、不用熨烫、整洁方便的诸多优点，穿这种质料的衣服是生活上的一大改进。

过了两个星期，这些穿上学生荣誉裙的女生，又收到了第二封信，信封内还有10张优惠券。信上讲，最近听到好多同学都很羡慕她，要买这种学生荣誉裙，特地寄给她这些优惠券，请分赠同班中的好同学，让她们凭券去购买，可以获赠精致的裙架一个。因为经她们介绍可以使同班同学得到优待，是一件有面子的事情，所以她们很乐意去做，而且做得很认真。因为同学中的“标兵”已得到校方许可穿这种“学生荣誉裙”，实际上等于解除了不许穿这种“奢侈品”的禁令，所以，一般的女同学也穿上了这种裙子。后来，女校的学生制服都改用了尼龙质料，逐渐地，男校的同学们也穿上了这种质料的制服，这种衣服变成了流行的、大众化的学生服。

小　结

1．公共关系主要包含三种含义：公共关系状态、公共关系活动、公共关系观念。这三种含义正是公共关系的三种基本存在形式。公共关系状态是公共关系的静态存在形式，公共关系活动是公共关系的动态存在形式，公共关系观念是公共关系的文化存在形式。对于任何一个组织或者个人来说，要有良好的公共关系状态，必须要有相应的公共关系活动，而这些活动，必须是在正确的公共关系观念指导下进行的。

2．公共关系是由社会组织、公众和信息传播沟通三大要素构成的。社会组织是公共关系的主体，它主宰着公共关系活动，决定公共关系状态；公众是公共关系的客体，他们的态度和行为影响着社会组织目标的实现；信息传播沟通是公共关系的手段，它决定着公共关系活动的效果。

3．公共关系是社会组织为了塑造良好的组织形象，通过传播沟通手段来影响公众的科学与艺术。这一表述包含了三个方面的意思：公共关系的根本目的是塑造良好的组织形象；公共关系的特殊手段是信息传播沟通；公共关系不仅是一门科学而且是一种艺术。

4．公关工作的基本原则：以客观事实为基础，以公众研究为依据，以互惠互利为原则，以全员公关为保证，以立足长远为方针，以遵纪守法为准则，以领导支持为动力，以不断创新为灵魂。这些原则是开展公关工作的指南，可以使我们避免一些常见的公关误区。

5．公共关系的基本职能是采集信息、监测环境，咨询建议、参与决策，传播沟通、塑造形象，对外交往、增进合作，解决纠纷、协调关系，开展活动、促进销售，服务公众、造福社会，教育引导、提高素质。公关人员要善于履行公共关系的职能，为社会组织创造良好的内外环境，帮助组织实现工作目标。

知识考核

1. 公共关系状态、公共关系活动、公共关系观念三者之间有何内在联系？
2. 公共关系有哪些构成要素？它们在“公共关系”中分别发挥着何种作用？
3. 什么是组织形象？社会组织应如何塑造组织形象？
4. 公共关系需要采集哪些信息？
5. 什么是咨询建议？公共关系咨询建议主要表现在哪些方面？
6. 公共关系的促销职能主要体现在哪些方面？
7. 为什么说公共关系具有优化社会环境的职能？
8. 公共关系为什么要以互惠互利为原则？
9. 什么是全员公关管理？如何做好全员公关管理？

技能训练

1. 在下面的案例中，公关人员履行了哪些公共关系职能？请结合案例做简要说明。

高某就任上海某酒店公关部经理时，酒店还缺乏知名度。1995 年秋，她从记者朋友处得知，日本著名影星中野良子将偕其新婚丈夫来北京、上海访问。她马上意识到这是酒店开展公共关系活动，提升知名度和美誉度的好机会。于是，她立即采取了措施，争取到了接待客人的机会。然后又直接给正在北京的中野良子打电话，请她来上海时下榻自己所在的酒店。对方应允后，高某立刻带领宾馆的工作人员进行策划和准备。当中野良子夫妇到达酒店时，等待他们的是一个洋溢着浓烈喜庆气氛的“迎亲”场面。

在一片热烈的鞭炮声里，中野良子夫妇被 40 多位中外记者及酒店上百名员工簇拥进一个中国传统式的“洞房”——正墙上大红“喜”字熠熠生辉，两旁的对联上写着“富士山头紫燕双飞白头偕老，黄浦江畔鸾凤和鸣永结同心”。在“闹洞房”仪式中，新婚夫妇还品尝了象征“甜甜蜜蜜”“早生贵子”的哈密瓜、桂圆、红枣等，在异国他乡度过了一个难忘的欢乐之夜。

第二天，众多记者纷纷在各自的媒体上报道了这一消息。

2. 阅读下面的案例，请说明该案例的公关主体是谁？有哪些公众对象？并结合公共关系的基本原则做简要评析。

如何重建消费者信心？

2008 年 9 月 22 日，四川省广元市旺苍县尚武镇村民向县农业局报告，在自家柑橘园内发现疑似柑橘大实蝇的害虫，县农业局立即派出技术人员予以核实，确认为柑橘大实蝇。

据调查，柑橘大实蝇疫情主要集中在旺苍县尚武、白水、嘉川三个镇，发生疫情的柑橘树占全县柑橘树总数的8.9%，“蛆果”率为1%左右。广元大实蝇疫情发生后，农业部立即要求四川省农业部门封锁扑灭疫情。当地及时发布了疫情防控通告，全体动员，将蛀果摘除，由政府统一收购，进行深埋、消毒等无害化处理。10月10日前，已完成全部蛀果处理，共1 252吨。同时，加强集贸市场检查，并在疫情发生区的主要交通要道设立了检疫站，坚持24小时值班检查，严禁蛀果上市和向外调运。

谁也没有预料到，一条手机短信引发了柑橘市场风波。“请告诉家人和朋友，今年暂时别吃橘子，四川广元的橘子在剥皮后的白须上发现小蛆状病虫。四川埋了一大批，还洒了石灰，看后请转发给你的朋友。”从10月中旬开始，这条短信不断以网络跟帖和手机短信的形式在社会上传播开来。尽管与此同时有多位农业专家出面解释，各方官员也在不同场合亲身试吃，四川产橘地的一些网友也用自己的目击和亲身经历告诉外地网友，橘蛆并不像传说中那样可怕，可是，柑橘市场却一点儿也没有好转，不仅整个四川的柑橘卖不掉，其他各地产的柑橘销路也全部不好。

为了消除广元柑橘大实蝇事件的影响，缓解部分柑橘主产区和主销区销售受阻情况，农业部于10月27日采取了一系列果断措施：进一步加大宣传力度，普及大实蝇等植物害虫对人畜无害的科学知识，消除消费者的恐惧心理；立即向各省区市下发《关于应对柑橘事件》的明传电报，提高认识，成立应急工作组，及时掌握柑橘主产区采收、销售进度以及价格变化情况；做好滞销柑橘储藏和销售工作，组织各级农业部门指导农户做好产品储藏保鲜，抓好产销衔接，积极联系客商、提供信息，帮助农民解决产品滞销问题；及时控制扑灭疫情，组织各地植物检疫机构对辖区疫情进行深入排查，加强果实、苗木运输过程中的检疫；对已发现大实蝇的果园，采取摘除受害果、拾捡落果，并进行无害化处理。

一个区域性病虫害事件却引发了一场全国性市场震荡，不得不引起我们深思。一条普通的手机短信何以会制造这么大的舆论风暴？在这场食品危机中，虽然各方专家已多次表示大实蝇不会对人体构成危害，那么又是什么让消费者对柑橘依旧望而生畏呢？我们究竟该如何做，才能让此类事件不再重复上演？

第二章

公关人员素质

学习目标

1. 熟悉公关人员应具备的公共关系观念、公共关系心理和公共关系能力。
2. 能够帮助企业选择或培训公关人员。

一天，某化妆品公司的公关部，突然来了这样一位访客。只见这位访客满脸愠色，见到公关部主任，就从手提袋里取出一盒化妆品，怒气冲冲地质问道："这个倒霉的东西是不是你们公司的产品？"

公关部主任取过一看，正是本公司的一种新产品。她面带微笑仿佛没有理会到姑娘的怒气，说："正是本公司的产品，请问您用过之后，有什么不妥吗？"

姑娘说："广告上说能去雀斑的，可是买回来之后，不光没有去掉雀斑，还弄坏了我的皮肤。"说到这里，姑娘眼圈都红了。

公关部主任这才注意到，原来，姑娘的脸上有许多受药物刺激造成的红斑。

这时，公关部主任二话没说，拉起姑娘的手就说："别的我们以后再说，您的皮肤过敏要紧，我马上带您到医院检查一下。医疗费由我们厂包了。"说着就带这位投诉的姑娘到医院检查去了。

检查结果表明，这位姑娘的皮肤过敏，是由于不适用这一类型的化妆品造成的。幸亏这种化妆品副作用不大，不会引起什么严重后果。听了医生的这番话，姑娘的脸色才"多云转晴"。

这时候，公关部主任才不慌不忙地从化妆品盒中取出原来就附在里面的说明书，打开来对姑娘说："其实，这说明书早有说明什么皮肤不宜使用这种化妆品。您的皮肤不宜用这一类化妆品，我们厂还生产其他类的去雀斑药物化妆品，根据医生刚才的检查，我觉得挺适合您。您不妨试试看。"

听了公关部主任的话后，姑娘的脸上绽开了笑容。

看了这个案例，你有何感想呢？我们不得不佩服这位公关部主任的公关技巧，她顺利地使一位愤怒的顾客笑逐颜开。试想，如果不是按照这位公关部主任的做法，而是一开始就直接与这位投诉的顾客讨论她是否适宜使用这种化妆品，或者询问她是否看过说明书之后才选用这种化妆品，其结果将是什么？由此可见，在公共关系工作中公关技巧的重要性。

高超的公关技巧来源于公关人员的高素质。要提高公共关系活动的实际效果，要提高我国公共关系水平，要使公共关系职业化，必须要有高素质的公关人员。就我国目前的情况来看，从事公共关系活动的人确实不少，但真正素质好、水平高、专业化强的人员还是很少的。那么，一个优秀的公关人员究竟应该具备怎样的素质？如何培养公关人员的素质？这正是我们在本章中要着重解决的问题。

公关人员是对从事公共关系工作的人员的普遍而又常见的称呼。广义的公关人员指的是以从事公共关系理论研究、教学活动和实践工作为职业的人员。狭义的公关人员指从事组织机构信息传播、关系协调与形象管理事务的调研、策划、实施和评估以及咨询服务的从业人员。国家职业标准将它命名为公关员。这些人由于其工作性质、范围、职能的不同，在公共关系工作中充当着不同的角色，承担不同的义务，享受不同的权利与待遇。公关人员角色大体上可以分为四种类型：①专家型角色，是研究和解决公共关系理论与实践问题的权威，他们有渊博的知识、丰富的经验，有较高的理论水平与宣传推广能力。他们是公关人员队伍中的中坚力量和精华。专家型角色主要包括公共关系顾问、公共关系学者和教育家。②领导型角色，是指在公共关系组织或相关单位中担任领导职务者。他们包括经理、部长、主任、兼职领导、社会活动家等。③技术型角色，是在公共关系部门从事专项技术的业务工作人员。

他们主要包括编辑、摄影师、广告师、设计师及其他技术人员，他们以各自的技术专长进入公共关系角色。④事务型角色，是组织中从事一般日常公共关系工作的人员，他们是最普通，也是最基层的公关人员。这些人员包括秘书、办事员、服务员、招待员、翻译、助理员、导游、消费引导员等。

为了保证公共关系从业人员的专业素质，长期以来，许多国家都在探索各自的监督和管理办法。实行公共关系从业人员任职资格认证制度，就是其中较为有效的措施。1993年，我国公共关系协会开始推行“公共关系专业资格证书”的培训活动，在国内引起较大反响。经过几年的探索，1997年11月，国家人力资源和社会保障部（原国家劳动和社会保障部）邀请国内公关界有关专家和学者，成立全国公共关系职业审定委员会，对公共关系的职业名称、资格标准、考试大纲以及鉴定规范等问题进行全面论证。一年后，国家人力资源和社会保障部正式把公共关系列入《国家职业分类大典》，并审核通过由公关专业委员会制定的《公关员国家职业标准》；2000年6月，国家人力资源和社会保障部把“公共关系”列为首批实行职业准入制度的90种社会职业之一，并且决定自2001年10月1日起，对公共关系从业人员实行持证上岗制度。此举有力地推动了我国公共关系从业人员专业素质和职业化水平的提高，为进一步规范人们的职业行为做出了伟大的贡献。

公关人员的素质是指从事公共关系工作的职业人员的气质、性格、兴趣、风度、学识和技能方面的综合品质。结合公共关系职业的特殊性，它专指公关人员的一种以公共关系观念为核心，以自信、热情、开放的职业心理为基础，配之以公共关系的知识结构和能力结构的整体职业素质。公共关系工作是一项复杂的、高级的劳动，绝不是任何人都可以胜任的。有人认为，公关人员应具备现代企业家、宣传家和外交家的素质。这看上去似乎要求偏高一些，但从现代社会的发展情况来看，公关人员的基本素质，确实需要花较大力气去培养和提高。随着时代的变迁以及公共关系专业化水平的提高，社会对公关人员的职业观念、心理素质、知识结构和基础技能都提出了新的要求。公关人员只有具备并满足这些要求的条件，并善于在实践中不断提高自己的从业水平，才能适应新的历史时期公共关系工作的需要。

第一节 公共关系观念

公共关系观念是公关人员应该具备的基本素质的核心，它是公关人员的思想灵魂，是公共关系实践在人们头脑中的反映和总结，是公共关系工作规律的体现，是做好公共关系工作的指导思想。公共关系观念的形成是一个由感性认识上升到理性认识的过程。它一旦形成，就会成为制约人们公共关系行为的一种力量。良好的公共关系观念能促使从业人员始终处于一种积极主动的工作态度，创造性地完成各项公共关系工作。

公共关系观念不是先天获得的，而是需要通过实践和学习逐步培养的。现代公共关系观念主要由以下几个方面的内容构成：

一、塑造形象的观念

在现代社会中，良好的形象对于一个组织来说，是一笔无形的财富，它可以使社会组织获得更好的发展空间。在公共关系思想中，最重要的是珍惜信誉、重视形象的思想。现代企业都十分重视自己的形象，良好的企业形象，是一个企业的无形资产和无价之宝。国内外公共关系学者给公共关系下的定义大多数都强调公共关系工作的一个重要目的——塑造组织的良好形象。公关人员在工作中应时时注意塑造并维护良好的自身形象和自身所代表机构的组织形象。

塑造形象的观念表现为在决策和行动中，高度重视自身的声誉和形象，自觉地进行形象投资、形象管理、形象塑造，将树立和维护良好的组织形象作为重要的战略目标。

塑造形象的观念是公共关系观念的核心。公关人员应该清晰地认识到形象对组织生存和发展的价值，应该围绕形象目标开展各种公共关系工作，应该时时刻刻像保护自己的眼睛一样维护自己和组织的形象。

二、服务公众的观念

形象是为组织的特定对象所塑造的，这些特定对象就是公共关系工作的对象——公众。离开了公众，孤立的组织形象是毫无意义的，忽视了公众，组织的生存就会受到威胁，自然也就谈不上组织的进一步发展了。

服务公众的观念表现为重视公众的利益，将公众的意愿作为决策和行动的根据，将满足公众的要求作为重要的经营方针和管理政策。

公关人员应随时把公众的需求放在第一位，确立服务公众的意识。具有服务公众意识的人，能时时处处为公众利益着想，利用条件、创造条件来服务公众，并努力满足公众方方面面的要求。这样的人实际上才是明确了解公共关系工作的人。

组织应本着服务公众的观念开展公共关系工作，当组织利益和公众利益发生冲突时，组织应该把公众利益放在第一位。这样才可以使组织处于不败之地。美国斯坦林电讯中心董事长大卫·斯坦博格说："经营企业最便宜的方式就是为客户提供最优质的服务，而客户的推荐会给企业带来更多的客户，在这一点上企业根本不用花一分钱。"

公众意识强，视公众为组织生存和发展的生命线，才会有自觉的公共关系行为。我们可以通过以下四个方面的努力来增强公众意识：①形成与公众广结善缘的强烈愿望；②建立与公众求同存异的心理准备；③研究公众的需要、心理和行为；④通过持续不断的努力，满足公众的合理需求。

三、互惠互利的观念

任何组织要想塑造自己良好的形象，都必须将组织利益和公众利益有机地统一起来。因为公众利益是组织利益的基础和前提，组织利益是公众利益的发展和延续。

互惠互利的观念表现为在交往与合作中，将平等互利作为处理各种关系的行为准则，将自身的发展与对方的发展联系起来，通过协助对方来争取双方的共同利益。

一个处在当今竞争社会中的组织，需要一定的竞争态势，但这种竞争不应是欺骗他人，坑害公众，而应是彼此尊重、平等合作、互惠互利、共同发展、共同前进。

互惠互利必须以真诚为基础。互惠互利是社会组织对待公众是否真诚的试金石，社会组织也只有真诚地对待公众，才能真正做到互惠互利。

小案例 2-1

国内最大的五金生产基地——江苏张家港大新镇 2001 年出口小剪刀等五金产品 4 000 万件，其中朱玉宝的宏宝集团占了一半以上。朱玉宝抱定“自己吃肉决不能让别人啃骨头”的观念，在盘算自家利益的同时，也盘算一下对方有没有利润空间，做到互惠，因此他在国际五金行业内口碑很好。2001 年，美国一位代理商史密斯先生从朱玉宝公司进了一批羊毛剪，由于这位老板看错了行情，把剪刀的型号搞错了，在市场上根本无法销售，这位老板要损失数十万美元，朱玉宝得知这个消息，深感不安，主动和这位老板联系，把那批货退了回来并重新发货，空运的费用由朱玉宝承担。新型号的剪刀投放市场后，销售很旺。在这笔生意中朱玉宝只赚了一点点，却挽救了一家大客户。史密斯非常感动，他向欧洲的朋友介绍了朱玉宝的经商美德，一下子为朱玉宝带来了 1 700 万美元的订单。

四、协调沟通的观念

协调沟通的观念发端于现代社会的民主观念。公共关系活动是一种具有民主性的管理活动。组织为了塑造良好的形象，更好地为公众服务，以实现其目标，就必须构造一个公开民主的信息交流网络，来掌握环境的变化，保护组织的生存，促进组织的发展。

协调沟通的观念表现为懂得兼顾、统筹、缓冲、调和、折中的意义与价值，努力在矛盾中求平衡、求和谐，调节、平衡和统一各种不同的关系、不同的利益、不同的要素，自觉地利用一切传播机会去影响公众、引导公众和争取公众，并善于运用双向沟通的方法去赢得公众的理解、信任和好感。

公关人员应该走出“象牙塔”，营造“玻璃屋”，增强社会组织行为的透明度，以便社会组织坦诚地、全面地融入社会、面向公众，与公众、社会达成全面的双向交流。

社会组织开展协调工作，其方法是多种多样的。例如：

（1）反馈协调法。反馈协调法即组织通过收集公众的信息，来确定组织行为是否存在问题，从而进行进一步的协调。

（2）自律法。自律法即从组织自身做起，进行自我检查、自我监督。在危机事件中，组织尤其应该如此。

（3）感情疏通法。一句问候，一个电话，一封书信，一张明信片，一封 Email，一条手机短信，浓浓的情意往往体现在这微不足道的小细节上。美国著名的汽车推销人员乔·吉拉德就是如此。他说：“当顾客把车开回来要求给予修理或提供服务时，我尽一切努力为他们争取到最好的东西，这时，你必须像一位医生，顾客的车出了毛病，你应该替他感到心疼。”

（4）信息分享法。信息分享法即把信息公开化、透明化。在组织内部做到上情下达、下情上传、横向联络、分享信息。

（5）协商法。协商法就是通过协商的方式来避免或减轻组织与员工之间、组织与组织之间的矛盾和冲突，以及由此造成的损失。

五、立足长远的观念

公共关系工作“宜未雨而绸缪，毋临渴而掘井”，决不能“平时不烧香，急来抱佛脚”。树立一个美好的组织形象，绝非一朝一夕之功，公共关系工作的效果也不可能总是立竿见影。

立足长远的观念表现为将公共关系工作作为一种战略行为，追求长远目标。公共关系工作是一项持续的系统工程，它不应拘泥于局部的得失，而应从组织的根本利益出发，追求长期的、稳定的发展战略，通过持续、有计划的努力来建立良好的组织形象。

急功近利的态度是现代公关的大忌，难以取得真正的效果。任何只关注短期效益的做法都是与公共关系的思想不相符的。成功的组织在开展公关活动时，总是着眼于未来，以长远的目光来确立目标，制定战略和政策。这就要求公关人员做到：①开展公共关系工作要从长远着眼，追求社会效益；②要注重公共关系工作效果的积累；③要注重公共关系工作的系统性和连续性。

六、创新审美的观念

塑造组织形象是一个创新审美的过程。唯有创新，才能塑造具有个性的组织形象，才能使组织的良好形象在竞争的社会中，永远立于不倒之地；唯有美的形象，才会让人们欣赏并接受，才能吸引公众参与和投入。

创新审美的观念表现为将公共关系工作看成是一种艺术创造，追求活动形式的新颖性和活动内容的美学价值。

创新公共关系工作可以从以下几个方面考虑：①大胆设计，敢于开创前人没有发现的新形式；②移植与再造相结合；③角度转换，逆向思维，寻求突破；④排列组合，以旧翻新。

小案例 2-2

杭州某丝绸股份公司 1993 年成立，是由国家、企业职工和外商共同持股的综合型丝绸出口集团。公司成立初期，如何迅速提高知名度、塑造企业形象成为其难题。杭州某公关公司为其策划：以丝绸为材料印制浙江省内独家旅游服务报《江南游报》，并向中国丝绸博物馆、中国革命历史博物馆赠送世界首创的丝绸报纸。《江南游报》丝绸版共印刷 100 份。

1993 年 6 月 15 日，公关公司在北京为该公司举行了向中国革命历史博物馆赠送丝绸报纸仪式。行家评价：阅读和观赏效果极佳，反映了当代先进的真丝印花科技水平。这一活动以有限的公关宣传费，巧妙借助丝绸报纸这一独特载体，赢得了媒介和公众热切注视。世界首创丝绸报被国内 20 余家报社、电视台集中报道达 30 余次，海内外受众人数达 2 500 万人次。丝绸报宣传活动，既证实了中国高超的印刷技术，又大大提高了该公司的知名度和企业形象。

第二节 公共关系心理

公关人员是否能在纷繁复杂的社会关系网络中应付自如，创造性地开展公共关系工作，在很大程度上取决于公关人员的心理素质。

公关人员的心理素质是公关人员基本素质的基础。根据公关工作的实际需要，公关人员必须具备以下心理素质：

一、自信的心理

自信是公关人员心理的最基本要求，是取得事业成功的基础。公共关系工作不是一种简单的机械操作，只有充满自信的公关人员，才会产生自信力，才能在任何情况下都应付自如，敢于拼搏，敢于追求卓越，充分发挥自己的才能，凭借智慧与经验圆满地完成各项任务。

在公关实务活动中，公关人员的公关对象结构很复杂，有行政官员，也有一般干部；有厂长、经理，也有一般职员；有国有大型企业，也有农村乡镇企业；有知识分子，也有工人、农民等。有些公关人员，或因地位低，或因资历浅，或因经验欠缺，或因单位小等原因，面对地位高的、资历深的、经验丰富的、大单位的等公关对象，就会产生自卑心理，在对方面前总觉得自己渺小，大有“配不上”的心态，因此就显得拘谨、胆怯、手足无措，言谈小心翼翼、吞吞吐吐、词不达意，这样会直接影响公关效果。所以，公关人员首先要树立起自信心，克服自卑心理。法国哲学家卢梭曾经说过：“自信对于事业简直是奇迹。有了它，你的才智才可以取之不尽，用之不竭。一个没有自信心的人，无论他有多么大的才能，也不会有成功的机会。”这一至理名言，对公关人员具有重要的指导意义。有了自信，才有胆量，有了胆量，才能不卑不亢，落落大方，从容自如地开展公关工作。

二、热情的心理

公共关系是一个既动脑又动手、既有学又有术的职业，公关工作是一项需要人们付出大量的体力和脑力劳动的艰辛工作。一个公关人员能否胜任这个职业，是否受欢迎，关键在于是否具备易于投入、热情工作的心理素质。因此，公关人员应该具有一种热情的心理。

这种热情的心理，主要体现在以下三个方面：

（1）热爱公共关系事业。公共关系工作既繁重又烦琐，一名公关人员每天都要处理各种公关事务，如果没有极大的热情和全身心的投入，是做不好公共关系工作的。只有深刻认识到公共关系工作的价值所在，热爱公共关系事业的人，才能在每天烦琐的公共关系事务中发现真、善、美，才能在每项繁重的活动中创造真、善、美，才能以极大的热情全身心地投入工作。

（2）热心服务公众。公共关系行业由于其职业特性，往往不能自由选择公众对象，正如同医生不能选择病人一样。只有具有热心服务公众的心理，才能与各种各样的公众建立良好的关系。

（3）热情对待公众。公共关系是一种与人打交道的工作，公关人员只有凭借热情的心理主动结交各界朋友，热情对待各种公众，才能拓展工作渠道和活动范围，打开工作局面，扩大组织的影响。

小案例 2-3

美国 IBM 公司每年都要举行一次规模隆重的庆功会，对在一年中做出过突出贡献的销售人员进行表彰。这种表彰活动被称作“金环庆典”。这种活动常常是在风光旖旎的地方，如百慕大或马霍卡岛等地进行。在庆典中，IBM 公司的高层管理人员始终在场，并主持盛大、庄重的颁奖酒宴，然后放映由公司自己制作的表现那些做出了突出贡献的销售人员工作情况、家庭生活，乃至业余爱好的影片。在被邀请参加庆典的人员中，不仅有股东代表、工人代表、社会名流，还有那些做出了突出贡献的销售人员的家属和亲友。在庆典活动中，公司主管会同那些常年忙碌、难得一见的销售人员聚集在一起，彼此毫无拘束地谈天说地。在这种交流中，无形地加深了彼此心灵的沟通，增强了销售人员对企业的亲密感和责任感。

三、开放的心理

人类社会发展的过程，经历了从封闭到开放的转变。尤其在 21 世纪，人与人、国与国之间，都更加广阔地交往、联系和互动。只有具备开放的心态，才能更好地做好自己的工作，感受世界和人的多样性，充分尊重别人的利益和需求，以学会更好地与人相处。

具有开放心态的人，才能保持不断接受新事物的浓厚兴趣，而不会陷入故步自封、满足于现状的误区。从公关工作的要求看，公关人员的性格最好是开放型、稳重型，并具有涵养、宽容精神和积极乐观的性格。开朗乐观、豁达大度是公关人员必备的性格特征。在公关活动中，并不都是一帆风顺的，随时都可能遇到各种各样的阻力和困难，甚至公关活动失败。在当前日益复杂的经济活动中，竞争是非常激烈的，公关工作遇到挫折是很自然的。作为公关人员，在挫折面前，不要气馁，不要灰心丧气，要保持开朗乐观的态度，泰然处之，只有保持良好的心理状态，坚持不懈地努力，才能在激烈的竞争中立于不败之地。公关人员在复杂的公关活动中，可能还会遇到因同事之间误解，领导主观偏见使自己感到委屈，或因他人的成功，自己的失败而使自己感到难堪的情况，这就更加要求公关人员要有宽阔的胸襟，有容忍谦让的气量，克服狭隘嫉妒心理。这样才可以“化敌为友”，化不利因素为有利因素，才能在这一行干得出色。

第三节 公共关系能力

公关人员是否具备良好的公共关系能力，直接关系到他们心理素质的发挥和整体职业素质的提高。因此，公共关系能力是公关人员基本素质的重要组成部分。

一、人际交往能力

人际交往能力是衡量一个现代人能否适应开放社会的标准之一，缺乏人际交往能力的人，往往会与自己周围的人之间形成一道无形的屏障，以致不能完成自己所担负的工作。公共关系工作在某种意义上可以说是一种交际艺术，所有的工作都要从交往开始。公关人员要懂得各种社交礼仪和语言艺术，综合运用自身所具备的知识和修养，与社会各阶层公众广泛接触，建立起亲密的人际关系。美国前总统布什曾说：“一个人一生中打交道的人，百分之八十都是陌生人。”能否具备交际能力是衡量一个公关人员是否适应现代开放社会和是否适合从事公共关系工作的一个重要标准。那种画地为牢，拒人于千里之外与社会环境格格不入的人，是不能从事公共关系工作的。这里要求公关人员必须是一个合格的“外交官”。因此，公关人员要从小事做起，不断培养和提高自己的人际交往能力，树立起本人的良好形象，并为树立组织的良好形象展开有力的社交攻势，这样才能体现和代言本组织的良好形象，才能肩负起沟通公众、环境、社会的重任。

人际交往能力是一个多方面能力组合的综合表现，如表达能力、应变能力、逻辑思维能力及知识素养等。人际交往能力涉及的范围很广，包括自我介绍的能力，介绍他人的能力，与人相处的能力，倾听、赞美他人的能力，吸引、改变、支配他人行为的能力等。公关人员的人际交往能力还应该体现为通晓各种社交场合的礼仪规范，如日常礼仪、涉外礼仪、各种宴会礼仪及公共场合礼仪等。公关人员还必须明白，懂得、通晓和遵守社交礼仪是对自己和他人的尊重，也是有知识和有教养的一种体现。

小案例 2-4

某单位总经理在欢迎新员工联谊会上宣读新来员工的名单，当念到“张晔”（yè）时，总经理读成“张华”。张晔马上站了起来，当场给予纠正：“经理，我的名字不叫张华，那个字读‘yè’，我叫张晔。”全场愕然。就在此时，总经理秘书马上站起来打圆场，对总经理说：“经理，不是您读错了，是我在打字的时候把‘日’字旁丢掉了。”回头对那位新员工：“张晔同志，对不起，这事儿责任在我。”

从案例中我们不难看出张晔说错话了，张晔说的是真话，但选错了时间、场合，更没能把握准自己的身份。这是人际交往能力欠缺的表现。

二、文书写作能力

美国著名的公共关系专家卡特里普和森特在他们的著作《有效的公共关系》中提出：“在所有的要求中，一种条件常常处于第一位，那就是文字表达能力。”在公共关系工作中，常常要撰写通讯、新闻稿件，拟订工作计划与活动方案，编撰企业简报和年鉴，撰写公文、贺词、请柬、通知等公关文书。随着公共关系活动的频繁开展，逐步走向系统化、规范化，这就要求公关人员必须要具备良好的文字功底和写作技巧。公关人员要熟练掌握一些常用文书的写作格式和撰写技巧。这类文书往往要求行文简洁、合乎规范、内容充实，具有较强的说服力，同时还要力求在全面、客观、真实的基础上突出重点，加强趣味性和可读性，使文章给人以清新、生动、流畅、亲切之感，吸引各类社会公众，达到传播的目的。

小案例 2-5

日本奈良市郊区有一家旅馆，外在环境优美，招待客人热情，很吸引顾客。但美中不足的是每年春季，许多燕子争相光临，在房檐下营巢安家，排泄的粪便弄脏了玻璃窗和走廊，服务员“擦不胜擦”，使得旅客有点不快。旅馆主人爱鸟，不忍心把燕子赶走，但又难以把燕子粪便及时、彻底清除，很是苦恼。

一天，旅馆经理忽然想出一条妙计，以小燕子的名义向旅客们写一封解释、道歉的信。他提笔写道：

女士们，先生们：

我们是刚从南方赶到这儿过春天的小燕子，没有征得主人的同意，就在这儿安了家，还要生儿育女。我们的小宝贝年幼无知，我们的习惯也不好，常常弄脏您的玻璃和走廊，致使您不愉快。我们很过意不去，请女士们、先生们多多原谅！

还有一事恳求女士们和先生们，请您千万不要埋怨服务员小姐，她们是经常打扫的，只是她们“擦不胜擦”。这完全是我们的过错。请您稍等一会儿，她们就来了。

您的朋友小燕子

旅馆经理把它张贴到显眼的地方。客人们看了这封公开信，都给逗乐了。不仅不再提意见，而且还对这家旅馆更感亲切，并留下了美好的印象。

三、自制自控能力

自制自控能力是指一个人自我控制的能力。公关人员要经常和社会公众打交道，如果有公众无理指责你和你的组织，你应该怎么办呢？假设缺乏自制自控能力，不能豁达大度、心平气和地认真听取社会公众的指责和意见，那么就无法取得公众的谅解，更谈不上妥善处理各种纠纷以获取公众的认可。公关人员在遇到这种情况时必须要有很强的自制自控能力，才能处理好与公众的关系，才能使公众对组织产生好感。公关人员应以自己的冷静使对方平静，以自己的微笑服务消除对方的怒气，而这些首先都要要求他们自制自控自己的情感。公关人员应该意识到，他们的言行举止关系着组织的声誉，他们的职责就是用自己的真诚服务来树立组织的良好形象，他们应该学会“忍”，这种忍不是虚假的，而是真诚的。许多企业都以“顾客至上”作为自己的行动指南，其实这也是公关活动的行动口号，它对培养公关人员的自制自控能力将起到很好的促进作用。

四、组织协调能力

公关工作是一项有计划、有步骤的活动，因此公关人员必须具有较强的组织协调能力。公关活动是一种目标指向型的活动，公关人员不仅要善于周密地设计和策划活动的目标和计划，还要制定为实现目标和计划的具体方法和步骤，而且还要善于从事实际的组织协调工作。

公关人员经常要组织各种专题活动、重大的接待工作等。例如，企业开业，公关人员必须就此活动进行组织、策划。其具体工作有：拟定出席典礼的宾客名单，安排典礼程序和接待事项，确定剪彩的人选，准备好致贺词的宾客名单和答词；仪式结束后还要组织来宾参观，准备一些小礼品等。公关人员其实就是这些活动的组织者、协调者和领导者，所以，他们除了要进行周密的计划外，还要使整个活动有条不紊地进行，使这些活动的参加者心情愉快，留下深刻的印象，这对提高组织的形象极为重要。

五、调查研究能力

调查研究是企业开展公共关系活动的先导，是整个公共关系活动的“轴心”。正如 R. 西蒙所说，不论人们如何表达公共关系活动的流程，调查研究都是举足轻重的。如果把公共关系活动流程视为一个“车轮”，调查研究便是这个“车轮”的“轮轴”。R. 西蒙把公共关系调查研究的作用清楚地表现了出来。人们可以得出这样一个结论：倘若缺少了调查研究这个“轴”，企业公共关系活动这个“轮”就无法轻松自如地运转起来。因此，作为组织的公共关系部门，要充分认识到开展公共关系调查研究的重要性，不仅要把调查研究作为一种经常性的工作来抓，还要注意在处理任何一种公共关系问题以及纠纷时，都应把调查研究视为正确、妥善地解决问题和纠纷的基本前提。

小案例 2-6

美国亨氏集团与我国合资在广州建立婴幼儿食品厂。但是，生产什么样的食品来开拓广阔的中国市场呢？筹建食品厂的初期，亨氏集团做了大量调查工作，多次召开“母亲座谈会”，充分吸取公众的意见，广泛了解消费者的需求，征求母亲对婴儿产品的建议，摸清各类食品在婴儿哺养中的利弊。之后进行综合比较，分析研究，根据母亲们提出的意见，试制了些样品，免费提供给一些托幼单位试用；收集征求社会各界对产品的意见、要求，相应地调整原料配比，他们还针对中国儿童食物缺少微量元素，造成儿童营养不平衡及影响身体发育的现状，在食品中加进一定量的微量元素，如锌、钙和铁等，食品配方更趋合理，使产品具有极大的吸引力，普遍地受到中国母亲的青睐。于是，亨氏婴儿营养米粉等系列产品迅速走进了千千万万中国家庭。

本案例侧重的是对消费者的调查研究，通过对消费者的调查去发现消费者和潜在的消费者群。亨氏集团多次召开“母亲座谈会”，充分听取公众的意见，广泛了解消费者的需求，征求对婴儿产品的建议，摸清了各类食品对婴儿哺养的利弊，得到产品定位的信息，从而一举成功。从案例中我们不难看出企业一定要重视对消费者的调查研究，弄清消费者对产品的需求趋势，为自己的产品定位找到科学的依据，这样才可以帮助企业赢得市场。这就需要公关人员具有调查研究能力。

六、开拓创新能力

在充满竞争的现代社会中，公关活动讲究在借势、造势、溶势的基础上，不断求新、求异。只有这样，才能技高一筹，领先一步，才能达到扩大影响、树立形象、推销产品、吸引公众的目的。因此，这就要求公关人员应该具备开拓创新能力，要敢于想别人不敢想的事，做别人没有做的事；要不断地突破常规，勤于思考，大胆设想，开拓创新。

小案例 2-7

美国艾士隆公司董事长布希耐在郊外散步的时候，偶然看到几个儿童在玩一只肮脏并且非常丑陋的昆虫。布希耐突发奇想：市面上几乎买不到丑陋的玩具，如果生产一些丑陋玩具，市场前景会怎样呢？于是，他让自己公司的科研人员研制了一套“丑陋玩具”，并迅速推向市场，结果一炮打响，给公司带来了巨大收益。在玩具市场上，丑陋玩具的售价竟然超过正常玩具，且一直畅销不衰，掀起了一场“丑陋玩具”的热潮。

小　结

1．公共关系观念是公关人员应该具备的基本素质的核心。公关人员要具有塑造形象的观念、服务公众的观念、互惠互利的观念、协调沟通的观念、立足长远的观念和创新审美的观念。

2．公关人员的心理素质是公关人员基本素质的基础。根据公关工作的实际需要，公关人员必须具备自信、热情和开放的心理素质。

3．公共关系能力直接关系到公关人员心理素质的发挥和整体职业素质的提高，是公关人员基本素质的重要组成部分。公关人员应具有人际交往能力、文书写作能力、自制自控能力、组织协调能力、调查研究能力和开拓创新能力。

知识考核

1. 公关人员应该具备哪些观念？
2. 公关人员的心理素质包括哪几个方面？
3. 公关人员应具备的基本能力有哪些？

技能训练

1. 阅读下面的案例，进行情景模拟，设计出相应的解决方案。

一位著名的节目主持人登台主持一台大型文艺演出节目，当她手持话筒从舞台左侧信步登上舞台时，没想到还未走到预定位置，就被脚底下缠绕的话筒线绊了个跟头，一下子摔倒在舞台上。台下立即响起惊呼，有的观众还惊得站了起来。对节目主持人来说，这个大洋相已经无法挽回了。如果你是该主持人，你该如何化解尴尬？

2. 阅读下面的案例，结合公共关系观念分析王石和“万科”在公共关系方面有哪些失当之处。

万科“捐款门”事件

万科企业股份有限公司是一家专业住宅开发企业，2007 年销售额 523.6 亿元，结算收入 351.8 亿元，净利润 48.4 亿元。该公司致力于通过规范、透明的企业文化和稳健、专注的发展模式，成为受客户和投资者欢迎、受社会尊重的企业。董事长王石在中国地产界享有很高声誉，公司也连续多年被评为“中国最佳企业公民”。然而，因为“捐款门”事件，王石和万科站在了舆论的风口浪尖上，屡遭质疑，让多年积累的品牌声望受损，实在可惜。

2008 年 5 月 12 日，四川汶川发生了特大地震。当天，万科宣布捐款 200 万元。该年度万科股东大会授权董事会用于慈善公益的预算是 1 000 万元，年初雪灾已经用掉 800 万元，这次捐出的 200 万元是万科本年度慈善额度的最后部分。

万科捐助的 200 万元善款与去年超过 48 亿元的净利润相比，不足万分之四，因此被网友批为“捐款数额与收入不符”。面对网友发出的质疑，5 月 15 日，万科董事长王石在其博客中撰文回复，称万科捐出的 200 万是合适的，“中国是个灾害频发的国家，赈灾慈善活动是个常态，企业的捐赠活动应该可持续，而不应成为负担。”他同时透露，万科内部慈善募捐活动都要求普通员工的捐款不得超过 10 元。此回应立刻遭到网民一致的批评与指责，在新浪、网易、腾讯等网站，对于王石言论的讨论区中，反对比例超过八成。不少人甚至自发组织“抵制购买万科住宅、抵制持有万科股票”的活动。对于王石的表态，万科的员工也认为“情感上很难接受”，并认为其言论已衍生出社会对整个万科公司乃至万科团队的质疑。19日晚，王石公开道歉。21日，万科发出“补捐”公告，宣布以纯公益性质参与四川地震灾区的临时安置、灾后恢复与重建，并以绵竹市遵道镇为重点。具体方案为：批准公司在净支出额度人民币1亿元以内参与上述工作；上述费用将在未来3～5年内，根据实际需要逐年支出，公司将在每年年报中披露具体支出情况。但公众舆论并不领情，多数人认为他只不过是迫于压力而做出的妥协，甚至有人说追捐的1亿元只是“一种公关技巧”，也有传闻猜测万科有意在四川地震灾后重建中寻找业务机会，准备在遵道镇投资商品住宅、旅游开发业务。针对这种传言，万科在24日发表声明称，公司参与四川地震灾区的临时安置、灾后恢复与重建是完全无偿的、不收取任何直接与间接经济回报、不回收任何成本的纯公益性质工作，万科在本次地震灾后重建的全过程中，不承揽任何有回报的重建业务。此外，万科不考虑在遵道镇乃至整个绵竹市开展商品住宅、旅游开发或其他任何内容的商业投资活动。

事实上，在地震救灾中，王石和万科一刻都没有停。5月12至5月16日，万科除捐款200万元外，还派出了部分志愿者向灾区运送物资以及开展社会募捐活动；5月18日，万科派出45名员工护送赈灾物资到达遵道镇，同时约有110名工人一同前往灾区进行帐篷搭建；截至19日，仅深圳公司员工已捐款19万元，相当于每人捐出近千元；5月20日，万科在遵道镇4个安置点的197个帐篷搭建完毕，而且已为指挥中心搭建简易棚。但问题的关键在于，这些在当时都不是公开信息，大多数的网友和媒体只看到了“沉默的万科”。

捐款本是一件赢得社会尊重的善举，然而，对万科来说，这次捐款所产生的社会反响却恰恰走向了舆论的另一端。有关公关专家在评论万科“捐款门”事件时指出：

（1）沟通态度欠妥。面对公众的质疑，王石如果直接将来龙去脉解释清楚，相信公众会理解，而他选择了一种情绪性的回应方式。在特大地震灾害这种敏感时刻，在各方赈灾热情高涨的背景下，抛出“灾难常态论”“合适理论”“10元为限论”和“慈善负担论”，公众从感情上显然不能接受，当然就不能起到实质性的交流作用。

（2）形象意识不强。倘若在事态刚刚起步时就道歉，并客观地传播公司的救灾行动，是可以重新赢回公众信任的。然而，王石和万科整整一周后才做出回应，显然已经过了修复形象的最佳时间。在这段时间里，舆论对王石和万科的不满已经全面扩大，此时道歉只能让公众认为万科是迫于压力的补救行为。

（3）危机处理方法不当。5月21日，万科毫无征兆地从捐款额200万元提升到以无偿投入1亿元参与灾后重建，其中没有系统的过渡过程，反而让公众觉得这是在压力下的无奈之举而并非诚意。在遭到公众怀疑与猜测之后，万科又多次出声明、公告进行补救或澄清，加深了公众的误解。

第三章

公众关系协调

学习目标

1. 掌握公众的含义、特点及其分类方法，能够分析影响公众行为的心理因素和社会因素，熟悉协调公众关系的基本方法。

2. 能够协调员工关系，通过公关工作帮助企业培养员工的认同感、归属感、自豪感和愉快感。

3. 能够处理顾客的咨询与投诉、与顾客进行信息沟通、协调顾客关系，通过公关工作帮助企业在顾客公众心目中塑造“第一流服务”的形象。

4. 能够承担与媒介公众的联络工作、安排记者采访、做好新闻发布会的会务工作、为媒介公众提供新闻资料、追踪监测新闻报道结果，通过公关工作帮助企业在媒介公众心目中塑造“具有传播价值”的形象。

5. 能够协调社区关系，通过公关工作帮助企业在社区公众心目中塑造“热心居民”的形象。

6. 能够回答政府公众的咨询、安排组织领导与政府公众沟通，通过公关工作帮助企业在政府公众心目中塑造“具有社会责任感的好公民”的形象。

某顾客在消费当地一家颇有影响的食品企业所生产的食品时，发现产品存在严重的质量问题。于是，他与企业进行了交涉。企业接待人员与同事研究后给了他一个答复，但此后便没了下文。无奈，该顾客带上有质量问题的食品，将情况反映给当地一家颇有影响的报社。该报社遂派记者到企业进行现场采访。记者们在企业拍摄到了许多违反国家食品生产规定的现场画面。企业领导发现后强行索要记者所拍资料，索要未果后，将记者扣留。在当地公安人员的协调下，记者们在被困 1 个多小时后得以安全返回。事后，该报以系列报道的形式将消费者反映的有关该企业的问题，以及记者在企业中所拍摄的材料、经历公之于众，企业经营一时陷入困境。

该企业经营陷入困境的根本原因是企业经营行为不当，导致所生产的食品违反国家的有关规定，引起顾客不满。而直接原因则是由于企业没有处理好顾客投诉，导致顾客关系失调而引发了新闻媒介的介入。更严重的是对前来采访的记者采取了非法手段，催生了系列负面报道，从而使企业陷入舆论危机之中。

在本章中，我们将通过探讨公众关系协调的目标、意义和公众关系协调的方法，帮助读者掌握公共关系协调的基本技能。

所谓公众关系协调是指组织为争取公众的支持与合作而进行的一系列努力和开展的各种协调公众关系的工作。协调是公共关系的重要职能之一。组织内部的公共关系机构是组织管理机构中担负协调的职能部门，它需要协调的关系方方面面，如组织与员工、组织与顾客、组织与媒介、组织与社区、组织与政府的关系等。这里主要介绍公共关系协调工作中上述几种常见的目标公众关系协调。

第一节 员工关系处理

员工关系是组织公共关系中最基本、最重要的一类公众关系。任何一个社会组织要建立自身的良好形象，首先得从员工公共关系做起。良好的员工关系是社会组织有效开展全方位公共关系工作的基础和起点。

一、员工关系的含义

员工关系是指在社会组织内部管理过程中所形成的人事关系，其具体对象包括全体职员和管理干部。“家和万事兴”，只有先处理好员工关系，社会组织才能同心协力树立良好的组织形象。一位日本的经理说过这样一句话：“……一群人在一起工作，其效果并不像数学公式一加一等于二那样简单。两人协力的结果，可能是三倍，甚至五倍于一个人的力量；相反，如果不互相协力，效果可能是零。”

二、建立良好员工关系的意义

建立良好的员工关系，目的是培养组织成员的认同感和归属感，形成向心力和凝聚力。其意义主要表现在以下两个方面：

1．组织需要通过自身成员的认可和支持来增强内聚力

一个组织的存在价值和整体形象在取得社会的认可之前，需要先得到自己成员的认可；组织的目标和任务在赢得社会支持之前，需要先赢得自己成员的配合与支持。否则，组织的价值和目标将会落空，组织将无法作为一个整体面对外部社会公众。每一个成员都是组织的细胞，他们对组织有机体的认同和依附，是这个有机体得以存在的基础，因此，良好的员工关系是公共关系的起点。组织内部的公关工作要先增强内聚力，将全体成员组合成为一个有机的整体。国内外许多著名的企业为此煞费苦心，并且颇具特色。德国一家公司的新任总经理上任后的第一件事，就是把职工食堂的所有圆形小桌全部改成长条形桌子，他就此解释说："圆形小桌每次就餐最多只能坐四个人——通常都是相互熟悉的四个人；而长桌子则每次可以坐很多人，这样就能使公司内部互不熟悉的员工增加接触机会，加强人际间的沟通。"

要达到这一目的，就需要将本组织的成员视作传播沟通的首要对象，尊重组织成员分享信息的权力，争取他们的了解与理解，形成信任与和谐的内部气氛。如果内部信息传播有障碍，沟通不灵，成员对本组织的信息没有了解的优先权，甚至于外部社会早已纷纷扬扬，自己的成员还蒙在鼓里，就会在组织内部产生麻木不仁、忧虑不安、焦急烦恼、猜疑传言等消极情绪和现象，从而形成隔阂冷漠、离心离德的状况。要避免这种情况的发生，就需要健全组织内部信息的传播渠道，完善组织内部的沟通机制，使全体成员在信息分享和感情沟通中与组织融为一体。

小案例 3-1

日本松下电器公司经常为员工提供培训与再教育的机会，并且提出了一句著名的口号："松下公司生产人，同时也生产电器。"日本丰田汽车公司很注重培养企业"大家庭"的气氛，上班时往往是上级迎接下级；员工每逢生日和红白喜事都会得到上司的关心，员工归属感和凝聚力极强，几乎每个员工从踏进丰田公司那天开始，就把公司作为自己的终生选择。

2．组织需要通过全员公共关系来增强外张力

一个组织的对外影响力有赖于全体成员的努力与配合，因为每一个组织成员都是组织与外部公众接触的触角，都处在对外公共关系的第一线；组织的整体形象必须通过员工在各自工作岗位上的良好行为具体体现出来。电话总机的接线员，服务台、问询处、接待室的工作人员，行政部门的办事员，业务部门的业务员，乃至生产线上的员工等，都是有形无形的公关人员，他们的一言一行都代表着组织的形象。在对外交往中，每一位组织成员都是非常重要的公共关系行为主体。这种主体性的发挥则有赖于他们对组织的认同感和归属感、向心力和凝聚力。组织的外张力是与组织的内聚力成正比的。一个组织如果希望其成员能够时时处处自觉地维护组织的形象，就应该时时处处善待和尊重自己的成员，将他们作为重要的公共关系对象，努力培养他们对组织的认同感、归属感。例如，美国医院经营公司通过向员工发放“健康补贴”获得了员工的认可，塑造了良好形象。

小案例 3-2

美国医院经营公司（HCA）有一项奇特的财务开支：向员工发放“健康补贴”。条件是必须做完公司的“健康定额”。例如，游泳 1 英里（1 英里=1.609 344 千米）补贴 0.96 美元，跑步 1 英里补贴 0.24 美元，跳舞 1 小时补贴 0.96 美元，打网球……按公司员工平均计算，每人每年可得补贴 500 美元用来“维护身体健康”。公司公关人员反复向员工宣布的是这句话：“每个人都必须进行健康管理，健康就是财富，有健康的身体才能经营 HCA。”

美国医院经营公司的“健康补贴”不仅增强了员工身体素质，而且在员工对外“炫耀”时也宣传了本公司的形象。

三、协调员工关系的方法

要协调好组织与员工之间的关系，先要了解员工的期望与要求。按照西方社会学家亚伯拉罕·马斯洛 20 世纪 50 年代提出的需要层次理论，人的需要有五个层次：第一层次是生存需要，包括衣、食、住、行；第二层次是安全需要，包括工作安全、医疗、保险、退休、福利；第三层次是社会需要，包括友谊、归属、接受；第四层次是尊重需要，包括荣誉、升迁、奖励；第五层次是自我实现需要，包括成就、发挥自己潜能、自我实现。这些需要是从低级走向高级的。虽然马斯洛的需要层次理论并非十全十美，但它所表达的人们的期望与需要，是组织在协调员工关系时值得借鉴的。怎样才能协调好员工关系呢？我们可以从物质需要、精神需求、个人价值和工作环境四个方面考虑。

1. 满足员工物质利益的需要

组织要在工资、奖金、福利、工作条件等与员工息息相关的物质利益方面给予满足，使他们感到在付出辛苦的劳动之后能够获得应有的利益保证，并将员工的利益融入组织的政策之中予以贯彻落实，这样组织才能赢得和谐融洽的员工关系。新加坡航空公司在此方面的做法非常值得借鉴。

小案例 3-3

在世界各大航空公司中享有盛誉的新加坡航空公司，以严格的纪律和考核著称，同时也以优厚的福利深深地吸引着员工，使员工自豪。凡每月工资低于 2 000 新加坡元，并与本公司签订了 5 年工作合同的员工，业余读高中可补助 500 新元，读专科可补助 1 000 新元。公司在新加坡著名旅游点建有房屋，供员工旅游时居住，住一夜只需花 3 新元，一次可住一个星期。在公司工作一年以上的员工，每年可免费到国外旅行一次，配偶和子女同享这种待遇。公司还帮助员工持有本公司股票，由于公司经济效益好，股票红利丰厚，使员工受益匪浅。

新加坡航空公司这种员工与公司“俱荣俱损”的关系，使员工为公司奋发工作，尽心尽力，又促使了公司的经济效益节节上升。

2．满足员工精神方面的需求

从公共关系的角度说，协调内部员工的重要任务就是重视内部沟通，将员工视为公共关系沟通的首要对象，树立“内部公众第一”的思想，充分尊重员工意见，体现主人公精神，努力培养员工对组织的认同感；要与员工进行情感交流，积极开展一些文体活动，增进友谊、陶冶情趣、培养员工健康的人格和向上的精神。美国的约翰·小洛克菲勒谈他对员工管理的经验时说：“我力图把美元、股票和红利变得带有人情味。”

此外，还要积极创造员工接受培训和再教育的机会。“人往高处走，水往低处流”，上进之心，人皆有之。通过对职工进行必要的培训，他们才能始终跟上时代步伐，工作起来才能得心应手，发挥出应有的作用。例如，美国惠普电子仪器公司在智力投资方面表现出了高瞻远瞩的气魄，公司规定，几万名职工每周必须学习业务知识，每年有25%的职工可到各种培训班进行深造。为此，公司支付的培训费占销售总额的十分之一，花费的人力占公司人力的十分之一。在此案例中，虽然惠普公司付出了巨大的代价，但深得职工的拥护，企业也在高素质、具有现代化知识员工的全力工作中，获得了突飞猛进的发展。

3．满足员工个人价值的实现

从管理哲学的角度看，公共关系工作要处理好团体价值与个体价值之间的矛盾。公共关系工作的目标是追求较高的团体价值，即塑造本组织良好的整体形象，提高本组织的社会地位，争取较好的组织知名度和美誉度。从公共关系工作的实际来说，它是专门做人的工作的，必须从确立个人的价值入手，使团体中的每个成员（以及与这个团体有关的所有个人）都能在团体的环境中追求和实现个人的价值。如果能够创造这样一种团体环境，在这个环境中，个体能充分展示自己的个性和追求自己的价值，那么这个团体就具备了足够的凝聚力，并且使团体价值通过许许多多个体的创造性活动得以充实和体现。也就是说，追求团体价值的公共关系工作，应该先从尊重个体价值做起，必须将个体价值与团体价值辨证、有机地结合为一体。如果个人价值得不到尊重，个人就可能会产生强烈的不满，产生不负责任的行为。因此，应把个人价值和团体价值结合起来，相信和依靠员工，大胆放手让他们工作，及时肯定和赞赏他们的成绩和贡献，尊重他们的人格和自主权。松下公司的创始人松下幸之助经过常年观察研究后发现：按时计酬的员工仅能发挥工作效能的20%～30%；而如果受到充分激励，则可发挥至80%～90%。松下先生探索出了用“拍肩膀”来激励员工，即当一个员工兢兢业业、一丝不苟地在车间里、机器旁工作时，常常会被前来巡视的经理、领班们发现，他们先是拿起零件仔细瞧瞧，然后会对着这个员工的肩膀轻轻拍几下，并说上几句“不错”“很好”之类的赏识话，以资鼓励。

4. 创造员工满意的工作环境

工作环境包括工作场所中的物质环境和人际关系。人际关系是一种情感氛围，它能使组织以感情为纽带团结每一位员工。良好的人际关系使员工感到安全、舒适、轻松、愉快，只有在这样的环境中，员工才能紧张而愉快地工作，才能畅所欲言，才能对组织有较深的感情，组织才能产生凝聚力。

小案例 3-4

为员工过生日、送蛋糕在今天的中国已经不是什么稀罕事了，但是日本麦当劳的老板藤田做起这类事情来则更加细致周到，更不一般。员工过生日，公司会给他放假一天，赠送5 000日元的贺礼，而且员工的妻子过生日也会收到藤田让花店送去的鲜花。鲜花并不贵，但让他们非常感动。就连员工的孩子过儿童节时，也会得到藤田赠送的5 000日元的礼物。这样，在孩子小小心灵中也打上了父亲工作的公司是关心人的公司的烙印。更绝妙的是，公司每年发3次奖金，都把奖金发给员工们的太太，同时附上一封短函："公司能有这样好的业绩，都是各位太太的协助。虽然，直接参与的是先生们，但是，如果没有你们这些贤内助们的帮助，先生们的工作成绩将大打折扣，所以，这笔奖金是你们应该得到的。"员工们自然十分高兴，因为他们的太太没有参与店里的工作却能拿到奖金，他们感到太太们也是店里的一员了，所以他们干起活来积极性格外高，员工家里也极少闹矛盾，妻子们对丈夫工作上也给予了更多支持和帮助。

在这个案例中，藤田不仅把人际间的良好关系引入组织，而且进一步把家庭关系和情感融入员工关系，把麦当劳办成一个"大家庭"，稳固了员工的"后方"，使员工得到来自公司和家人两方面的尊敬，从而提高了员工的忠诚度、满意度和归属感，增强了企业的凝聚力。

第二节 顾客关系处理

协调顾客关系，是社会组织尤其是工商企业面临的头等重要的实践课题。谁的顾客多谁就成为赢家，谁的顾客少谁就是输家，谁失去顾客谁就会倾家荡产。现代社会，一个真诚关心顾客利益、把顾客利益奉为至尊的观念已经形成。协调顾客关系，对于工商企业组织竞争和发展有着不可估量的价值。

一、顾客关系的含义

顾客关系又称消费者关系，是社会组织与其产品（物质产品和精神产品）的购买者和

消费者之间的关系。顾客是与组织具有直接利益关系的外部公众，是工商企业组织市场传播沟通的重要目标对象。

二、建立良好顾客关系的意义

建立良好的顾客关系，可以促使顾客形成对组织及其产品的良好印象和评价，提高组织及其产品的知名度和美誉度，增加对市场的影响力和吸引力，实现组织和顾客公众的共同利益。对顾客公众做好公共关系协调的意义在于：

1. 良好的顾客关系能够为组织带来直接的经济效益

一个组织的存在价值，很大程度上在于其产品或服务能够得到顾客的接受和欢迎。组织的经济效益需要在市场上实现，而顾客就是市场，有了顾客才有市场。虽然与顾客的沟通并不等同于市场经营中的销售关系、直接的买卖关系，但良好的顾客关系的确有利于企业组织的市场销售关系，能够给企业带来直接的经济效益。因此，顾客公众是企业市场经营的生命线。正如公共关系专家加瑞特所说："无论大小企业都必须永远按照下述信念来计划自己的方向，这个信念就是：企业要为消费者所有，为消费者所治，为消费者所享。"

小案例 3-5

1978 年 2 月，意大利航空公司的一架客机在地中海坠毁，该公司急需一架飞机代替，于是意大利航空公司总裁立即打电话给美国波音公司董事长，提出一个特别要求：能否迅速送来一架波音 727 客机。当时订购这种型号客机的客户至少得等上两年。两年的时间，客户要蒙受多大的损失！于是，波音公司立即召开了一个动员会，要求把这架飞机作为一次紧急任务来完成，争取在最短的时间里造出来。两个月以后，意大利航空公司收到了一架崭新的波音 727 客机，他们对波音公司的最佳服务精神感动不已。为了回报波音公司，6 个月以后，意大利航空公司向波音公司订购 9 架 747 大型客机，价值高达 5.75 亿美元。

波音公司急顾客之所急，维护了良好的顾客关系，看起来花费了很大的力气，但这份力气得到了 5.75 亿美元的订单回报，这样的"投资"难道不合算吗？

2. 良好的顾客关系可以体现企业组织正确的经营观念和行为

顾客公共关系工作要求企业组织将顾客的利益和需求摆在首位，通过满足顾客的需求和权利来换取组织的利益。企业组织的性质决定了它必然要通过经济活动去赢取利润；而公共关系的经营思想认为，利润不应该是企业贪婪的追求，而应该是顾客接受、赞赏和欢迎企业的产品和服务所投的信任票。只有赢得顾客的心、获得顾客的信任与好感的企业，才可能较好地获得自己的利润。因此，企业的一切政策和行为都必须以顾客的利益和需求为导向，在经营观念和行为上自觉地为消费者所有，为消费者所治，为消费者所享。而这种经营观念和行为必然表现为企业具有良好的顾客关系，即企业在市场公众心目中具有良好的声誉和形象。

小案例 3-6

占有世界计算机设备市场40%份额的IBM公司，为了树立“为顾客提供最佳服务”的市场形象，专门挑选一批优秀的业务人员担任为期3年的主管助理。在3年之中，他们唯一的任务就是：对任何顾客的抱怨和疑难必须在24小时内给予解决。有一次，一位在菲尼斯工作的服务小姐，驾车前往某地为顾客送一个小零件。然而，却因瓢泼大雨，交通阻塞，使25分钟的路程变成了4个小时的跋涉。这位小姐担心这样会失去整整一个下午的时间，她想到车里还有一双旱冰鞋，便一路滑行，为顾客雪中送炭。

迎接顾客各种具有挑战性的服务难题已经成为IBM公司活动的一部分，案例中的服务小姐在顾客心中塑造了IBM公司守信誉、重服务的形象，得到了顾客的认可。

3．良好的顾客关系有助于培育成熟的消费者群体和市场

没有成熟的消费者就没有成熟的市场，没有成熟的市场就没有成熟的企业。成熟的现代消费者，是指那些具有现代合理的消费需求、健康的消费心理、自觉的消费行为、把握一定的商品信息和知识，能够选购自己所需要而且质量好的商品，明确自己作为顾客所享有的权利，并且能够用合法手段有效维护自身权益的现代人。只有这样的消费者日渐增多，市场环境和企业竞争才可能变得更加有序。因此，做好顾客公共关系工作的意义之一在于：促进成熟的消费心理和消费意识，形成科学的消费行为，帮助顾客认识、熟悉产品的性能以及使用、维修、保养的基本知识，以提高工作和生活的质量，增加生活的情趣。对消费者进行教育、引导，目前已是国外许多企业公共关系活动的重要内容。例如，日立公司设立了多个“日立家庭中心”，专门指导日立的消费者如何利用闲暇时间设计生活、美化生活。消费者的成熟是一个逐渐的、不自觉的过程。我国的消费者与十多年前相比，在理性消费和维护自身权益方面显得成熟多了；但就整体而言，成熟的现代消费者的形成还需要社会各个方面包括企业的共同努力。因而，良好顾客关系的建立对培育成熟的消费者群体和市场的意义，更应为企业所重视。

小案例 3-7

日本有一家著名的衣料店“越后屋”。每逢下雨时，许多没有带雨伞的顾客或路人，纷纷聚集在屋檐下或店堂里避雨。此时，店员便拿出一把把雨伞“借”给他们使用。这些雨伞上都印有醒目的“越后屋”三个大字。顾客们打着雨伞走了。“越后屋”的名字随之到了各处，即便有人“忘”了归还也无妨，借雨伞的人，常怀有感激之情，一买衣料就免不了想到“越后屋”。“越后屋”的名字随着一把把雨伞传到了各处，“越后屋”的情义和美誉也传到了各处。

“越后屋”能从顾客或路人的角度出发考虑问题，为顾客所想，为顾客提供方便，培育了良好的顾客关系，以及成熟的消费者群体和市场，同时也提升了组织的美誉度和知名度。

三、协调顾客关系的方法

1．为顾客提供满意的产品

顾客关系的形成是由于顾客对产品的消费欲望和消费行为而产生的，没有适应顾客需要的优质商品就不可能有稳固的顾客关系。因此，为顾客提供满意的产品，是建立良好的顾客关系的物质基础。这就要求企业在技术、产品上不断推陈出新，满足顾客不断变化的需要，以优质的产品来赢得顾客的信任与好感。企业没有顾客满意的产品，无论企业花多大代价去做广告、搞促销，最终都不会赢得顾客。

凡是成功的社会组织，都十分重视其产品的优异品质。例如，海尔集团在十几年的经营实践中，形成了它独特的管理方式——OEC。其主要内涵是“日事日毕，日清日高”，即在企业的生产过程中实行严格管理，切实把“质量是企业的生命”这一价值观落实到每一个员工身上和每一个生产环节中……经过长期的努力和积累，终于使海尔通过了美国 UL、德国 VDE、加拿大 CSA、澳大利亚 SAA 等质量认证，并成为我国家电行业率先通过 ISO9001 国际质量认证的企业集团，荣获中国家电行业“第一品牌”的称号，其产品赢得了无数顾客的信赖和钟爱。

2．为顾客提供优质的服务

服务是指不以实物形式而是以提供活劳动的形式满足顾客的某种需要，为顾客带来更多的便利。任何企业在生产和组织商品销售过程中，向顾客提供各种优质服务，都是塑造良好形象的重要途径，也是企业与顾客建立良好关系的重要前提。不同的企业应根据所生产和经营的商品种类和特点，根据企业的规模、类型、地点、经营条件，为顾客提供多种多样的服务，如进货服务、安装服务、维修服务、加工服务、包装服务、信用服务、租赁服务、退换服务，推行服务承诺，努力实现服务的系列化、规范化、制度化，以优质服务增强企业对顾客的吸引力。

小案例 3-8

卡特彼勒公司是一个专门生产建筑机械的公司。该公司在经营中不仅坚持严格的产品质量管理，而且坚持“销售真正始于售后”的宗旨。它在世界许多地区设立了维修站和零配件中心，因此，无论在世界的哪个角落，接到用户电话后 24 小时内，都会将零配件送到工地；如有需要，该公司的技术人员也可同时赶到。公司规定，如果不能在 24 小时内抵达工地，免收所有维修费用。为了保证做到这一点，该公司为在本国的 93 家经销商和海外的 137 家经销商专门设立了一个配件中心，并在 10 个国家设有 23 处配件仓库，每一个仓库负责一个特定区域的零配件供应，所有仓库的零配件供应正好覆盖全世界。在这些仓库里，经常保有 20 万种可供应两个月的零配件存货。虽然该公司的产品普遍比竞争者的同类产品价格高 10%～15%，但用户仍然愿意购买卡特彼勒公司的产品。公司征战全球的奥秘正是“优质的产品加完善的服务”。

3．与顾客保持畅通的信息沟通

在企业与顾客的市场供求关系之中，存在着大量的信息交流关系和情感沟通关系。没有充分的信息传播，没有融洽的感情沟通，市场的商品交换关系就难以建立，更难以稳定和持久。在争取顾客的注意力、影响顾客的消费选择和消费行为的市场信息传播竞争中，公共关系日益成为企业青睐的市场传播手段。企业运用多元化的传播沟通方法去疏通渠道，理顺关系，清除障碍，联络感情，吸引公众，争取人心，可以为产品的销售营造一个良好的气氛与和谐的环境。例如，美国玛特尔玩具公司生产了一种玩具，在美国是畅销货，到了日本后则很少有人问津，他们通过调查，了解到日本的社会习俗、文化心态以及日本人的生活爱好，认识到日本人的民族感很强，骨子里是不喜欢洋人的。于是他们就把玩具娃娃的金发碧眼换成黑发黑眼，由于适应了日本妇女、儿童的口味，从此打开了销路。

4．迅速处理顾客的投诉

美国学者做过一项调查：每当有一个通过口头或书面直接向公司提出投诉的顾客，就有 26 个保持沉默的感到不满意的顾客。这 26 个顾客每个人都会对另外 10 个亲朋好友造成消极影响；而这 10 个亲朋好友中，约 33%的人会再把这个坏消息传给另外 20 个人。也就是说，只要有一个顾客不满意而投诉，就会产生“26×（10+10×33%×20）”的结果，即有 1 976 人不满意。据此，现代社会组织的领导人清醒地认识到，让顾客满意是组织必须尽心倾力地完成的最大任务。

企业组织在生产经营过程中，由于各种原因造成失误或与顾客之间发生矛盾，引起顾客投诉在所难免，关键是怎样处理好这些投诉。顾客投诉种类很多，有电话投诉、信件投诉、当面投诉，有的甚至借助媒介或法律。不管怎样，问题一出现，企业组织都应本着“顾客是正确的”原则，尊重和维护顾客的合法权益，淡化矛盾，妥善处理，使顾客满意，让因顾客投诉造成的公众对企业信任危机的负面影响降到最低程度；甚至因势利导，变坏事为好事。及时处理顾客的投诉，是对消费者合法权益的积极维护；只有切实地处理好顾客的投诉，才能使顾客消除心中不平，化干戈为玉帛。只有充分尊重并维护顾客的合法权益，才能真正地建立融洽的顾客关系，在竞争中立于不败之地。那种坑蒙拐骗、以假充真、以次充好、搪塞敷衍、无视顾客利益的做法，终究会被消费者淘汰，受到社会的惩罚。处理好顾客投诉应注意以下几方面的问题：

（1）处理要及时。对消费者的投诉能及时着手解决，顾客就会觉得组织重视他们的意见，会比较快地恢复平静。如果等几天再答复，那么在这段时间内顾客就会觉得不痛快，免不了会向他们的同事或亲朋好友诉说一番。拖延的时间越长，他们的气就越大，向别人诉说的机会就越多，对企业不信任的人也会随之增多。因为人们往往相信自己的亲朋好友的诉说，而不会去轻信广告宣传，所以，即使一时不能解决的问题也要先有回复，告诉对方已经在研究处理。

（2）态度要诚恳。遇到消费者投诉，不管对方是否有理，首要的是不要让事态扩大，因此，企业公关人员都应心平气和，婉转地加以引导，耐心地问明情况。企业公关人员要抱着诚恳的态度设身处地为顾客着想，理解顾客心情，与人为善，宽以待人，尽量减小影响范围；决不能顶撞、争吵，以致把问题闹大。对批评企业的来信都要答复，不可让对方感到企业缺乏诚意。

（3）分析要全面。对消费者投诉的问题，应该做全面的分析。如果发现该问题具有普遍性，应该尽快通过大众媒介或公关宣传，在较大范围内予以说明；如果提出的问题比较重要，就要认真研究解决处理的对策，以最好的服务予以补救，努力取得顾客的谅解。

小案例 3-9

美国通用电气公司、可口可乐公司和英国航空公司，每年都投资数百万美元用于处理顾客的投诉，而这三家公司恰恰属于国际上生意最为兴隆的公司之列。这些公司的经营诀窍之一，就是当遇到不满意的顾客时，即使做不到对他们有求必应，也要尽量向他们充分地解释，使之释然于胸。其具体做法是：设立 800 号的免费电话系统，进行严格的员工培训，遵守慷慨退款的原则。这样一来，公司的批评者就会转为忠实的支持者。

如今，“平息怒气，和气生财”已经成为国外企业协调顾客关系的最主要手段之一。另外，不论顾客采用何种批评方式，都要以他们所提的意见为线索，对事实的真相进行调查，在查清事实的基础上，与消费者充分交流意见，求同存异，达成谅解。纠纷的处理和解决，要努力使顾客满意。对顾客的承诺一定要及时实施。同时，还要将解决的结果通过新闻媒介加以传播，这样，就有可能把不利于企业的舆论引导到有利于企业的方向上去。

第三节 媒介关系处理

社会组织若要在社会上，在所有公众中获得良好的声誉和影响，必须借助新闻媒介这一广泛而深刻的传播力量。然而要获取新闻媒介的积极支持，社会组织就不能顺其自然，而必须密切关注新闻媒介，了解新闻媒介的运作方式，进而主动、真诚地与新闻媒介协调好关系。

一、媒介关系的含义

媒介关系是指社会组织与广播、电视、报纸、杂志等大众传播媒介机构，以及与编辑、记者、节目主持人等媒介人士之间的关系。公共关系的基本方法是信息传播。传播信息不能不涉及新闻界，不能不形成与新闻媒介的关系。媒介公众是公共关系工作对象中最敏感、最重要的一部分。这种关系具有明显的两重性：一方面新闻媒介是组织与广大公众沟通的重要中介；另一方面新闻界人士又是需要特别争取的公众对象。媒介与对象的合一，决定了新闻媒介关系是一种传播性最强、公共关系操作意义最大的关系。从对公共关系实务工作层次来看，新闻媒介关系往往被置于最显著的位置，甚至被称为对外传播的首要公众。

二、建立良好媒介关系的意义

与新闻媒介建立良好关系的目的是争取新闻传播界对本组织的了解、理解和支持，以便形成对本组织有利的舆论气氛，并通过新闻媒介实现与大众的广泛沟通，增强组织对整个社会的影响力。建立良好媒介关系的意义在于：

1．良好的媒介关系有利于形成良好的公众舆论

新闻传播机构及人士是社会信息流通过程中的“把关人”（Gatekeeper，传播学中亦称为“守门人”），他们决定着各种社会信息的取舍、流量和流向，确定着公众舆论的中心议题，能够赋予被传播者特殊的、重要的社会地位，即具有“确定议程”和“授予地位”的功能。某个组织、人物、产品或时间如果成为新闻界报道的热点，便会成为具有公众影响力的舆论话题，获得较高的社会知名度；而且，一则对企业组织有利的信息通过新闻界客观的报道，容易获得公众的信任，有利于美誉度的提高。公共关系的一项重要任务，就是为组织创造良好的公众舆论，争取舆论的理解和支持。因此，与“把关人”建立良好的关系，有助于争取媒介报道的机会，使组织的有关信息比较顺利地通过传播过程中的层层关口，形成良好的公众舆论环境。

小案例 3-10

在 2006 年世界杯期间的中央电视台（以下简称“央视”）体育频道，观众每天均能在《我爱世界杯》特别节目中，看到强档栏目《豪门盛宴》的片头。观众可以发现，冯小刚执导的电影《夜宴》片花和足球场上的镜头交相出现，闪现的字幕则显示：“这个夏天，这个王国，故事关于激情、欲望、背叛、复仇。豪门盛宴，我们的夜宴。”整个片头持续一分钟时间，每天至少播出两档，具有很高的收视率与记忆度。

由于电影《夜宴》在 2006 年 9 月上映，因此《豪门盛宴》的片头，无疑是为其做了最好的宣传。而且据披露，《夜宴》的这一超级广告竟一分钱未花，不仅如此，央视还将其每天晚上 12 点之后的转播命名为“世界杯夜宴”。值得关注的是，在世界杯马上就要开战的 6 月 10 日，《夜宴》导演冯小刚、演员葛优等嘉宾还来到《豪门盛宴》演播室，与主持人张斌进行了电影与足球的 20 分钟对话。而在节目结束前，还播放了谭盾创作、张靓颖演唱的《夜宴》片尾曲《我用所有报答爱》。这也是该首悲情歌曲首次在大众媒体上亮相，更是使受众胃口被高高吊起。

案例中《夜宴》能与媒介搞好关系，很好地宣传了自己，形成了良好的公众舆论，最后取得了很高的票房收入。

2．良好的媒介关系是运用大众传播手段的前提

组织要实现大范围、远距离的沟通，就必须借助于各种现代大众传播媒介。大众传播借助于现代印刷、电子等传播技术，大量地、高速度地复制信息，跨越时间和空间的限制，实现大范围、远距离的传播。这是现代公共关系的主要手段之一。但是，大众传播媒介一般不是由组织内的公关人员直接掌握和控制的。有关的信息能否被大众媒介所报道，以及报道的时机、频率、角度等，要取决于专业的传播机构和人士。除花钱做广告之外，公共关系对大众媒介的使用必须通过新闻界人士才可能实现。因此，与新闻界人士建立广泛、良好的关系，是运用大众媒介、争取媒介宣传机会的必要前提。

三、协调媒介关系的方法

1. 主动联系新闻媒介

在现实工作中，社会组织与新闻媒介之间是相互需要、相互支持的关系。一方面，社会组织需要借助新闻媒介形成舆论，塑造形象；另一方面，新闻媒介需要取得社会各界的支持，以获得大量准确的新闻信息。社会组织特别是其公关人员应积极主动地与新闻媒介保持联系，及时向新闻媒介提供新闻素材，并能够为新闻媒介提供各类高质量的、具有新闻价值和可读性强的好稿件，丰富新闻报道的内容和品种；还可以通过会议、电话、信件、私人交往、展览会或组织的文体活动、社会公益活动等与新闻媒介公众进行交往。在经常积极主动与新闻媒介取得联系的过程中，要注意通过长期的投入，使双方建立相互尊重、相互了解、相互支持的稳定关系。

小案例 3-11

日本电通公司在公司成立66周年纪念日这一天，由银座的旧址迁入筑地新楼。当天清晨，2 000 多名员工在公司总经理的带领下，高举“谢谢银座各界人士过去的照顾”“欢迎筑地各界人士以后多多赐教”的旗帜，浩浩荡荡地由银座向筑地新楼行进。沿街公众目睹了这一盛况，日本各大报纸和电视台也纷纷报道这一周年纪念庆典和乔迁之喜，使电通公司闻名遐迩，给广大公众留下了美好记忆。

成立66周年纪念日，又值乔迁之喜，在这特殊时刻，电通公司进行了富有创造性的策划，抓住了利用新闻媒体的时机，再辅之以其他手段，取得了卓越的成效。

2. 充分尊重新闻媒介

在与新闻媒介进行交往时，要尊重新闻媒介的独立性、特殊性和重要性，组织应本着热情友好、一视同仁、以诚相待的原则；同时还必须注意各自不同的基点。公关人员同新闻记者的目的和职业特点不同，有时甚至是矛盾的，在这种情况下，就必须尊重新闻媒介职业特点。新闻媒介的职业特点是重视新闻报道的客观性、及时性和公正性，而不受其他势力所左右。尊重新闻媒介的职业特点，就必须尊重新闻记者地位的独立性，对记者的采访必须提供支持和帮助。不能把新闻媒介看成是可用金钱、权力去收买、施压或威逼就能为某组织歌功颂德或对其他组织谩骂侮辱的工具。组织充分尊重新闻媒介，还需特别注意对于层次、级别不同的新闻媒介和记者一视同仁、平等相待。

3．真实传播组织信息

新闻媒介的大忌就是新闻失真，在组织与新闻媒介的交往中，要特别注意真实地反映信息，做到不隐恶、不溢美、实事求是；新闻媒介也要客观地报道组织的信息，这才是真正的合作与支持。有时组织也会出现一些对其形象或名誉不利的“家丑”，如决策上的失误、经营管理上的缺陷、产品质量上的问题等，对此不能采取遮遮掩掩的态度，而应主动与新闻媒介沟通，充分利用新闻媒介对社会舆论的影响，如实地反映事实真相，并把自己的改正措施公之于众，争取社会公众的谅解与支持，从而把组织的声誉损失减少到最低限度。

小案例 3-12

有一次，美国一架波音 737 客机从檀香山起飞后不久发生爆炸，一名空中小姐被猛烈的气浪抛出窗外，殉职蓝天。驾驶员临危不惧，沉着操纵，飞机终于脱险，安然着陆。除一人外，其余旅客和机组人员平安返回。这次空难无疑对公司的信誉构成威胁。但波音公司对此并未缄默不语、回避遮掩，而是迅速做出反应，主动宣传，并解释这次事故的原因是飞机太陈旧，金属疲劳所致。截止到事故发生之日，这架飞机已飞行了 20 年之久，起落达 9 万架次，大大超过了保险系数，却仍能在严重事故之后安全着陆，这足以证明波音飞机性能的可靠。而且，新型波音飞机已经解决了金属疲劳的技术难题，因而购买波音公司的新产品就更安全了。

波音公司变被动为主动，通过及时而诚实的宣传，不仅没有损害公司的形象，反而进一步赢得了用户的信任。

4．正确对待批评报道

对于新闻媒介的负面报道，如果不失实，应该立即承认错误，着手整改，并通过新闻媒介把自己的态度和行为传播出去，争取公众的理解；如果媒介报道失实，社会组织绝不能暴跳如雷，或轻率地对簿公堂，而应该采取理智的做法，心平气和地指出报道失实之处，请记者一起参加调查并委婉提出予以更正的要求。只要组织保持通情达理的态度，新闻媒介也会做出积极响应。而为了确保新闻媒体在报道时不会因犯错而损及组织的利益，公关人员也应采取“事前预防、事后补救”的策略。

第四节 社区关系处理

社区作为组织的经营场所和办公所在地，是组织赖以生存的环境。处理好与社区的关系是组织公关工作的重要任务。

一、社区关系的含义

社区是一个社会学的概念，是指由共同生活于一定区域的人们因利益关系紧密而构成的一种社会集体。具体来说，居住于一定区域、具有共同联系并彼此交往的人们，就构成了一个社区。例如，村庄、集镇、街坊邻里、城市的一个区或郊区，甚至整个城市，都是在规模上大小不一的社区。社区是一个相对独立的地域性社会，每个社区都有其特定的人口和特定的地理区域，其居民之间有着某些共同的利益以及重要的社会交往。**社区关系亦称为“区域关系”“地方关系”。它是指社会组织与其所在地的地方政府、社会团体和其他组织以及当地居民之间的邻里关系。**谚语云“金乡邻，银亲眷”“远亲不如近邻”“邻里好，赛珍宝”，这种观念用于组织，就是说要搞好社区关系，使组织和社区之间建立和保持一种亲情和相互理解的关系。

美国安塞尔公司专门成立了一个由职工自愿组成的“抢救小组”，每天 24 小时值班，社区内发生了火灾、车祸、急诊、老人或儿童走失等情况，都随叫随到，免费服务。这个“抢救小组”几十年如一日地工作，几乎每天都要赶赴某一个事故现场。安塞尔公司的这种做法，使它在社区内有口皆碑，并通过社区公众的舆论传播到整个社会。

二、建立良好社区关系的意义

建立良好的社区关系，是为了争取社区公众对组织的了解、理解和支持，为组织创造一个稳固的生存环境；同时体现组织对社区的责任和义务，通过社区关系扩大组织的区域性影响。其意义表现在：

1. 社区关系直接影响着组织的生存环境

社区如同组织扎根的土壤，没有良好的社区关系，组织就会失去立足之地。社区公众是由特定的活动空间所确定的，区域性、空间性很强。地方性组织的活动直接受社区公众的制约，社区关系便直接影响着组织其他各方面的关系，如员工家属关系、本地顾客关系、地方的政府关系和媒介关系等。跨区域性的组织也不能脱离特定的社区，甚至要善于同各种不同背景的社区公众打交道，以争取社区提供各种地方性的服务和支持，使跨区域性组织能够在各种完全不同的社区环境下生存和发展。因此，组织需要将社区作为自身发展的一个组成部分，将社区公众视作“准自家人”。

小案例 3-13

良好的社区关系为组织带来的好处是显而易见的。美国俄亥俄州有一家陶器工厂，在没有买保险的情况下，一夜之间被烧毁。由于这个工厂平时社区公众关系好，第二天，不论是厂里的员工，还是当地的家庭妇女、茶馆酒店的老板、教堂牧师、商人小摊贩及其他组织的成员，都不约而同地聚集在废墟上清理瓦砾。此后又有钱出钱、有力出力，只用了两个月的时间就重新建起了工厂并恢复生产。

不良的社区关系则会影响组织的生存环境。四川省成都市有个公墓，多年前一直管理不好，因为周边农民不断搞破坏，推倒围墙、在坟上乱放东西等，引起公墓管理人员与死者家属的冲突。《四川日报》记者去了解情况，发现症结在于公墓征了农民的地而没有满足农民当临时工的要求。这又是一个社区关系问题。后来双方协商解决好了问题，此后管理走上正轨。

2．社区关系直接影响着组织的公众形象

社区公众涉及当地社会政治、经济、文化、教育等各个方面和阶层，类型繁多，涉及面广，对组织客观上存在着各种不同的感受、要求和评价；由于处在同一社区，对组织的某一种评价和看法又极容易相互传播，形成区域性的影响，从而形成组织的某一种公众形象。显然，组织的社区关系好坏，直接影响着组织的社会公众形象。例如，一家企业，即使产品很好，远销海外，但如果社区关系恶劣，所形成的不良形象最终也会影响市场的销售。一个组织如果连左邻右舍的关系都处理不好，就很难在社会获得良好的名声。组织要提高自身在社区中的地位，就要树立一个“热心居民”的形象，主动承担必要的社会责任和义务，像爱护自己的家业一样爱护社区，在社区的物质文明和精神文明建设方面发挥中坚作用，为社区造福，为社区公众多做贡献。

小案例 3-14

青岛海尔集团在市区通往崂山的路上有个分厂，过去这条路又窄又破，海尔集团出资修起了宽阔平坦的“海尔大道”，既改变了从市区去崂山的路况，方便了社区居民，又树立了海尔的良好企业形象。

三、协调社区关系的方法

1．树立居民意识

从社区公众的角度来看，不论组织的性质、规模等方面如何，但有一点是共同的，那就是每个组织都是社区的一员。因此，组织应自觉遵守社区的各种规定，服从社区公约、行为规范，承担为社区应尽的各种义务。

2．为社区建设尽职尽责

组织在社区除了尽量做一个好“居民”外，还需要为社区建设尽职尽责，充分利用自己的技术、资金、人才、设备等方面的优势，积极支持社区的全面发展和建设，多为社区提供无偿的服务。例如，美菱集团斥资 1 000 多万元修建“美菱大道”的义举，体现出美菱强烈的社区意识，赢得了社区公众的称赞。又如，北美飞机制造公司鼓励员工发挥自己的长处，鼓励他们参加护理协会、青年俱乐部、商会等组织，为社区公众提供无偿服务。

3．维护社区的生态环境

随着全球对环境危机的日益关注以及政府对环境的重视，生态环境问题已成为当前组织所面临的一项重大问题。组织应当树立公众利益优先的思想，在生产经营过程中树立环保的新形象。为此，组织应花大力气改革传统的工艺流程，减少各种污染，包括水污染、空气污染、恶臭、噪声等，并积极参加绿化工程，开发绿色（环保）产品，适应绿色消费，通过各种活动来保护环境。

小案例 3-15

江苏天鸿化工有限公司，是无锡太湖区最大的化肥生产企业，年利税超过10000万元，历史上曾为无锡市的农业发展做出过重大贡献。近年来，该公司已累计投入20300余万元，进行了一系列的环保设施改造，实现了企业工业污水的达标排放。为响应国家“治理太湖，保护水源”的号召，该公司于2007年正式关停年产12万吨的尿素生产线。董事长谢菊宝说：“企业的发展绝不能以牺牲环境为代价，作为资源环境的直接受益者和保护环境的主要责任者，面对科学发展的时代要求和日益严峻的环境形势，企业理应承担起环保责任，保护好我们赖以生存和发展的生态环境，这也是企业义不容辞的责任和义务。关停生产线对企业来讲，会造成不小的经济损失，但减排产生的生态效益将远远不止这些。”江苏天鸿化工有限公司在社区环境保护方面堪称表率。

第五节 政府关系处理

从现代公共关系的发展来看，政府一般是作为公共关系主体的角色出现的，但在此，我们要将它作为社会组织的公共关系客体来看待。国外公共关系已在这方面积累了不少经验，我国则处于刚刚起步阶段。用发展的眼光来看，今后我国这方面的工作一定会开展得更深入、更广泛。

一、政府关系的含义

政府关系是指社会组织与其作为公众对象的政府及其职能部门之间，以及与公务员之间的关系。政府是国家权力的执行机关，承担着管理国家和社会事务的责任，是国家对社会进行统一管理的权力机构。任何一个社会组织作为社会的一个成员，都必须服从政府的统一管理，也就必然存在政府关系。正确处理和协调政府关系，争取政府对本组织的了解、信任，在人力、物力及政策方面予以倾斜和支持，对于组织的生存和发展是十分重要的。

二、建立良好政府关系的意义

与政府保持良好的关系，可以争取政府及各职能部门对本组织的了解、信任和支持，从而为组织的生存和发展争取良好的政策环境、法律保障、行政支持和社会政治条件。建立良好政府关系的意义有以下两点：

1．政府的认可和支持是最具权威性和影响力的认可和支持

政府掌握着制定政策、执行法律、管理社会的权力职能，具有强大的宏观调控力量，代表公众的意志来协调各种社会关系。一个组织的政策、行为和产品如果能够得到政府官方的认可和支持，无疑将对社会各个方面产生重大影响，甚至可以使组织的各种渠道更加畅通。为此，应该把握一切有利时机，扩大本组织在政府部门中的信誉和影响，使政府了解本组织对社会、国家的贡献和成就。

2．与政府建立良好关系能够为组织构筑有利的政策、法律、管理环境

政策、法律、管理环境是一个组织决策与活动的依据和基本规范，组织的一切行为都必须保持在政策法令许可的范围之内。通过良好的政府关系，组织能够及时了解有关政策的变动，能够较方便地争取到政策性的优惠或支持，能够在有关本组织的问题进入法律程序或管理程序之前参与意见，使之对组织的发展有利。为此，应该主动建立和加强组织与政府有关部门之间的双向沟通。一方面，组织的公关部门应该详尽地分析研究政府的方针、政策、法令，提供给本组织领导及各部门参考，使组织的一切活动都保持在政策法令许可的范围内，并随时按照政策法令的变动来修正本组织的政策和活动；另一方面，组织的公关部门应随时将本组织贯彻政策、法令的具体情况上传至政府有关部门，并根据本地区、本行业、本部门的特殊情况，主动地提出新的政策设想和方案，并通过适当的渠道进行说服性的工作，协助发现及纠正政策执行中出现的偏差或失误。

此外，处理政府关系，还需要熟悉政府机构的内部层次、工作范围和办事程序，并与各主管部门的具体工作人员保持良好关系，以免因办事未循正规的程序或越出固定的工作范围而走了弯路，减少人为造成的“公文旅行”或“踢皮球”的现象，提高行政沟通的效率。

三、协调政府关系的方法

1．遵纪守法，坚决贯彻政府的政策法令

遵纪守法是组织处理好与政府关系的基础。作为国家权力机关的政府，是通过各种法律、法令、条例、政策等来管理社会经济和生活，规范个人和组织的各种行为的。任何组织必须把这些法律、法令、条例、政策作为自己的行为准则。如果无视国家政策和法律，从事违法勾当，如偷税漏税、走私、制假贩假等，就会受到有关法律的惩处，在社会公众面前也就丧失了良好的形象。因此，只有遵守国家的有关法律和政策，才能获得政府的信任和支持。遵纪守法是组织赖以生存和发展的前提，也是组织在社会上塑造形象的基础。

2．加强与政府的信息沟通，扩大组织的影响，取得政府的信赖

组织要与政府处理好关系，要加强与政府之间的沟通。一方面，政府是社会和经济各方面资料和信息的重要来源，组织可以从政府各主管部门印发的资料、文件、报告、各种会议、出版物等获取对组织有价值的信息。组织在寻求横向经济联合对象、学习先进管理经验、掌握国内外市场动态、寻求外商投资等方面，都可以从政府获得信息和帮助。另一方面，组织也要按一定的程序向政府部门提供各种经济活动的各项数据，主动向审计、财政、税务等部门提供真实资料等。只有及时与政府沟通信息，才有可能使政府全面掌握组织的情况，有利于政府制定出更符合实际的各项方针政策。

3．熟悉政府机构的具体设置、职责分工、负责人员，以保证有效地开展工作

政府内部分工复杂，有许多业务工作互相渗透、交叉，若分不清职责范围，就容易违背管理权限，很难分清主次，这样往往会导致不必要的麻烦。要与主管部门的工作人员保持密切联系，减少差错，提高办事效率；应与政府主管部门的领导经常联系，认真完成他们所下达的任务，对他们的工作给予真正的支持、真诚的赞扬和公正的评价，这样才有助于协调彼此关系。

4．积极参加政府组织的各项公益活动

组织作为社会有机体的一个重要组成部分，必须为政府分担一定的社会责任，无偿提供必要的社会公益服务。一般来说，由政府提倡的有利于社会的公益事业和活动，组织都应积极参与。这样做，一方面可以赢得政府对组织的信赖与赞许，另一方面可以提高组织的声誉和知名度。

小案例 3-16

在北京申奥初期，宁波大红鹰生物工程有限公司斥资上千万开展了大红鹰“全民健身万里行、支持申奥大签名”的活动。活动旨在促进全民健身，支持北京申奥，展现中华风采，弘扬奥运精神。这次跨越 21 个省市（寓意 21 世纪），行程近 2.5 万千米的大远征，亿万国人在五幅长 2008 米（寓意 2008 奥运会）、宽 2.1 米、五种颜色（寓意五环）的巨幅长卷上签名，随后他们“转战”莫斯科，直至申奥成功的大旗飘扬在莫斯科中国大使馆，大红鹰真正实现了企业品牌与奥运共提升的宗旨。

这次活动，选取了我国比较有代表性的地区进行，如鼓浪屿、好八连驻地、罗湖口岸、驻港部队训练基地、世界之窗、湖南的韶山、海南三亚的天涯海角、云南的武警总队驻地、昆明的民族村、青海的佛教圣地塔尔寺、我国唯一的土族自治县、兵马俑发掘地、牡丹节发源地洛阳、泰山、平津战役纪念馆、大庆油田、大同煤矿、天安门广场、万里长城、中央民族大学、中科院、北京大学、清华大学等，这些点都有很大的新闻价值。该活动在全国近 60 个城市远征线路上播下了奥运的种子。大红鹰把这些著名的新闻点集体打包，在传播国人支持奥运心愿的同时，也大范围地提升了大红鹰的知名度。

小　结

1．协调公众关系是塑造良好组织形象的基础之一，公关人员必须具备公共关系协调的技能。

2．建立良好的员工关系是各类组织有效开展公共关系工作的基础和起点。良好的员工关系可以培养组织成员的认同感和归属感，形成向心力和凝聚力。满足员工物质和精神方面的需求、尊重员工的个人价值、创造员工满意的工作环境，是协调员工关系的基本方法。

3．顾客是与组织具有直接利益关系的外部公众，是工商企业组织信息传播沟通的重要目标对象。建立良好的顾客关系能够为组织带来直接的利益，可以体现企业组织正确的经营观念和行为，可以为企业组织培育成熟的消费者群体和市场。为顾客提供满意的产品和优质的服务、与顾客保持畅通的信息沟通、迅速处理顾客的投诉，是协调顾客关系的基本方法。

4．媒介公众既是组织需要特别争取的公众对象，又是组织与广大公众沟通的重要中介。建立良好的媒介关系，是运用大众传播手段的前提，有利于形成良好的公众舆论。经常与新闻媒介联系、充分尊重新闻媒介、真实地传播组织信息、正确地对待新闻媒介的批评或误解，是协调媒介关系的基本方法。

5．社区是组织赖以生存发展的环境。建立良好的社区关系，可以为组织营造一个良好的生存环境，能够提升组织在公众中的形象。树立热心的居民形象、为社区建设尽职尽责、维护社区的生态环境，是协调社区关系的基本方法。

6．建立良好的政府关系可以使组织赢得政府的认可和支持，有助于形成对组织有利的政策、法律和管理环境。做一个遵纪守法的好公民、赢得政府的信赖、熟悉政府公众、积极参加政府组织的各项公益活动，是协调政府关系的基本方法。

知识考核

1．公共关系协调中如何建立良好的员工关系？
2．公共关系协调中如何建立良好的顾客关系？
3．公共关系协调中如何建立良好的媒介关系？
4．公共关系协调中如何建立良好的社区关系？
5．公共关系协调中如何建立良好的政府关系？

技能训练

1．阅读下面的案例，分析“稳得福”烤鸭店在处理各种公众关系时的成功做法和不足之处。

“稳得福”烤鸭店的“优惠”风波

1991 年教师节前，《新民晚报》刊出了一则“稳得福”烤鸭店的“优惠”短讯：9 月 5 日至 9 月 10 日，凭教师证可享受 12 元/公斤的优惠价；凭 30 年教龄荣誉证书，每只 10 元

（每只均在1公斤以上）。

由于对需求估计不足，烤鸭供应出现了严重不足，“稳得福”烤鸭店采取紧急补救措施：一是做出了从9月5日到9月10日职工一律不准调休的规定，尽最大的努力做好教师节的供应工作（依其加工能力，即使日夜不停地加工，也无法满足全市几万名教师的需求。令人感动的是，有6位职工，因连下大雨家中进水都顾不上请假而赶到店里坚持服务）。二是对在9月10日前来不及供应的团体登记者，延续到9月12日，并且保质保量。三是对有30年教龄的老教师，本月无法满足需要的，一律将荣誉证编号抄录下来，并保证在10月5日至10月14日予以供应。四是专门派一名副经理负责对后到预约登记的教师做好解释工作。

然而，9月10日《新民晚报》在“读者来访”栏目中，却以“出尔反尔演假戏，害得教师空欢喜，‘稳得福’做事太差劲”为题发表了批评文章：“近3天来，本报共接待了近百名教师的来电、来信、来访，反映“稳得福”烤鸭店借教师节为名，优惠教师是虚，做广告是实。”“来本报反映的教师们希望有关部门制止这种以优惠教师为幌子乘机做广告的行为。”

9月11日，《新民晚报》在“今日论语”栏目又发表了言辞激烈的评论文章：“‘稳得福’三字是个好口彩”，“怪不得有人要拿它当招牌!”“但仅从字面上看，到底由谁‘稳得福’，却不是一眼就能看分明，还需择其言而观其行。比如，有个挂这样招牌的烤鸭店，优惠教师是虚，做广告是实，害得许多教师折腾半天，只见‘客满’牌，未闻烤鸭香，以至弄得个乘兴而来，败兴而返，有的还受到店里人的讽刺，并被骂‘吃饱饭没事做!’‘优惠’教师买烤鸭的消息是该店放出来的，难道也是‘吃饱饭没事做’吗？”“这就暴露了一种蹩脚的商人意识，原来所谓‘稳得福’，目的只求自己‘稳’得利；‘优惠’教师，只是一种‘噱头’。一旦‘稳’不住，就只有搬无赖挖苦别人了。教师节中出现这样的小小闹剧、丑剧，虽不伤大雅，但也起了另一种‘广告’作用，可以令人警惕。”文章最后还说：“抱歉的是这条‘稳得福’‘优惠’卖烤鸭的短讯刊于本报，也受了此店之欺，是值得引以为训的。”

面对新闻媒介接二连三的尖锐批评，“稳得福”烤鸭店的领导首先想到的是做自我批评，而不是责怪媒介公众不全面的报道及过激的言辞。他们为自己事前对全市有如此多30年教龄的教师估计不足而自疚，为出现矛盾后个别职工的粗鲁态度而自责，更为替教师办实事、办好事结果反而使一部分教师对“稳得福”产生不满情绪而不安，于是，9月12日，他们主动与新闻单位沟通，对他们的批评表示深切的感谢与欢迎，并通过他们向广大教师“表示歉意”，也实事求是地向新闻媒介公众说明他们为办好这次活动所做的许多工作。

当部分职工因新闻媒介的批评报道产生了一些消极情绪时，该店及时召开了全店职工紧急大会，统一思想。店领导明确表示：“我们应该欢迎社会各界人士的批评。有人批评我们，这是件好事，正说明有人关心我们，我们应该检查自己的问题，并迅速纠正，今后引以为戒，而不要计较批评的态度，以后我们应该把服务工作做得更好、更有特色。”

9月15日，收视率很高的上海电视台，在第288期星期论坛中，也做了“稳得福”烤鸭店使教师受骗等类似的报道。

9月16日，《新民晚报》又以“‘稳得福’教师节优惠活动有下文，确有教师受惠，只是估计不足”为题，做了更正报道。

“稳得福”烤鸭店从9月5日到9月10日共生产烤鸭6 559只（比上月同期增加3 759只），其中教师节的供应量又占了销售总量的80%。他们售出的优惠鸭，每只平均要减少收入6～7元，其中还不包括60个人工和5.3%的营业税在内。虽然“稳得福”烤鸭店的领导和全体职工，经过努力，终于将突然发生的一场风波平息了。但对引起这场风波的原因及风波中各种公众关系的处理，却是值得我们深思的。

2．假设某种情景，如购买了有质量问题的商品，或服务员与顾客吵架，由同学扮演不同角色来处理顾客投诉。

第四章

公共关系传播

学习目标

1．能够运用传播理论和传播方法有效地开展信息传播活动，成功地影响公众，塑造良好的企业形象。

2．能利用演讲缩短自己或所代表的企业与公众的距离并赢得好感。

3．能编辑企业内部刊物进行有效的内部信息沟通，能制作企业对外宣传材料以影响特定公众。

4．能撰写受新闻媒介欢迎的新闻通讯与公众进行沟通，使企业获得免费且有效的宣传机会；能筹备记者招待会并跟踪监测新闻报道，保证企业信息沟通的目的性和有效性；能策划媒介事件吸引新闻媒介报道，有效地影响目标公众。

5．能够运用网络媒介及时有效地传播企业特定信息，引导网络舆论。

看过冯小刚执导的《集结号》的观众可能深有体会，“集结号”就是军队在战场上互相传播信息的重要工具，前线的队伍要依靠集结号来了解后方指挥部的战略部署，进攻还是撤退等重要的信息。一旦这个重要的工具缺失了，带来的将是战争的失败和人员的伤亡。虽然我们现在生活在和平年代，但是信息传播对我们的影响程度不会因年代的变更而有所改变。可以说，传播是与人类社会相伴相生的现象，是人类社会正常运转不可或缺的关键条件。

传播是一种社会现象、社会活动，并且是人类离不开的一种社会现象和社会活动，只要有人群存在，传播就必然存在。我们都知道“狼孩儿”“猪孩儿”等这样的例子，正是由于缺乏正常的传播互动，错过了学习社会道德行为规范的重要时期，即便是具备健全的大脑与身体，也无法成为健全的人。在现代社会中，传播在组织社会行动，以及维护现存的社会政治、经济制度，宣传社会目标等各个方面都发挥着重要的作用。

公共关系活动的过程，就是社会组织同公众之间进行信息传播和沟通的过程。因此，公共关系工作从本质上来说就是一种信息传播活动。由此可见，传播作为公共关系的一个基本构成要素，对公共关系工作的开展具有十分重要的意义。本章主要从公共关系的角度来探讨信息传播活动，力图让你掌握传播的一般规律和技巧，正确地运用传播媒介进行公共关系沟通，从而大大提高公共关系工作的效果。

第一节 实施有效传播

公共关系传播是社会组织与相关公众信息交流的过程，也是社会组织开展公共关系的重要手段。信息传播技巧的高低影响着社会组织与公众之间的沟通效果，也在很大程度上决定了公共关系工作的效果。在很多时候，社会组织与公众之间的误解也往往是由于信息传播沟通不畅或信息传播沟通效果不佳造成的。因此，如何实施有效的公共关系传播，应是公共关系管理的一个重要的研究课题。

一、选择最佳信息传播者

信息传播者是公共关系传播行为的起点，选择最佳信息传播者是实现有效传播的首要条件。在制定传播策略的时候，可信、权威、客观的信息是摆在第一位的。要保证公共关系传播的信息在公众心目中具有可信性、权威性和客观性，被公众认同而产生良好的传播效果，我们在开展公共关系传播时就必须选择最佳的信息传播者。

研究表明，信息传播者如具有下列条件之一，有利于实施有效传播：①权威，公众乐于相信权威们讲的话，对于所传播的信息，由享有盛誉的专家来发表意见，比由一般人发表意见更能引起受传者的信任；②客观，如果信息传播者在公众心目中被认为是态度超然的，不借传播谋利，那就比较容易取得传播的效果；③“自己人”，传播学中的“认同策略”表明，如果受传者认为传播者与自己不相上下，把他看作“自己人”，他就比较容易接受传播者的意见。综上所述，最佳信息传播者应具有良好的形象声誉，具有与所传信息相应的专业权威，具有较强的信息传播沟通能力和亲和力。信息传播者的形象声誉越好，其所传播的信息在公众心目中的可信度就越高；信息传播者的专业权威性与信息的权威性成正比；信息传播者的传播沟通能力强、亲和力大，则其与公众的心理距离越近，所传信息的客观性越强。

因此，为了提高公共关系信息传播者的有效传播条件，做好公共关系传播工作，我们应注意以下几点：①要选择具有良好声誉、美好形象的专业传播机构开展公共关系传播；②要有选择地利用社会知名人士的影响和声誉开展公共关系传播，实现最佳公关效果；③社会组织的人员作为传播者也要树立良好形象，增强沟通能力，改善传播条件，要尽可能使自己成为相关公众的“自己人”，增强亲和力，缩短与公众的心理距离。

二、编制最好的信息符号

编制信息符号是指信息传播者把所要传递的信息编制成信息接受者所能接受和理解的符号的过程。符号是信息的表现形式，对同一符号，不同的人会有不同的理解和解读。因此，公共关系传播在编制信息符号的过程中，就应尽可能地理解公众的心理，适应传播对象的要求，避免外界因素的不利影响，使组织的信息传递达到“高保真”的状态。

如何编制最好的信息符号以达到信息的“高保真”状态呢？首先，要使符号形式与信息内容相统一，要按照信息内容选择合适的符号表现形式。不同符号表现形式具有不同的特点，适合表现不同的信息内容，公共关系传播在编制信息符号时就必须选择最适宜的符号形式来表现特定的信息内容。其次，要尽可能扩大与公众的共同经验范围，使组织的公共关系信息按公众的兴趣、心理、接收方式、理解方式来传达，产生最大限度的共同语言。再次，要高度重视信息内容，针对接受者的特点，注意将信息内容与公众的实际利益结合起来，以满足特定公众的兴趣需求，激发其主动参与信息沟通的积极性。

公共关系传播在编制信息符号时，要注意以下三个方面：①要突出信息的相关性以吸引公众注意，要使所有信息符号所传播的信息内容具有相关性，即这些信息符号所传播的信息内容应有利于表现某一公关主题，有利于实现某一具体公关目标，使公众通过接收信息了解组织，进而形成或改变对组织的态度；②要突出信息的显著性以加深公众印象，要使所有信息符号所传播的信息内容具有显著性，以突出某些事实，便于公众从众多信息中选择、注意和接收这些信息内容，更好地加深对这些信息的记忆；③要突出信息的一致性以引导公众理解，要使所有信息符号所传播的信息内容具有一致的利益诱导性，使公众能够通过接收信息内容找到某些与组织相关的利益需要，并感受到组织的公共关系信息传播能够满足他们的特定需求，以此提高组织公共关系信息传播的效益。

三、研究目标沟通对象

目标沟通对象即公共关系传播所针对的特定公众，他们是信息内容的接受者，具体包括观众、听众、读者、活动参与者等。沟通对象是信息传播的终点或目的地，也是产生传播效果的主体。沟通对象在传播过程中并非仅仅是简单地接受信息，作为独立于组织之外的个人、群体或组织，他们在传播过程中具有主动性和能动性。对沟通对象的研究大致有以下几种理论：①社会分类理论，认为人的年龄、种族、性别、收入、教育、职业、宗教、政治信仰和住地等差别，决定了每个群体选择信息的特征；②选择性因素理论，这一理论提出了受传者心理上的三种选择因素，即选择性接受、选择性理解、选择性记忆；③个人需求理论，如消遣、填充时间、社交需要、心理需要、寻求情报或寻求解决问题的指南等。由此可以看出，沟通对象对公共关系传播的影响是多向性的。

公共关系传播要重视研究公众接受信息的规律，及时改变和调整自己的传播策略，根据公众的需求来确定自己的传播方法和传播内容。要想达到最好的传播效果，就需要注意以下几点：①分析沟通对象的关注点和兴趣点，结合公共关系目标，选择、取舍、组合信息内容；②分析沟通对象的认知规律，在此基础上设计出恰当的表达方式；③关注沟通对象的心理需求，注意拉近彼此之间的心理距离，克服沟通中的情感障碍。

四、营造良好的传播背景

传播背景是指公共关系传播活动的社会环境、具体场合和情景气氛。社会环境包括公共关系传播面临的社会政治、经济、文化、科技等宏观社会环境和沟通人员之间的社会关系、职务、地位以及相关的团体背景、社会规范、文化习俗等微观社会环境；具体场合是由公共关系传播的物质环境和时间环境构成的，它包括传播的具体空间和场景以及传播的具体时机；情景气氛是公共关系传播的具体场合中所显露出来的心理环境，如交往双方的心理状态、情绪和气氛等。

公共关系传播所存在的社会环境、具体场合和情景气氛对于信息传播沟通有着极其重要的作用，有时甚至起着决定性的作用。有效的公共关系传播，一定要高度重视这些社会环境、具体场合和情景气氛对信息传播沟通效果的影响。社会组织在开展公共关系传播时，一定要紧跟时代潮流，符合社会时尚，恪守礼仪规范，营造信息传播沟通的良好社会环境；一定要选择传播时机，利用物质环境，布置空间场景，营造信息传播沟通的良好具体场合；一定要协调公众关系，形成和谐气氛，培养积极情绪，营造信息传播沟通的良好心理环境。

五、选用恰当的传播媒介

荀子在《劝学》中说：“登高而招，臂非加长也，而见者远；顺风而呼，声非加疾也，而闻者彰。假舆马者，非利足也，而致千里；假舟楫者，非能水也，而绝江河。君子生非异也，善假于物也。”这段话给公共关系传播一个重要启示：如何能使信息“见者远”“闻者彰”“致千里”“绝江河”，克服种种障碍，增强影响的广度与力度呢？重要的途径在于“善假于物也”，即善于选用恰当的传播媒介。社会组织在开展公共关系传播时，如何选择传播媒介呢？

（1）要充分了解各类传播媒介的特点。公共关系传播要在充分研究和了解人际传播媒介、组织传播媒介、大众传播媒介、网络传播媒介以及其他公共关系传播媒介特点的基础上，考察各类传播媒介的覆盖域（传播发挥影响的区域范围）、触及率（触及传播信息的人数比率）、时效性（传播信息的速度和有效性）、重复率（重复接受信息的次数）、连续性（信息连续传播后所产生的影响和效果）、权威性（媒介的影响力）、效益（传播带来的经济效益）等项指标和因素，有针对性地选择传播媒介，使传播获得成效。

（2）要掌握选择传播媒介的基本原则。具体包括：①根据公关目标选择传播媒介。每一种传播媒介都有其特定的功能，能够为公共关系的某一目的服务，选择媒介时一定要考虑公共关系目标与信息传播目的，选择有利于实现公共关系目标和信息传播目的的媒介。②根据公众对象选择传播媒介。公共关系传播实质上是针对目标公众进行的信息传播活动，公众由于各自的经济状况、受教育程度、职业习惯、生活方式以及通常接受信息的习惯等不同，会接近不同的媒介，要想将信息有效地传递给目标公众，就要根据具体情况去选择适当的传播媒介，使组织传播的信息全部或大部分为目标公众所接收；③根据传播内容选择传播媒介。要将信息内容的特点和各种传播媒介的优缺点结合起来综合考虑；④根据经济条件选择传播媒介。要根据组织具体的经济能力和经济条件选择适用的传播媒介，即在组织公关预算和传播投资能力允许的条件下，量力而行，争取以最小的投入取得最大的传播效果。

（3）要整合信息传播媒介，优化信息传播效果。按照公关目标、公众特点和信息特性等将媒介进行组合，整合传播媒介，设计传播过程，以达到整合传播的效果。

六、精通传播沟通方式

公共关系传播主要有人际传播、组织传播、大众传播和网络传播四种类型。了解和把握这四种传播方式及其与公共关系的联系，将有助于公共关系传播人员从理论上认识人类信息传递的不同形式，从而更有效地利用传播方式解决实际问题。

不同的传播方式具有不同的特性和效能，公共关系传播人员在信息传播活动中，必须了解各种传播方式的特点和效能，做到“用其所长，避其所短”，发挥各种传播方式的最佳效果。为此，公共关系传播人员要注意以下几点：①要针对组织不同时期的特点开展公共关系信息传播工作，一个组织在不同的发展时期或阶段，其传播活动应当有不同的内容；②要把公共关系信息传播工作与各种传播方式的特点和效能结合起来考虑，选择最有效的传播沟通方式，确定最恰当的传播内容；③要学会综合地运用人际传播、组织传播、大众传播和网络传播；④要注重通过撰写新闻稿、发布新闻、策划媒介事件等多种方法，有效地利用大众传播媒介开展公共关系传播。此外，公共关系传播人员还应特别关注网络传播，网络传播是人类进入21世纪以来，发展最快、潜力最大、前景最为广阔的传播方式，正如施拉姆在其《传播学概论》中所言，“这是最好的时刻，也是最坏的时刻。”它是目前对公共关系影响最迅速、最复杂的一种传播方式，一定要高度关注并善加利用。

第二节 发表公关演讲

演讲又称演说、讲演。“演”有发挥、演绎、表演的意思；“讲”有陈述、表白、传播的意思。演讲是面对公众就某个问题运用口语、表情、体姿等手段说明事理、发表见解的活动，是具有很强现实性、针对性和艺术性的实践活动。演讲需要“讲”与“演”的有机结合，和谐统一。演以讲为内容，讲以演为形式，使讲的内容活起来，演的形式具体化。演讲作为一种实践活动，有着许许多多的共性，这是演讲学、演讲艺术得以存在的前提。演讲作为一种艺术形式，每一具体的演讲活动都必须有鲜明的个性。典型性、个性化是演讲的生命。

所谓公关演讲，是一切旨在扩大组织知名度、提高组织美誉度、塑造组织良好形象的演讲。一般说来，公关演讲与其他演讲形式并无原则区别，各种演讲活动都在一定程度上包含着公关的因素，公关演讲也必须遵循一般演讲所具备的规律。

一、演讲的准备

（一）演讲准备的意义

（1）演讲前进行必要的、认真的准备，可以保证组织形象信息能够完整、准确地传播。任何信息只有完整地传播，公众才有可能获得正确的理解；任何信息也只有准确地、恰如其分地传播，才能得到公众的合作与支持。

（2）演讲前进行必要的、认真的准备，可以赢得听众尊重。演讲传播与其他公关传播一样，必须以尊重公众为前提。即使是即兴演讲，也必须在上台前的瞬间迅速思考，将自己已有的理论功底、背景知识、演讲技巧等充分搜索出来，在思维中进行整理排列，形成应急准备。

（3）演讲前进行必要的、认真的准备，是有效维护组织形象的需要。有准备的演讲，不仅能将组织形象充分、准确地传播出去，而且，演讲者因有备而讲，也会让听众感到演讲者所在组织的成员素质好、作风严谨。

（4）演讲前进行必要的、认真的准备，可以使演讲更生动、更富美感。演讲是艺术，任何艺术都需在展示给公众之前进行认真的雕琢、加工、准备。演讲的准备可通过谋篇布局、遣词造句、安排悬念、巧置“包袱”、设计高潮等手段，使演讲产生艺术效果。

（二）演讲准备的环节

1. 明确目的、拟定讲题

演讲的题目需要根据时间、地点、场合等客观条件确定；需要根据组织在某一时期公关工作的主要目的和任务来确定。因此，每次演讲之前，公关人员都要在强烈的公关观念指导下来确定选题。由于演讲通常都被限制在一个很短的时间内进行，但需要向公众告知的组织形象要素又很多，所以，公关人员一定要善于根据主客观条件，抓住要害，大胆取舍，防止采用面面俱到的选题、与组织公关工作无太大关系的选题、听众不感兴趣的选题。

演讲的讲题是演讲者自己掌握的，可以直接告诉公众，也可以将主题贯穿在演讲的内容中，让听众自己去把握。讲题可以在开讲前告之公众，也可以在演讲总结时或演讲的过程中告知听众。

2. 撰写讲稿或提纲

演讲是否需要撰写讲稿，这需要根据演讲者的内在素质以及临场经验、对题目的熟悉程度以及演讲场合的庄重程度而定。一般说来，撰写演讲稿有以下好处：①保证演讲内容的全面、完整，防止临场遗漏，保证演讲者思路畅通，防止出现语塞现象；②保证按演讲时间完成演讲，防止演讲过长或过短的情况；③保证演讲者用语规范准确，防止言过其实或跑题的现象。

（1）在选题确定之后，要围绕主题认真选材。选材时不要准备太多，应该给自己更大的弹性空间。一般来说，可以把素材分为以下三类：①核心素材——演讲时所必须提出的素材；②可任意处理的素材——如果因演讲时间不足而加以省略，也不会对整个演讲造成伤害的那些素材；③辅助素材——如果时间足够，就不妨把这类素材发表出来，这样做一定是有益无害，或者是在回答别人问题时也不妨运用这些素材。选材时还应考虑的主要因素是真实性、典型性、新颖性、充实性，满足公众需要，为公众释难解惑。

（2）设计严密、周详的结构。结构服从于主题，又为表现主题服务。关于篇章结构，元代学者乔梦符说过："作乐府亦有法，曰凤头、猪肚、豹尾六字是也。"此概括用于现代公关人员撰写演讲稿的指导，也是颇有裨益的。逻辑结构和篇章结构常常是交互联结、浑然一体的，共同的基本要求是紧扣主题、层次清楚、上下连贯、详略得当、首尾呼应。

（3）进行认真、得体的修辞。演讲选词应注意选词准确、鲜明、生动、通俗，造句要考虑精练、流畅、节奏适度、清新易懂等问题。恰当运用修辞格是演讲成功与否的关键环节。演讲可以运用的修辞格很多，如比喻、排比、对偶、对照、反复、设问、警句、引用等。

（4）推敲修改，加工成文。古人云"善作不如善改""文章不厌百回改"。修改演讲稿可从思想内容和表现形式两方面入手，认真校正主题、增删材料、调整布局、交换方法、推敲语言。演讲稿可以做"热处理"，即在成稿后马上回头全面修改；也可以做"冷处理"，即让讲稿搁置一段时间后再修改。若条件允许，冷热处理结合改稿，效果会更好一些。

当然，演讲并不是都要事先拟定讲稿，更不是拿着稿子到台上照本宣科，或者机械地背诵。对于比较成熟的演讲者，一般不需要演讲稿，他们可以凭借自己的知识实力和与组织形象有关的内容为基础，根据现场公众的需要随时调整自己的演讲内容和形式，或急或缓，或放或收，信口道来，入耳入心。即使是十分庄重的演讲，他们也只需事先拟就一个提纲，或准备几张卡片，或打个腹稿就可以了。当然，这是一种境界，初涉公关演讲者，很难做到这点。

3. 熟悉讲稿、厘清思路

上台前一定要把稿子的全部或大部分内容在理解的基础上熟记在心。除了一般的记忆方法外，以下记忆方法也可在记忆演讲稿时参考选用：

（1）意义记忆法，即抓住内容，加深理解，记住意义。

（2）结构记忆法，即紧扣线索，遵循逻辑，记住结构。

（3）形象记忆法，即围绕事件，根据过程，记忆形象。

（4）情感记忆法，即运用情感，认真投入，记住情理。

记忆讲稿，切忌机械背诵。登台演讲时，应根据临场状况做适当调整，即做适当的补充或删减。从这种意义上讲，记忆讲稿只是为了厘清思路。

4. 反复练讲、找准感觉

登台演讲之前，无论是老将还是新兵，无论有无讲稿，都要反复进行练讲。有讲稿者可以照着稿子练讲，没有演讲稿者要在自己的头脑里练讲。

练讲，有记稿子的功能，但并不是单纯地把稿子反复背诵，更主要的是练思路，练情绪，练感情，练表达，练抑扬顿挫，练轻重缓急，练自然流畅，练形象生动。

除了自我练讲以外，如果有可能，还可以在周围找几个人听自己预讲。听预讲的人最好与正式演讲时的听众在水平、年龄、职业等方面基本一致，最好是自己的朋友、亲属或领导。要使预讲收到好的效果，首先是要“假戏真做”，像正式登台一样放开地演练。同时，要请听讲者注意挑毛病，并在练讲结束后及时地指出来，演讲者要认真根据他们的评论进行修改、提高。

无论自我练讲，还是在他人面前预讲，最重要的是心里要有听众，要对登台演讲时的情景进行预设，如礼堂有多大、出席者有多少、什么人出席、出席者会对演讲抱什么态度、怎样将演讲推入高潮等。

练讲就像戏剧的彩排一样，是非常重要的环节，一定要认真对待，反复演练，练到自己满意为止。

二、演讲的设计

（一）演讲姿势

演讲既然是一门艺术，姿势就必须讲究。演讲时的姿势会带给听众某种印象，一方面，不可随随便便、松松垮垮；另一方面，不可一本正经，故作姿态。虽然个人的性格与平日的习惯对此影响很大，不过一般而言仍有方便演讲的姿势，即所谓“轻松的姿势”。登台时应自然大方、充满自信、精神饱满、举止文雅、仪态优美、情绪愉悦、步履自然、面带微笑。应力求给听众以彬彬有礼、文雅庄重的第一印象；站立时应张开双脚与肩同宽，挺稳整个身躯，要让身体放松，不要过度紧张。因为，过度紧张不但会表现出笨拙僵硬的姿势，而且对于舌头的动作也会造成不良的影响。如感到情绪紧张，则要想办法扩散并减轻施加在身体上的紧张情绪。例如，将一只手稍微插入口袋中，或者手触桌边、手握麦克风等。

开始演讲前一定要留出时间稳定自己的情绪。同时，用目光、眼神引导听众注意并达到控场效果，待全场基本安静后再从容开讲。

在演讲的具体内容开始前，必须辅之以适当的称呼和问候语。常见的称呼有“各位来宾”“各位女同胞”“各位朋友”“各位父老乡亲”“各位来宾、各位领导、女士们、先生们”等；常见的问候语有“大家好！”“你们好！”“你们辛苦了！”“晚上好！”等。

（二）开场白

演讲的开场白就是演讲的开头，它是演讲的一个重要组成部分。好的开场白能起到吸引听众、控制场面、调动情绪、交代讲题、树立形象、引起兴趣、铺垫信息、激发情感的作用。如何在几分钟内有效地吸引听众、引出话题、建立信任、介绍要点呢？下面介绍几种开场白的技巧：

1．语出惊人

要想迅速地吸引听众，开场白就要语出惊人。可以描绘一个异乎寻常的场面，透露一个触目惊心的数据，或者栩栩如生地描述一个耸人听闻的问题。听众不仅会蓦然凝神，而且还会侧耳细听，更多地寻求演讲者的讲话内容，探询其演讲的原因。

美国南达科他州立大学的希瑟·拉森在撰写她的演讲词《逆流而行》时，运用了一系列的惊人之语，迅速地把她的听众吸引了过来：

每 11 分钟就有一个美国人死于这种病。这个数量是死于谋杀犯罪案人数的两倍。今年有 4.6 万人死于这种病，而 8 年越南战争的死亡人数也不过是这个数字。在近十年里，美国死于艾滋病的人数为 13.3 万人，而死于这种病的人数是其三倍。这种病将使你我和其他美国人今年在医疗费用上花费掉超过 60 亿美元，并失去劳动能力，更不用说我们所遭受到的生命损失了。我所说的患乳腺癌这种疾病的浪潮可能会直接袭击我们在座的每一个人。

2．提出问题

演讲者可以通过提出与中心思想相关的问题来吸引听众。

看到这张美钞了吗？它对你有什么用呢？你可以用它来投资，可以省下来买更贵的物品，或者干脆花掉。虽然现今 1 美元买不了多少东西，但孩子们可以用这 1 美元去买他们喜欢的东西，即便是他们买来的东西会伤害他们。这 1 美元可以让孩子们廉价地、随处可得地，但非常致命地“爽”一把。

3．利用幽默

幽默如果运用得恰当，在吸引听众注意力上能取到很好的效果。它有助于缓和现场气氛，使他们愿意继续听你的演讲。

下面的演讲者以幽默的语气用他自己的故事作开场白，来表达他对被邀请作演讲的感谢。

三位公司主管试图给“名声”这个词下个定义。

第一位主管说：“名声就是白宫邀请你去与总统会面。”

第二位主管说："名声就是白宫给你发出邀请，当你在那儿时，电话响了，但是总统却不接。"

第三位主管说："你们俩说的都不对。名声就是你被邀请到白宫拜见总统，这时总统的热线电话响了，他接过来，听了听，然后说：'找你的！'"

今天我应邀在这里演讲就如同在白宫有电话找我。

4. 设置悬念

丽贝卡·威特就读于圣路易斯州的密苏里大学，她曾给大学生做过演讲，她为自己的演讲这样开场：

我是一个由七个字母构成的单词。我破坏了友情、亲情、邻里之情、同学之情。我是当今青少年中最大的杀手。我并非酒类，也并非可卡因，我的名字叫自杀。

威特的开场白激起了听众的好奇心，促使他们继续听下去以便找到答案。于是，为了保持听众的兴趣，威特引用了一些触目惊心的统计数据，又提出了两个令人深思的问题。

为什么高级中学没有采取措施呢？作为日常课程的组成部分，为什么高级中学缺少强制性的自杀防范纲要？这些问题都很重要。这也正是我今天在这里做演讲的原因。

起初，威特的开场白激起了听众的兴趣，因此，在一两分钟内就吸引住了他们。但是在头两句话之后仍旧保持听众的兴趣，威特就必须继续努力。通过引用数据，提出问题，她确保了她的听众兴致不减。

5. 讲述故事

只要与演讲的主题相关，动人的故事人人都会喜欢。不论哪种类型的演讲，以故事开篇都会给人留下深刻的印象。

一位大学生用下面这个故事开始了他的演讲："卫生保健的斗争领域"。

加利福尼亚急诊护士提姆·杜非弥尔成了一位英雄，不是因为他成功地抢救了一位病人，而是因为他勇敢地营救了一位急诊医生。一个不满的患者在没有任何征兆的情况下枪击三位急诊科医生，造成两人轻微受伤，一人中弹——正中头部和胸部。杜非弥尔猛扑向持枪者，救出了重伤的医生，迅速送往急诊手术室。

6. 建立信任

听众之所以倾听演讲者的演讲与其可信度密切相关。演讲者得让听众明白，他有资格站在这里阐述这个话题。

约翰 F. 富格逊部长在华盛顿的一所中学举行的老兵节集会上讲话时，他在开场白中获得了听众对自己的信任。

我们齐聚一堂，向服过兵役的美国男人和女人，尤其是那些参加过越战的老兵，表示敬意。我是他们中的一员。1967 年我在美国海军陆战队中服役。我是反间谍第 15 组的成员，就在非武装区之外活动。我们组是情报军事行动部队的一小部分，现在叫作凤凰计划。

约翰 F. 富格逊向听众说明他曾亲自参加了越战。他并没有自吹自擂，夸大其词；他只阐明了他那时的任务是什么。他的经历与战争老兵的主题以及学校集会的目的直接相关。因此，对听众来说，他似乎显得更为可信。

实际上，开场白的方式并无固定的模式，演讲者应根据主客观实际情况，以主题鲜明、意境高远、声势不俗为原则，设计别致的开场白。它可以是事先拟好的，也可以是临场发挥的。好的开场白一般是由事先的预设准备和临场的即兴调整构成的。

演讲者要用第一句话吸引住听众的兴趣，不是第二句，也不是第三句，是第一句。在处理开场白时应注意：

（1）不可太长。迟迟不入正题会引起听众的烦躁、厌恶。

（2）不可故弄玄虚。过分谦虚会引起听众的反感。

（3）不可不顾对象特点。过分高雅或过分卑俗的语言会拉大与听众的心理距离。

（4）不可照本宣科。没有新意的讲演无法赢得公众的支持。

（三）演讲的用语技巧

1. 演讲的语音、语义

声音和腔调是与生俱来的，不可能在一朝一夕之间有所改变。不过音质与措辞对于整个演讲影响很大，这是事实。有报告指出，声音低沉的男性比声音高亢的男性，其信赖度较高。因为声音低沉会让人有种威严沉着的感觉。尽管如此，各位还是不可能马上就改变自己的声音。总之，重要的是让自己的声音清楚地传达给听众。即使是音质不好的人，如果能够坚持自己的主张与信念，依旧可以吸引听众的热切关注。

说话的速度也是演讲的要素。为了营造沉着的气氛，说话稍微慢点是很重要的。标准大致为 5 分钟三张左右的 A4 原稿，不过，要注意的是，倘若从头至尾一直以相同的速度来进行，听众会睡着的。因此，演讲时的语音应尽量做到以下几点：

（1）字正腔圆，即咬字准确、发音清晰、声音圆润、自然流利、清亮甜美。

（2）抑扬顿挫，即在音调方面要讲究阴阳上去四声，语速应注重缓急，语势应讲求强弱、轻重。

（3）服从内容需要，即语音的处理必须根据演讲内容的需要而决定，受内容中所包含的思想感情的制约。

正如季世昌在《演讲学》中所说："一般说来，讲到思想重要处、情感振奋处，语调要高些、强些、短些、快些；讲到悲壮、痛苦、忧郁、疑难之时，语调要低些、弱些、长些、慢些；如表示愉快、责备的意见，语调要先强后弱；表示不平、热烈的意思，声音就要先弱后强；表示优雅、庄重、满足的意思时，语调就要头尾弱，中间强。"

演讲的语义应注意以下几个方面：

（1）准确恰当，即说人述物、表理达情应当尽量实事求是，不能有歧义。

（2）明白易懂，即演说时所用的语言要与听众的文化水平相一致，不可故作高深。

（3）生动形象，即演讲的语言要活泼新鲜，让听众有身临其境的感觉。

（4）幽默风趣，即演讲中把复杂的事物简单化，难懂的东西生活化，利用倒错法等手段使普通的事物和现象喜剧化，以活跃气氛、吸引听众。

（5）充满感情，即演讲者应随演讲内容所含的感情而动，褒扬伟大，贬抑渺小；歌颂崇高，讽刺卑俗；兴奋之处可手舞足蹈，悲痛之处可捶胸顿足。

2．演讲用语禁忌

演讲用语的确是一门学问、一门艺术，除了以上讲到的语音、语义方面的要求外，公关人员还要注意以下演讲用语的禁忌。例如，吐字不清、废话连篇、平铺直叙、假话大话、华而不实、不懂装懂、脏话粗话、陈词滥调、哗众取宠、抽象高深、快慢无度以及“是吧”“这个”“啊——”“对不对”等口头禅。

当然，演讲中出现差错是难免的，如果遇到这种情况，演讲者一定要沉着冷静。一般说来，层次较高的听众关注的主要是演讲的内容，形式上的细小错误一般都能谅解；即使是出现了较大的差错，只要能及时纠正，或冷静地在后文中补救，也是可以的。一旦出现差错，演讲者不可慌乱，不可吐舌头、做鬼脸，不可抓耳搔腮、摇头晃脑等。当然，尤其不可在听众发现错误后，反唇相讥，坚持错误。

（四）结尾

俗话说：“编筐编篓，重在收口；描龙画凤，难在点睛。”演讲的结尾，就是演讲的“收口”“点睛”。美国作家约翰沃尔夫认为“演讲最好在听众兴趣未尽时戛然而止”。其意就是说，最好在演讲达到高潮时果断“刹车”，以此来强化给听众的最佳印象。

拿破仑说过：“兵家成败决定于最后五分钟。”同样，演讲的成败在相当程度上取决于演讲的结尾。这是因为，如果演讲者设计和安排的演讲开头和高潮精彩，再加上有一个出人意料、耐人寻味的好结尾，就如同锦上添花，会给听众带来一种精神上的愉快和满足。相反，如果演讲者设计和安排的结尾没有新意，没有激起波澜并陈旧庸俗、索然无味，就会使听众深感遗憾，失望而去。可见，演讲的结尾是走向成功的最后一步，它在整个演讲中起着不可忽视的重要作用。

演讲结尾的类型和方法，多种多样，不拘一格，演讲者可根据自己演讲的具体时间、地点、主题、听众及自己个性等因素，选择适合自己结束演讲的方法，使之有效地为演讲的思想和目的服务。以下是几种常见的结尾方式：

1．总结式

总结式，即用精练的语言概述演讲的重要内容。例如，演讲稿《永照华夏的太阳》的结尾：

我们是从哥白尼日心说中认识太阳的，我们又是从历史的迁徙中认识中国共产党的。八十年过去了，八十年斗转星移，日月变迁。太阳的辐射仍依托马列主义的热核放出它巨大的能量，从而去凝聚着属于它普照的民族和人民。月亮离不开地球，地球离不开太阳，人民离不开党。祖国的未来，中华的腾飞，需要中国共产党的领导，党就是永照华夏的太阳，也就是我们心中的太阳。

这个结尾高屋建瓴，总揽全篇，巧妙地从自然界的太阳与华夏儿女心中太阳的对比中，总结归纳出了“地球离不开太阳，人民离不开党”的结论。字里行间流露出对太阳的希望与向往，对共产党的歌颂与赞扬，给听众留下了深刻的印象。

2．号召式

号召式，即向听众提出希望。例如，演讲稿《一位纪委书记的“小家”和“大家”》结尾，就是采用了提希望的方式：

同志们，朋友们，我们正处在一个伟大变革的黄金时代，经济的发展，国家的富强，民族的振兴，需要全体人民的艰苦奋斗，特别是共产党人的模范带头作用。如果每一个共产党员都能正确处理好“小家”和“大家”的关系，严格地按党性原则要求自己，用党的纪律约束自己，用党旗下那神圣的誓言激励自己，那么我们党的形象将会更加光彩照人，我们党将会更加坚强伟大！

这种结尾的方式是演讲者用深刻的认识和独到的见解向听众提希望，发出号召，能使听众的精神为之一振，具有动人情、促人行的作用。

3．诱导式

诱导式，即迂回说理、巧隐结论，让观众在深思后行动。例如，演讲稿《人生的价值何在》的结尾：

我们的雷锋，在他短暂平凡的人生中，创造出了巨大的人生价值，给我们留下了无与伦比的精神财富，那么，亲爱的朋友们，在漫长而又短暂的人生之路上，我们将做些什么？创造些什么？留下些什么呢？

这个结尾采取对比和提问的手法，听后令人深思，发人深省，叫人不得不扪心自问，三省吾身，给听众留下了哲理性的思索和回味。

4．名言式

名言式，即用名言、格言、警句渲染气氛。例如，演讲稿《谈毅力》的结尾：

毅力是攀登智慧高峰的手杖；毅力是漂越苦海的舟楫；毅力是理想的春雨催出的鲜花。朋友，或许你正在向成功努力，那么，运用你的毅力吧。这法宝可以推动你不断地前进，可以扶持你度过一切苦难。记住：“顽强的毅力可以征服世界上任何一座高峰！”（狄更斯语）

用名言式结尾，能给演讲者的思想提供有力的证明，增加演讲的可信度，显得更加优美、含蓄、睿智大气，具有较强的说服力和鼓舞作用。

5．幽默式

例如，鲁迅先生《在上海中华艺术大学的讲演》的结尾：

“以上是我近年来对于美术界观察所得的几点意见。今天我带来一幅中国五千年文化的结晶。请大家欣赏欣赏。”（说时一手伸进长袍，把一卷纸徐徐从衣襟上方伸出，打开看时，原来是一幅病态十足的月份牌，引得哄堂大笑。在笑声和掌声中结束了他的演讲。）

这个别出心裁极具喜剧性的结尾，不仅进一步深化了主题，使听众对拙劣的美术创作加深了认识，同时也给听众留下了许多演说者没有讲出来而又令人深思的空白，并让听众在美的享受和回味中，带着愉快的心情离开会场。

演讲者利用幽默结束演讲时，要做到自然、真实，使幽默的动作或语言符合演讲的内容和自己的个性，绝不要矫揉造作、装腔作势。否则只会引起听者的反感。

演讲结尾的方式除以上提到的常用的几种以外，还有很多方式。例如：动作、道具辅助式，即借助动作、道具来结束演讲；激情冲刺式，即借助情绪加快语速提高声调来结束演讲等。

演讲的结尾切忌：

（1）虎头蛇尾、草草收兵。演讲的结尾要有一定的高度，要尽量将全文的内容升华到新的层次，既能照应开头、总结全篇，又要突出重点、深化主旨，要给听众留下完整而深刻的印象。

（2）画蛇添足、节外生枝。演讲结尾要出人意料、耐人寻味，要讲究内容的含蓄、深沉，使人觉得余音绕梁、不绝于耳。

（3）冗长拖拉、漫无边际。演讲的结尾要像豹尾一样，干净有力、短小精悍、简洁明快、新颖别致，要以巨大的感染力，使听众的情绪激动起来、振奋起来。

（4）千篇一律、废话连篇。例如："今天我讲到这里，本来是不准备发言的，但主持人一定要我说，我就恭敬不如从命，由于时间关系，本人水平有限，加上没有准备，对情况也不了解，所以就泛泛而谈，随便说说，以上几点不成熟的意见仅供参考，谈得不对的请批评，说的不好的请指正。"这种结尾就是典型的陈旧、庸俗、平淡无味、废话连篇的套话，是演讲结尾之大忌。

（5）旁敲侧击、讽刺挖苦。这种做法不仅是多余的，更重要的是表现了演讲者思想素质的低下，缺乏职业道德修养。

演讲一定要有头有尾，首尾呼应。话说半截便草草收场，显然会影响演讲效果。

三、演讲的传达

演讲既是一个过程，又是一个系统。要使公关演讲实现预定的目的，达到最佳效果，公关人员对演讲系统中的几个要素应有一定的理解。一般说来，演讲是由主体（公关人员）、客体（公众）、内容（公关人员欲向公众传递的信息）等构成的。这里我们着重讨论一下演讲向公众所传达的信息，即演讲的内容。

真实、生动的内容是公关演讲的灵魂。公关演讲是塑造组织形象的活动，但又必须以组织已有的形象内容为基础，演讲者通过演讲所传播的一定要是组织的真实形象，对公众支持、理解合作的期望和要求也必须是合理适度的。认真分析组织形象，形成恰如其分的演讲内容，是公关人员必须重视的。

公关演讲的内容很多，但不同的内容往往包含着共同的属性。

（1）真实性。演讲的内容要真实，要言之有理，要经得住公众的考察、检验，要对公众讲真话。即使是组织的瑕疵，如果演讲的内容已经涉及，也不应回避。

（2）丰富性。能够形成公关演讲内容的素材很多，如产品形象、职工形象、标志形象、服务形象等。即使是就组织形象的某一方面进行专题演讲，也可以就该方面的历史、现实、未来进行展开，或者从内容到形式、现象到本质予以充实和说明。当然，丰富并不等于冗杂，不等于胡乱堆砌。

（3）新奇性。新奇与真实表面看似乎是矛盾的，实际上，任何真实的事物一定包含着新奇的因素、新奇的方面。公关人员要学会从多方位、多角度观察、评价事物，发掘所在组织形象的、新奇的、有感染力的因素，并将其告知公众，让公众在听讲中获得生动的审美感受。

（4）透彻性。每次演讲的时间是有限的，公关人员必须学会在有限的演讲时间内给公众以透彻、深刻的印象，给公众以很强的说服力。透彻并不等于繁杂，深刻也不等于深奥，透彻应当是在由此及彼、由表及里的过程中实现的，是用丰富的例证、浅显的道理化复杂为简单、化抽象为具体而实现的。

（5）典型性。公关演讲内容的素材要丰富，但内容的中心必须突出，所选的材料、所举的事例都应是公众关注的典型。

（6）服务性。服务性是公关演讲内容的最本质、最关键、最重要的属性，也是衡量演讲内容是否恰当的标准。所谓服务性，是指演讲的内容一定要是公众关心的问题，是为满足公众的需求服务的，讲公众所想，讲公众所爱。

第三节 运用自控媒介

运用自控媒介开展组织传播，是公关人员搞好内部公众关系、提高组织的凝聚力、调动全体员工工作积极性的重要手段，也是扩大组织社会影响、提高知名度和美誉度的重要方法。运用自控媒介主要包括主办内部刊物、制作视听材料和制作宣传材料等。

一、主办内部刊物

内部刊物主要指组织自控的各种媒介工具，如内部报纸、杂志、宣传画册、墙报、电子出版物、BBS 等。内部刊物由组织自行编辑、制作、发行或发布，往往针对特定公众编写，内容针对性强，主题突出，读者稳定，宣传效益好。

（一）内部刊物的种类

内部刊物可以分成对内刊物、对外刊物和混合型刊物三种。

1．对内刊物

对内刊物只对本组织员工和管理人员发行，其主要内容和目的是：介绍组织的经营状况和管理政策，促进内部沟通，防止和消除误会；介绍组织内部的先进人物，提倡良好风尚，激励员工学习；介绍组织发展的远景规划，鼓舞人心，增强组织的凝聚力。

2．对外刊物

对外刊物主要对政府官员、舆论领袖、顾客、供应商、经销商等外部公众发行，其主要内容和目的是：通过宣传组织的经营宗旨、管理理念，争取外部公众的理解和支持，在社会上树立组织的良好形象。

3．混合型刊物

混合型刊物的受众既包括组织的内部公众也包括外部公众。

出版内部刊物是一件技术性很强的工作，要求公关人员熟悉刊物的编辑、印刷、发行等一系列出版工作程序，并做好经费预算。

（二）运用内部刊物的技巧

采用内部刊物进行组织内部沟通时，需要掌握以下五种技巧：

1．突出组织文化

内部刊物一定要传播组织文化，倡导卓越的组织精神。因此，内部刊物的办刊方针需要紧紧围绕着组织文化建设的主线，利用丰富的内容、活泼的方式来潜移默化地影响每个员工，从而为组织文化建设贡献一份力量。

2．构筑组织精神家园

内部刊物应该是组织员工的心灵家园。内部刊物要深切地关怀员工的精神需求，营造出浓浓的家庭氛围，让员工在这里尽情地释放自己的喜怒哀乐。

3．掌握热点问题

内部刊物应掌握员工关注的热点问题。内部刊物要抓住热点问题，告诉员工是什么、为什么以及如何应对。

4．激发员工斗志

激发员工斗志是内部刊物的一个重要功能。内部刊物要及时通报组织的成果及远景，启发员工对组织现状的认识，激发员工必胜的斗志，鼓励员工为组织目标奋斗。

5．建设学习型组织

内部刊物应成为组织内部知识传播的一个重要途径。内部刊物应通过促进知识的传播与利用，为建设学习型组织做出贡献。

二、制作视听材料

在公关传播中，视听材料也是经常使用的自控媒介，具体形式包括闭路电视、有线广播、电影、录像带、录音带、幻灯、灯箱图像等。制作视听材料有一定的难度，有时需要聘请专业人士来制作。但公关人员应当具备一些初步的制作能力，把组织内部的周年纪念、奠基典礼、竣工仪式、展销会、公关活动等场面拍摄下来，向组织内外的公众播放，达到促进沟通的效果。同时，这也是极为珍贵的历史资料，可以成为日后其他公关活动的素材。

公关工作中，制作视听材料主要有两部分内容：一是图像和声音材料的制作和处理，二是为图像材料写作解说词并录音。

1．制作图像材料

幻灯、电影、录像带、光盘等图像材料的制作，首先是选择和摄取各种图像。此外，制作有效的图像宣传材料，还要讲究精湛的摄像、摄影技术。

2．图像文字解说的制作

成功的图像宣传材料，除了图像的选择、摄取，还必须配有生动、简练的文字解说。文字解说不能作为图像的直白描述，而应是图像的必要补充。它主要是对相关图像背景材料的介绍和画外隐含内容的解释，以帮助公众更准确地解读信息，所以，图像的文字解说材料应该更为充实、丰富。

另外，完美的图像宣传材料，也要注意文字解说材料的朗诵和配音制作，还要选取必要的音乐以烘托气氛，增强感染效果。

3．录音材料

相对于文字材料，录音材料的受众范围更广，不识字或识字不多的人群也可以接受；它比文字材料携带的信息更丰富。一般沟通理论认为，人际沟通中，语言符号所包含的信息有限，大部分信息要靠副语言，如声音、语调、表情、身体动作等来表达。同时，信息接受者接受声音信号比接受文字信号更方便，所以，利用录音材料进行公关宣传也越来越普遍。

制作有效录音材料，文字稿件的写作是第一步。要根据具体宣传目标、主题、受众情况来选择体裁。如果是某项活动的现场录音，也要注意根据宣传主题对材料做取舍。之后，要做好文字材料的朗诵和录音工作。

三、制作宣传材料

在公关传播中，宣传材料是使用得最多的组织自控媒介工具之一。宣传材料可以是一本小册子，也可以是一张宣传彩页，还可以是一副招贴画，方式多种多样，公关部门可以灵活运用。

（一）制作宣传材料的技巧

1．明确用途

制作宣传材料首先要明确用途。宣传材料的主要用途有三个方面：说服公众、向公众提供信息、教育公众。不同用途的宣传材料有不同的表现形式，不同的宣传材料用于不同的场合。

2．确定主题

宣传材料的主题必须清楚。不要企图在一个宣传材料里夹杂许多主题，这样受众就会困惑，从而不能达到宣传材料最初的目的。

3. 内容准确持久

宣传材料的内容要准确真实，能够持久地影响受众。因为宣传材料一般是针对较小的特定群体，他们对组织宣传材料的真实性要求较高。如果宣传材料的真实性有问题，他们就会对组织不信任，宣传材料反而起到了相反的作用。

4. 表现形式美观大方

宣传材料一般要求美观大方，以吸引受众的阅读兴趣。制作宣传材料要选择合适的格式和纸张，巧妙地使用各种字体，明智地使用空白区域，创造性地运用色彩组合。

5. 正确选择传送渠道

宣传材料可以通过赠送、自取、邮寄等方式传送。不同的宣传材料，传送渠道也会不同。

（二）宣传材料的写作

当社会组织与公众交往时，如果有一份精心制作的宣传材料赠送给对方，既可以节省自我介绍的时间，也可以使对方比较完整、准确地掌握组织的基本信息。以一本比较正规的大型宣传画册为例，它一般应包括如下内容：

1. 组织领导人致辞

组织领导人致辞一般安排在整本宣传材料的首页，以便增加宣传材料的权威性。领导人形象是构成组织形象的一个重要组成部分，宣传材料上的致辞也是宣传组织领导人并树立其形象的一个重要机会，因此，公关人员要与组织领导反复斟酌，尽量写出领导人的风采。致辞文字不宜过长，以二三百字为宜，应力求平和真诚、亲切感人，同时配以照片，使领导人的形象立体化。

2. 组织的历史和概况

组织的历史和概况是组织宣传材料的主体部分，以介绍组织自身的各种情况为主，重点是组织的宗旨、方针、政策、目标、愿景等，应当尽量做到内容简明扼要，信息量大。其作用是：简要地回顾组织发展的历史，增加公众对组织的信赖感；客观地介绍组织所取得的成就，树立组织在公众心目中的形象。这部分内容应配上醒目的图表和照片以增强说服力，使历史叙述显得更加鲜活，使成果展示显得更加生动。

3. 特色产品和特色服务

组织的宣传材料对本组织在市场上具有竞争力的产品，或引以为自豪的特色服务，应重点加以说明，以便引起公众的注意和兴趣。

4. 图片的选登

组织的宣传材料必须设计得图文并茂，生动活泼。选登的图片要适应公众的心理需求和审美情趣，以达到良好的宣传效果。

5. 公众与组织的联络方法

在宣传材料的末尾，一定要附上组织的地址、邮编、电话号码、传真、网址、联络人员等，以方便公众与组织的联络。

第四节 发布新闻

一、撰写新闻稿

新闻是指报纸、电台、电视台经常使用的记录社会、传播信息、反映时代的一种文体。对于社会组织而言，公关新闻是关于组织且有利于塑造良好组织形象、培育良好公众关系的新近事实的报道。它与公众有直接关系，对公众有显著的影响。新闻写作是新闻事实的文字表达手段，是准确、鲜明、及时地报道新闻的重要环节。

（一）新闻写作的基本知识

1. 基本要求——准确、客观、清楚

（1）面向大众的知识面和接受能力，使读者易于理解。

（2）文字使用应切合一般人的阅读水平，避免过于个人化和自我缩小读者群效应。

（3）简明扼要，选择最关键、最能吸引注意力和最能说明主题的要点来写。

（4）注意多运用与众不同的叙事角度和观点分析。

2. 新闻六要素——人物（Who）、时间（When）、地点（Where）、事件（What）、原因（Why）、经过（How）

写新闻只有交代清楚人物、时间、地点、事件、原因、经过（和结果）等，才能使读者、听众和观众觉得新闻实实在在、可信度高。但应注意的是，每篇新闻要向公众传达的信息不同，因而侧重点也不同，若平均处理这六个要素，会使新闻主题不够鲜明。所以，在撰写新闻稿时应该详略得当，主题突出。

（二）新闻稿的组成

1. 新闻标题

新闻标题不一定要将新闻事件的主要要素全部概括出来，只要能够将主要的事实和意义概括出来就可以了，因为有的内容还要在主体部分中加以表达。

（1）新闻标题的结构。新闻标题由主标题、引标题和副标题组成。主标题是对新闻中最主要内容的高度概括。引标题和副标题则是用来说明主题或加强主题的气氛和力量，协助主题共同完成标题任务的。如果主标题能够独立承担标题的任务，引标题和副标题也可以省去。

（2）新闻标题的要求。

1）应使用简明扼要且能吸引读者的句子来概括新闻的重点和主体。

2）句中最好避免词汇的重复。

3）阅读断句不产生歧义，避免使用带有感情色彩、价值判断、夸张渲染的词汇。

4）熟悉的名字可用缩写代替以减少字数。

（3）新闻标题的拟写方法。

1）拟写主标题时，有导语的新闻，就在导语中筛选相关的信息；没有导语的新闻，应在主体部分筛选相关的信息。将新闻中最新鲜、最重要、最有特点的信息进行整合、归纳、概括，组成表意完整的句子，就是大致的主标题了。

2）拟写引标题时，我们要把目光锁定在新闻的背景中，因为背景是介绍主体事件发生的环境、原因和目的，引标题正是要告诉读者这些信息。所以，要注意“在……下”和“为了……”等表明事件背景或行为目的的词语，或者注意从新闻中筛选出体现这些信息的关键词语，连缀成大致的引标题。

3）拟写副标题时，应把目光锁定在结束语部分，这是因为结束语是交代新闻主体事件的意义、作用、影响和对未来发展方向的预测的，而副标题的作用就在于此，所以，结束语中的关键词句是构成副标题的重要来源。

2．新闻导语

新闻导语即新闻稿首段，是新闻事件的浓缩版，应以扼要和简洁的语句，叙述新闻的要点和事件的轮廓，使读者迅速了解其性质和内容，并吸引他们进一步读完全文。在新闻导语的写作中应注意以下几点：

（1）导语里的事实必须是最重要、最新鲜的。

小案例 4-1

昨日，武汉理工大学硅酸盐建筑材料国家重点实验室的一群研究生拿着《长江日报》的立体版《潮周刊》，兴奋地说个不停。（http://www.admaimai.com/news/ad201202162-ad77086.html）

这条导语颇具吸引力，但它只交代了“时间”“人物”和“事件”三个要素。这说明，不能要求将新闻的六要素全部写进导语里，但可以根据每条新闻的特点，从六要素中选取一两个最重要、最能激起人们阅读兴趣的要素，突出地描写，其余的要素则分散到新闻的正文部分去交代。

（2）导语必须简明扼要、短小精悍。

小案例 4-2

3 日下午，武汉市江岸区发生一起液氨泄漏事故，造成数十人不同程度受伤。（2006 年 9 月 5 日《湖南日报》）

这条导语只有一句话，但它把新闻事实中的时间、事件、结果三要素十分清楚地做了交代，没有一个多余的字眼，让人一目了然。新闻导语不能含糊不清、模棱两可、拖泥带水。导语给读者的印象一定要眉目清楚，一目了然。这就要求导语写作中，要尽量使用最简单的结构：主语——谓语——宾语或主语——谓语，尽量不用复合句、从句等。

3．正文

正文是新闻的主干部分，紧接导语之后，将导语中提及的内容按照“时间顺序”或“逻辑顺序”做进一步的解释和叙述，使读者深入了解；有时也补充一些导语中未提及的资料，如事件的背景说明等。

小案例 4-3

打造中国零售人才的“黄埔军校”

学校与企业精诚合作，企业家和教育家责任共担，为中国零售企业又好又快地培养高技能人才，成为 IGA（国际独立零售商联盟）中国战略合作研讨会的热门话题。

2008 年 6 月 11 日，IGA 中国零售学院院长方明应邀出席在深圳举行的 IGA 中国战略合作研讨会，发表了题为《精诚合作，共担责任，倾力打造 IGA 中国的“黄埔军校”》的主题演讲，引起热烈反响。

方明院长向与会代表介绍了 IGA 中国零售学院创办以来的建设情况，展示了校企合作的丰硕成果，提出了实施“双向基地、双向培养、双向订单”，深化工学结合人才培养模式改革的具体措施。IGA 中国董事长张海霞女士对学院的建设和发展给予了高度评价和赞赏。与会的 IGA 中国成员单位深圳“人人乐”、北京“华普”、大庆“庆客隆”、河南“四方”、河北“惠友”等对校企深度合作、共同培养零售人才表现出浓厚的兴趣。会议期间，人人乐连锁商业集团股份有限公司总裁何金明与 IGA 中国零售学院院长方明共同签署了校企深度合作办学协议。

IGA 中国零售学院创办于 2006 年 4 月，是为了满足零售企业在快速发展中的人才需求，由 IGA 中国、武汉中百仓储连锁超市有限公司和武汉软件工程职业学院共同举办的专为 IGA 培养人才的学院，由 IGA Coca-Cola 学院院长 Paulo Goelzer 博士担任名誉院长。现已开设网络管理、机电设备管理、采购管理、物流配送、美工营销、生鲜管理、连锁经营管理和会计 8 个专业，为 IGA 中国成员单位输送了 300 余名管理人才。

零售人才培养成为战略合作研讨会的重要议题，校企合作共同培养人才成为中国零售企业 CEO 们的兴奋点，充分显示出了校企合作、工学结合的高等职业教育人才培养模式的深入发展。

这是一篇典型的公关新闻稿。标题简明扼要，导语主旨鲜明；主体部分要言不烦，无多余赘述，背景资料简洁明了，且引用了必要的数据（在新闻稿中，数据具有较强的说服力和证明力）；结尾呼应导语，深化了主题。

4．其他补充

（1）图片。图片可令读者留下深刻印象，对新闻稿件有补充及说明的意义。

（2）图表。图表可帮助读者理解资料性的内容，也容易看到重要的、需突出的部分。

（3）插图。插图多用于杂志文稿中，大部分为编辑自己制作，使文章更加生动。

（三）新闻稿的叙事结构

在撰写新闻稿时，一般都采取“倒金字塔式”，即按内容的重要性来安排段落的次序，如图 4-1 所示。

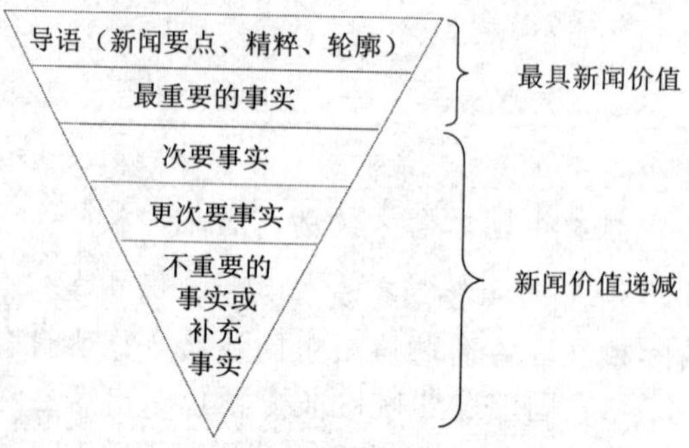

图 4-1 “倒金字塔式”新闻稿的叙事结构

新闻稿正文叙事结构的常见类型有三种：

1．逻辑顺序

根据新闻事件的内在联系以及逻辑层次安排正文结构。逻辑顺序的种类较多，常见的有因果关系、递进关系、主次关系、点面关系等。

2．并列顺序

当几项新闻事实处于同等重要的地位时，新闻稿正文宜采用并列顺序。这种顺序条理分明，重点突出，在综合新闻中比较常见。

3．时间顺序

根据新闻事件发生的先后次序来安排材料，新闻稿正文的层次与事件发展的过程相一致。在报道各类突发事件时，常采用时间顺序。在应用这种结构时，要详略得当、突出重点，避免平铺直叙、面面俱到。

（四）如何写好一篇新闻稿

1．用语准确

词不达意、用错词语等，会使内容有所偏差。例如，“说”的表达方式如图 4-2 所示。

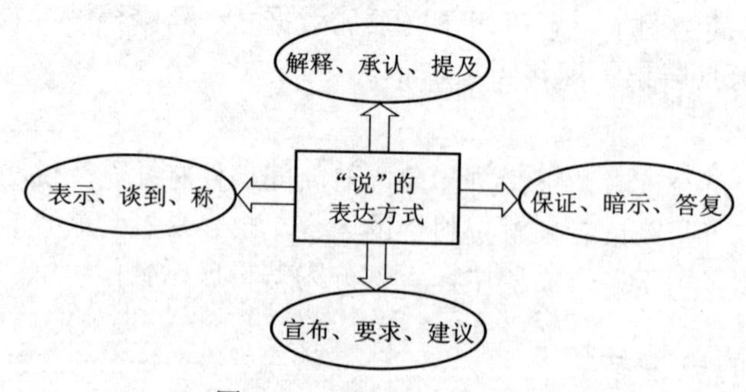

图 4-2 “说”的表达方式

2．语句清晰

使用简单的句子，少用从句或复句，因为过于复杂的语句，会使读者误解或难以理解内容的意思；保证语法结构的正确。

3．报道客观

切勿加入个人的主观意见和评论，并避免使用带有价值判断的语句，除非是确定事实，否则不宜写在新闻稿中。

4．用词庄重得体

尽量使用一些庄严和文雅的字词。

5．善用数字资料

在新闻中运用数字可突出新闻价值及卖点，但在运用的同时，要写明背景及第三方出处。

二、筹备记者招待会

记者招待会又称新闻发布会，是一个组织集中发布新闻、扩大社会影响、搞好媒介关系的一种重要方法，也是社会组织为公布重大新闻或解释重要方针政策而邀请新闻记者参加的一种公共关系专题活动。从传播方式的角度看，记者招待会属于一种“两极传播方式”。其直接形式是会议，属于组织传播，但参加会议的记者又都是代表某个新闻机构，他们可以把在记者招待会上获得的信息拿到自己的媒介上去发表，使组织的信息转变成大众传播。

1．记者招待会的筹备

（1）确定举行招待会的必要性。根据记者招待会的特点，在招待会举行之前必须对所要发布的消息是否重要、是否具有广泛传播的新闻价值及新闻发布的紧迫性与最佳时机进行分析和研究。只有在确认召开的必要性和可能性后，才可决定召开记者招待会。一般来说，社会组织举行招待会的原因，有以下几方面：出现紧急情况，如爆炸事件、火灾事件等；对社会产生重大影响的新政策的提出；企业的新技术、新产品的开发和投产；组织对社会做出重大贡献或善事；推出影响社会的新措施；企业的开张、关闭、合并转产；组织的重大庆典等。

（2）确定应邀者的范围。记者招待会邀请记者的范围要根据会议的主题而定，如果事件影响仅限于一个地区，只邀请本地各媒体记者就可以了。如果事件涉及全国范围的广大公众，则必须邀请中央及地方各主要媒体的记者。

（3）统一宣传口径。某一新闻发布到何种程度，在召开记者招待会前，一定要在组织内部统一口径，以免因参加会议的人员说法不统一，造成记者报道失实。

（4）确定主持人和发言人。由于记者的职业要求和习惯，他们常常在会上提出一些尖锐深刻甚至很棘手的问题，这就对主持人和发言人提出很高的要求。要求主持人思维敏捷，反应机敏，口齿伶俐，有较高的文化修养和专业水平。会议的主持人一般可由具有较高公关专业能力的人来担任。会议的发言人应由组织的高级领导来担任，因为高级领导清楚组织的整体情况，掌握组织的方针、政策和计划，回答问题具有权威性。若高级领导尚不胜任，需要在会前进行必要的训练和准备，以达到在会上应付自如的能力。

（5）准备资料。公关部门的负责人在会前要熟悉主要发言，并根据主要发言整理出报道提纲。报道提纲应包括主要发言的基本内容，并附有背景材料、有关资料、图表照片等。

记者招待会需用的资料主要有两个方面：一是会上发言人的发言提纲和报道提纲；二是有关的辅助材料。前者应在会前根据会议主题，组织熟悉情况的人员成立专门的小组负责起草。其内容要求全面、准确、简明扼要，主题突出。发言人的发言提纲和报道提纲的内容在组织内部通报一下，统一口径，以免引起记者猜疑。辅助材料的准备，应围绕会议主题，尽量做到全面、详细、具体和形象。它可以包括发给与会者的文字资料，布置于会场内外的图片、实物、模型，也包括将在会议进行中播放的音像资料等。

（6）选定会场地点和时间。在地点选择上主要的考虑是要给记者创造各种方便采访的条件，一定要选择外部交通方便，环境干扰少的地点；会场内应温度适宜、座椅舒适、灯光明亮、电源设备充分，便于录音、录像和安装各种通信设备。

记者招待会的日期，应尽量避开节假日和有重大社会活动的日子，以免记者不能参加会议，影响招待会的效果。

（7）安排好记者活动。为了使新闻发布会收到最大的实效，在本组织财力允许的情况下，可以安排记者参观、访问、摄影、摄像，还可以举行小型宴会或参观联谊活动等。这也是一种相互沟通的机会，可以利用这种场合融洽与新闻界的关系，及时收集反馈信息，进一步联络感情。

（8）其他。应根据会议的规模和规格做出费用的预算。费用项目一般有场租、会场布置、印刷品、茶点、礼品、文书用具、音响器材、邮费、电话费、交通费等。在发出邀请信后，开会前应再打电话落实。此外，还应安排接待人员布置会场，准备音响器材、签到名册等。

2．记者招待会程序

召开记者招待会，会议程序要安排得详细、紧凑，避免出现冷场和混乱局面。一般来说，一个记者招待会应包括以下程序：

（1）签到。在会议接待人员的引导下让与会人员用预先准备好的笔在签到簿上签上自己的姓名、单位、职业、联系电话等。

（2）发资料。会议接待人员要将会前准备的资料，有礼貌地发给到会的每位与会人员。

（3）介绍会议内容。会议开始时要由会议主持人说明为什么召开记者招待会，介绍所要公布的信息或发生事件的简单经过。

（4）发言人讲话。发言人讲话措辞用语要准确、贴切，要讲清重点，吐字要清晰、自然，切忌过长的讲话和啰唆的发言。

（5）回答记者提问。发言人要准确、流利地回答记者提出的各种问题，态度诚恳、语言精练，对于保密的内容或不好回答的内容不要回避，而要婉转、幽默地进行回答。如果吞吞吐吐，反而更会使记者穷根究底，造成尴尬局面，甚至记者会因此发表对组织不利的报道。此外，对于记者的提问，不要随便打断，也不要以各种动作、表情和语言对记者表示不满。

（6）参观和其他安排。提问结束后还应由专人陪同记者参观考察，给记者创造实地采访、摄影、录像等机会，增加记者对会议主题的感性认识。如果有条件，还可举行茶会和酒会，以便个别记者能够单独提问，并能融洽与新闻界的关系。

3. 记者招待会的注意事项

（1）会议发言人和主持人应相互配合。新闻发布会在进行过程中，应始终围绕着会议主题进行。这就需要会议的发言人和主持人配合一致，相互呼应。如当记者的提问离开主题太远时，主持人要能巧妙地将话题引向主题，发言人通过回答问题将话题引到会议的主题上来。

（2）对于不愿发表和透露的内容，应委婉地向记者做出解释。记者一般会尊重东道主的意见，不可以“我不清楚”或“这是保密的问题”来简单处理。

（3）遇到回答不了的问题时，应告诉记者如何去获得圆满答案的途径，不可不计后果随意说“无可奉告”或“没什么好解释的”，这会引起记者的不满和反感。

（4）不要随便打断或阻止记者的发言和提问。即使是记者带有很强的偏见或进行挑衅性发言，也不要显出激动和失态，说话应有涵养，切不可拍案而起，针锋相对地进行反驳。

4. 记者招待会后工作

作为一项活动的完整过程，招待会结束之后，要及时检验会议是否达到了预定的效果。所以，会后工作主要有以下内容：

（1）搜集到会记者在报刊、电台上的报道，并进行归类分析，检查是否达到了举办新闻发布会的预定目标，是否由于工作失误造成了消极影响。对检查出的问题，应分析原因，设法弥补损失。

（2）对照会议签到簿，看与会记者是否都发了稿件，并对稿件的内容及倾向做出分析，以此作为以后举行新闻发布会时选定与会者的参考依据。

（3）收集与会记者及其他代表对会议的反应，检查招待会在接待、安排、提供方便等方面的工作是否有欠妥之处，以利于改进今后的工作。

（4）整理出会议的记录材料，对招待会的组织、布置、主持和回答问题等方面的工作做一总结，从中认真汲取教训，并将总结材料归档备查。

小　结

1. 公共关系运作的每一个方面，都离不开传播活动。公共关系和传播二者存在着相辅相成、互为一体的密切关系。

2．演讲是面对公众就某个问题运用口语、表情、体姿等手段说明事理、发表见解的活动，是具有很强现实性、针对性和艺术性的实践活动。公关人员要能利用演讲缩短自己或所代表的组织与公众的距离并赢得公众的好感。

3．运用自控媒介主要包括主办内部刊物、制作视听材料和制作宣传材料等，它是公关人员搞好内部公众关系、提高组织的凝聚力、调动全体员工工作积极性的重要手段，也是扩大组织社会影响、提高知名度和美誉度的重要方法。

4．公关新闻是关于组织且有利于塑造良好组织形象、培育良好公众关系的新近事实的报道。它与公众有直接关系，对公众有显著的影响。撰写新闻稿提供给相关新闻媒介、举办记者招待会是社会组织发布公关新闻的常用形式。

知识考核

1．在公共关系活动中如何实施有效传播？
2．如何发表公关演讲？
3．在公关传播中如何运用自控媒介？
4．如何撰写新闻稿？
5．筹备记者招待会应注意哪些问题？
6．记者招待会后要做哪些工作？

技能训练

1．结合所学知识分析下面的案例，你认为“丰田霸道”广告失败的主要原因是什么？

丰田霸道广告风波

丰田汽车在杂志上刊登出三款新车广告——陆地巡洋舰、霸道、特锐平面广告，意欲在中国传统节日春节期间取得销售佳绩。出乎意料的是，其中两则广告引发了中国公众的极大不满，雄心勃勃的广告推广活动最后演变成了公关危机事件，大多数网友把抨击的矛头指向了丰田公司、广告制作公司和刊登广告的杂志，要求他们赔礼道歉。

惹祸的是“霸道”和“陆地巡洋舰”的两则广告。其一为刊登在《汽车之友》第 12 期杂志上的“丰田霸道”广告：一辆霸道汽车停在两只石狮子之前，一只石狮子抬起右爪做敬礼状，另一只石狮子向下俯首，背景为高楼大厦，配图广告语为“霸道，你不得不尊敬”。其二为“丰田陆地巡洋舰”广告：该汽车在雪山高原上以钢索拖拉一辆绿色国产大卡车，拍摄地址在可可西里。

这两则广告一出，引起了轩然大波。很多网友认为，石狮子有象征中国的意味，“丰田霸道”广告却让它们向一辆日本品牌的汽车“敬礼”“鞠躬”，考虑到卢沟桥、石狮子、抗日三者之间的关系，更加让人愤恨。对于拖拽卡车的“丰田陆地巡洋舰”广告，很多人则认为，广告图中的卡车系国产东风汽车，绿色的东风卡车与我国的军车非常相像。为此，众多网友在新浪汽车频道等专业网站发表言论，认为丰田公司的两则广告侮辱了中国人的感情，伤害了国人的自尊，这是带有侮辱和侵略性的广告，读者的民族情结高涨，甚至提升到政治的高度。网友开始全面反击，制作丰田负面广告，最有代表性的有两则：两尊威风凛凛的石狮把夹在中间的“霸道车”翻了个面；一辆东风汽车装载着一辆丰田“陆地巡洋舰”，广告语为“东风汽车为丰田陆地巡洋舰指定施救车”。

面对公众的质疑和不满，刊登丰田霸道广告的《汽车之友》杂志迅速向读者致歉，发布在《汽车之友》杂志网站的致歉信原文如下：

《汽车之友》2003 年 12 期杂志上刊登一则合资企业四川丰田的产品霸道越野车广告，由于我们政治水平不高，未能查出广告画面中出现的一些容易使人产生联想的有伤民族情感的图片，广告刊出后，许多读者纷纷来信来电话质询。我们已认识到问题的严重性，在此，我们诚恳地向多年来关心和支持《汽车之友》的广大读者表示歉意。

《汽车之友》是由中国汽车工程学会主办，面向全国发行的专业性汽车刊物，属国有企业。《汽车之友》全体同仁在热爱祖国、振兴中华的大业中不甘人后，对广大读者表现出来的爱国热情非常理解和支持。在我们市场经济发展到今天，发行和广告是媒体赖以生存的先决条件。我们衷心地感谢广大读者多年来对《汽车之友》的厚爱，决不想因一则广告而伤害广大读者的情感。希望大家能够谅解我们，也希望大家能够一如既往地信任和支持我们。《汽车之友》杂志社全体同仁决心以此为鉴，坚决杜绝此类事情的再次发生。我们将会拿出更新更好的杂志来奉献给广大读者，并虚心接受读者的意见和监督。让我们为祖国的汽车事业发展贡献力量。

《汽车之友》杂志社

2003 年 12 月 2 日

一汽丰田汽车销售有限公司、这两则广告的制作公司——盛世长城国际广告公司也先后公开致歉。在危机解决以后，为了消除“霸道”汽车在中国造成的恶劣影响，丰田公司决定将“霸道”的名字改名为“普拉多”。

2．请结合下面的案例讨论进行公关演讲时需要做哪些准备？

周恩来的精彩演讲

1945 年，国共谈判期间，周恩来曾应重庆“西南实业协会”的邀请，出席他们的一次星期五聚餐会，并准备演讲《当前经济形势》。在此聚餐会之前，周恩来认真阅读了当时重庆的经济材料，并且请经济学家许涤新同志前去汇报重庆资本家存在的问题和思想动态，汇报资本家对于国民党的经济政策和官僚资本的态度等。

在星期五聚餐会上，周恩来做了《当前经济形势》的演讲。听报告的人极其踊跃，不仅座无虚席，而且在讲堂的窗台和窗外都站满了人，但会场秩序很好，只有周恩来同志气壮山河的洪亮声音在回荡着。

第五章

公共关系调查

学习目标

1．能根据工作要求明确调查目的，设计调查方案。

2．能够选择适当的调查方法，运用调查技巧获得所需资料。

3．能够对所取得的调查资料进行去粗取精、去伪存真、分析综合并合乎理性地推理，客观地揭示事物的内在联系，得出正确的调查结果，并撰写简要的调查报告。

20世纪40年代初，速溶咖啡问世。它方便、省时，不会发生配料错误，而且价格低于新鲜咖啡，厂商把消费者的需求定位在价廉与方便上。然而实际结果却出乎厂商与广告商的意料，速溶咖啡并不受消费者的欢迎。为此，厂商聘请专家探究其奥秘，初步调查结果表明，消费者觉得速溶咖啡的味道要比新鲜咖啡差，但又说不出二者究竟有何差别，这表明速溶咖啡是有市场潜力的。进一步调查揭示了速溶咖啡不受消费者欢迎的深层次原因是当时美国社会认为购买速溶咖啡者是懒汉，而购买新鲜咖啡的是有身份有地位的“绅士”。找出症结所在后，厂商和广告商在专家的建议和指导下改变策略，着力宣传新鲜咖啡所具有的美味、芳香和质地醇厚的特点速溶咖啡也同样具备，并大力强调这是“100%的真正咖啡”，而且强调速溶咖啡代表着新潮流、新时代，结果打动了消费者而获得成功，成为西方国家咖啡消费中最受欢迎的饮料制品。

每个组织要想使自己这台“机器”正常运转，就要经常做调查，看自己的行为或产品是否适应社会，以便随时做出调整。由上面的案例我们可看出进行公关调查的重要性。在高速运转、纷繁复杂的庞大社会体系中，进行调查研究应当是人们进行一切社会实践活动的前提条件，只有经过周密细致的调查研究，组织才能及时清楚地认识自身形象和社会行为，从而正确评价自己，使组织能够尽快适应社会，不断壮大。

在本章中，我们为你讲解的是如何制订公关调查方案，怎样选择适当的调查方法以及通过整理调查资料，撰写一篇成功的公关调查报告。

所谓公共关系调查是指公关人员对自己或所服务组织的公共关系状态进行的信息收集与研究工作。公关调查是公共关系工作的基础，是公关策划、公关实施、公关评估等一系列公关活动的前提。公关调查的具体作用表现为：①使组织能及时了解公众舆论，从而对自身形象做出准确定位；②为组织架起一座与公众沟通的桥梁，组织在了解公众的同时，也是公众了解组织的过程，更利于组织扩大自己的知名度；③为组织的公共关系策划提供科学的依据，大量的调查数据和事实会让组织在进行公关策划和具体实施中有的放矢。

第一节 设计公共关系调查方案

设计一个完整详细的公关调查方案是顺利地进行公关调查的前提条件，也是圆满完成公关调查工作的有力保障。

一、明确调查目的

组织在设计调查方案之前，先要明确调查目的，弄清目前对谁调查，经过调查后要实现什么。通常来说，公关调查大致可分两种情况，即一般性调查和特殊性调查。

一般性调查是指一个组织在经常开展的公关调查中，要保证组织与公众正常的信息沟通和交流，使组织能在稳步发展的基础上可以随时抓住机遇。这种一般性调查好像是例行体检，起着监控身体的各项常规指标是否有所变化，以便及时采取措施的作用。

特殊性调查是指具有一定的指向，当组织正面临某种特殊情况或问题时所进行的有针对性的调查。例如，企业在新产品的开发和推广中，在公众中产生各种各样的反应，组织就要针对具体问题开展公关调查。上文的速溶咖啡案例便是厂商针对特殊情况，明确了调查目的，最终获得了成功。

不同的调查目的确定的调查范围和内容也会不同，调查目的应该根据组织自身的基本状况并结合外部环境而加以明确。在明确调查目的时，应注意即使是一般性的常规调查也要使之明确清晰。

二、确定调查课题

在明确了调查目的后，就应该着手确定调查课题，调查课题是在调查目的明确的基础上产生的较为具体可行的行为目标。它是公关调查研究的具体指向。

小案例 5-1

有一家宾馆新设了公共关系部。开办伊始，该部就配备了豪华的办公室、漂亮迷人的公关小姐、现代化的通信设备等。该部部长也踌躇满志，决心要在公关方面做出好成绩来，但却不知道如何做。后来，这个部长请来了一位公共关系顾问，向他请教“怎么办”。于是这位顾问一连问了几个问题：“该地共有多少宾馆？总铺位有多少？”“旅游旺季时，来本地的外国游客每月有多少？国内的外地游客有多少？”“贵宾馆的‘知名度’如何？在过去3年中花在宣传上的经费共多少？”“贵宾馆最大的竞争对手是谁？贵宾馆潜在的竞争对手是谁？”“过去一年中因服务不周引起房客不满的事件有多少起？服务不周的症结何在？”于是，那位公关部长茅塞顿开，立即着手准备，确立了多个公关调查课题，围绕这些课题认真开展了各项调查工作，使公关部办得红红火火，也使该宾馆的发展上了一个新台阶。

确立调查课题可以从多个方面入手，通常来说，可分为组织自身状况调查、公众舆论调查和社会环境调查。

1. 组织自身状况调查

要想调查了解别人对自己的印象和看法，先要了解自己，做到先“知己”。对组织自身的调查可分为以下几种：

（1）对组织内部各项常规指标的掌控。例如，调查一个企业的产品产销量、生产成本、销售额、流动资金、生产能力、产品质量以及员工数量和业务水平等，从而掌控组织各项常规指标的历史情况。

（2）对组织内部形象的把握。这一方面的调查旨在了解组织内部的和谐度和稳定度，通过这一调查，可以使组织在好的状态下更加增强自信心，在相对不理想的状态下重新调整自己、充实内部、武装力量，为在公众中树立良好的形象打下基础。

（3）对组织成员力量的了解。一个组织的发展壮大与其内部的每位成员的作用分不开，充分了解组织成员的工作态度、工作能力、思想意识、人格品质等个人因素，可以使组织正确把握自身的发展潜能，正如了解一台机器的各个零部件的状态，可以把握整台机器的运转情况一样。

2．公众舆论调查

每个组织都必须时刻了解自己在公众心目中的地位和形象，做到“知彼”，所谓“不患人之不己知，患不知人也”（《论语·学而》）。对公众舆论的调查可从如下几方面入手：

（1）调查公众需求。注意了解公众需求有助于组织抓住机遇，为组织走向更高、更强输入源源不断的养料。

小案例 5-2

某家超市的门前，放着一台海尔展示柜和一台微波炉。超市营业员从展示柜中取出冷藏的肉串，放在微波炉里烤熟，然后放在外面出售。不过有的时候烤得多了点，或者顾客买得少了点，熟肉串放在外面的时间一长就凉了。营业员就想，要是做冷藏用的展示柜同时也能够保温就好了。在海尔集团工作人员回访时，营业员把这个想法说了出来，立即引起了回访人员的注意。另外，一位住宾馆的客人说过这样一句话：“展示柜能够保鲜，但是我把一杯热腾腾的咖啡放进去，怎么保鲜呢？”这句话再次启发了海尔人，他们抓紧研制，仅仅用一个月的时间，一种新产品——“双温”展示柜诞生了。新展示柜上面可以加热，下面可以冷藏。这种新型产品刚一推出，便销售一空。

（2）调查组织在公众中的形象。组织只有准确把握自己在公众中的形象，才能正确给自己定位。影响组织形象的因素有很多，如产品质量、服务水平等，这就需要通过调查找出症结所在，然后针对问题及时做出调整；而面对好的形势也要通过调查制定更高的目标。

小案例 5-3

在海尔集团的客户服务项目中有这样一条规定，维修人员进入顾客家中维修，必须随时携带塑料鞋套和抹布两样东西，一进房间马上穿上鞋套，防止脚臭异味和踩脏地板。维修完成后，用抹布将脏处擦干净，再退出房间，离开前请顾客填写一张意见表。此举为海尔集团赢得了很好的评价。

海尔集团通过员工形象展示了组织形象，同时又完成了对公众舆论的调查；而调查公众评价，又无形中获得了公众的好评。

3．社会环境调查

社会环境的调查包括对国家或地方性政策法规的掌握、对经济发展情况的熟悉、对居民消费水平的把握，还可能涉及对人们的生活习惯以及民风民俗等诸多内容的了解，这些因素都会影响到一个组织的发展，只有对这些内容有了较深刻的掌握，才能使组织适应社会的大环境，游刃有余地发展自己的事业。

小案例 5-4

海尔集团生产的洗衣机一直受到广大用户的青睐，连一些农村地区也在广泛使用。但在某农村地区却出现了洗衣机排水管时常堵塞的问题，虽然厂家的售后服务人员总是能随叫随到，“手到病除”，但找出“病根”却是首先要解决的。经过调查得知，原来该地区盛产土豆，农民常用洗衣机来清洗土豆，是土豆上的泥沙使洗衣机排水管堵塞。原因找到了，那么解决问题的方式是让农民不用洗衣机洗土豆呢？还是结合当地的现实情况，研发能够洗土豆等蔬菜的新产品适应环境呢？海尔集团选择了后者，很快研制出了新产品，得到了广大农户的欢迎。

海尔集团能因势利导，顺应环境，扩大了市场范围，也为组织赢得了更大的发展空间。

无论是哪一类型的调查课题，都关系着组织的生存和发展，组织决策者和调查者要全方位考虑，抓住每个值得调查的课题。

三、制订调查计划

制订调查计划是指在对整个调查工作进行统筹规划，按照预定目标，制定出详细的调查步骤和措施，安排调查的具体工作。我们可以按照下面的程序来进行：

1. 确定调查的目的和内容

确定调查的目的和内容是要明确目前最需要获取的信息和最需要解决的问题，从而确定调查的具体内容，如进行产品质量调查、组织形象调查、某行业发展状况调查等，这一点在上文已说明，在此不再赘述。

2. 确定调查的对象和范围

调查对象是指向谁调查，它是调查研究对象的总体，但这一对象的范围要由调查组织者根据实际情况科学客观地进行确定。例如，调查某市书店的图书销量情况，调查者可以锁定该市所有书店进行调查，也可以选取几家大型书店进行调查，这要根据开展调查组织的实力和条件来进行，如涉及人员多少以及经费和时间问题。另外，范围的确定也得根据客观实际，范围太大，即使组织有很好的调查条件也难以进行有效的调查。例如，调查某市人均消费情况，由于涉及人口多、类型多，所以只能划定范围进行调查。

3. 选择调查方式方法

这一点我们将在本章第二节详述。

4. 挑选和训练调查人员

调查人员的素质直接影响整个调查过程乃至结果，素质较高的调查人员可以保障调查工作的顺利进行，所以，在进行调查活动前，要先对调查人员进行挑选和训练。

（1）调查人员的挑选。调查人员素质不同，他们的思想意识、文化程度、性格特征等因素都会作用于调查活动，虽然调查内容和对象各有不同，但都需要素质和能力比较全面的调查人员。主要按照以下条件来挑选调查人员：

1）有高度的责任心和敬业精神。

2）对调查工作有兴趣和热心、耐心。

3）诚实勤勉，能吃苦。

4）有较高的文化素质和基本的调查知识。

5）仪表端庄，有亲和力。

6）客观公正，看问题不偏执。

以上条件都具备似乎并不容易，但我们要按照这个标准来努力。在公关事业发达的地区或组织里，高素质的调查人员是很普遍的。

（2）调查人员的训练。调查人员在进行调查前有必要接受训练，这样可以保证调查工作的有效进行。训练可从以下四个方面入手：

1）态度训练。态度训练的目的在于通过训练，让调查人员明确和进一步端正调查态度，认识调查的重要性；尤其是在较重要的关系组织发展大局的调查活动中，更要使调查人员端正态度。

2）技能训练。技能训练包括与人沟通的能力，控制调查过程的能力，对问卷和资料的处理、分析能力等。有经验的调查者也要接受有针对性的专题训练。

3）处理常见问题和突发性事件的训练。调查人员在调查过程中，往往会遇到各种问题，如对方不配合、调查地点临时改变、调查工具故障等，调查人员应学会对问题的处理方法，保证调查顺利进行。

4）具体的项目操作训练。针对具体项目调查，通过训练使调查人员熟悉提问的问题、记录的方法和辅助工具，如影像设备等的使用。

5．预算调查经费

调查经费是调查活动进行的后勤保障，是经济基础，调查活动从始至终都要有经费的支出，所以在实施调查活动前，必须进行经费预算。经费预算包括的项目很多，主要有调研方案设计费、问卷设计费、印刷和装订费，实施过程中的调查员劳务费，赠送被访者的礼品费，调查工具的使用费，异地调查还有差旅费、误餐费，调查后的资料统计费等费用，这些费用如果不考虑周全，做好预算，很可能出现超支或浪费。

6．安排调查日程

调查日程的安排要根据调查对象和调查者的实际情况来酌定，在整体上要对调查期限做出规定。做好日程安排可以使调查按照既定时间进行，不至于为赶时间而草草完成或延误日期。

调查计划的制订是一项较烦琐的工作，它需要制订者具有较高的统筹能力和着眼大局的意识。制订出周密的调查计划后，就可以拟订调查方案了。

四、拟订调查方案

拟订调查方案是将公关调查活动以书面的形式表现出来，是公关调查计划的具体化材料。通常来说，调查方案包括以下若干项内容：

（1）方案标题。方案标题一般由组织名称、调查内容和方案组成，如：《××公司美誉度调查方案》。

（2）调查背景。调查背景是介绍此次调查活动是在什么情况下进行的，包括组织的历史背景、发展过程、现状及面对的问题或任务、发展方向等。

（3）调查目的。调查目的是要说明为什么进行调查，通过调查要解决什么问题，实现什么指标。

（4）调查内容和对象。调查内容是指明确调查的具体指向，即调查什么；对象是指调查谁，包括范围的大小。

（5）调查准备工作。调查准备工作包括调查人员的培训、经费预算，确定采用的调查方式和形式等。

（6）调查的措施和步骤。调查的措施和步骤，即写明怎样进行调查，是指调查具体实施的方法、调查的进度安排等。

第二节 实施公共关系调查活动

在设计好调查方案后，我们就要针对具体方案展开公共关系调查活动了。在进行调查时，选择恰当合适的调查方式和形式是至关重要的，它决定着调查活动的成败。调查活动要针对调查的具体对象和客观环境来正确选择调查方式和确定调查形式，并且在实施调查活动时，还要注意运用各种调查技巧，以确保调查活动的顺利完成。

一、选择调查方式

调查方式分为多种，包括普查、重点调查、典型调查、抽样调查等。选择调查方式要根据调查对象的特点而定，每一种方式又各有其自身的优势和不足，需要调查者认真权衡。

1. 普查

普查是按照事先拟定好的调查内容针对调查对象进行的全面性调查。因其覆盖面广，没有对调查对象限制指定区域和数量，所以，运用这种调查方式可以比较全面地掌握调查对象的情况。但因为调查量大，普查工作会出现许多困难，此时，组织在派出自己的访员进行调查的同时，还应力争取得相关组织或部门的支持和帮助。

小案例 5-5

某市女子医院要进行一次针对本市妇女健康状况的调查，包括身体和心理两方面，同时开展免费检查和咨询的大型公益活动，受调查的人数将达到20万人。于是，这家女子医院请出该市卫生局和市妇联两家单位帮助宣传和组织本次调查活动。市卫生局和市妇联具有较大的权威度和可信度，所以，这两家单位的参与和支持，消除了受调查者对女子医院公益活动的背后是利益驱使的顾虑，从而乐意接受调查，并能积极配合，使这次普查顺利完成。

上例中，这家医院考虑到了调查难度，于是，他们借助卫生局和妇联这两家消费者信任的单位，帮助完成了调查，达到了事半功倍的效果。

2．重点调查

重点调查是指调查者在充分了解调查对象的前提下，依据调查内容选取其中所占份额较大、覆盖面较广的对象进行调查。

小案例 5-6

有统计数据显示，上海通用 2007 年总销量突破 50 万辆，达到 500 308 辆，同比增长 22%，成为国内首家年销售突破 50 万辆的乘用车企业，并连续三年蝉联年度总销量冠军。

一汽大众前 11 个月就已经销售 42.8 万辆，完成全年目标 104.96%，而从 12 月的销量趋势分析，一汽大众销量铁定超过 44 万辆。

2007 年上海大众完成销量 436 343 辆，完成率为 104%，超额完成任务并历史性地突破 40 万辆大关。据了解，到 2007 年底，上海大众累计售车约 390 万辆。

材料中的三家大型汽车企业在 2007 年度全国汽车销量中排在前三位，我们若要调查该年度全国汽车企业的销量情况，就可将这三家作为重点调查对象。

3．典型调查

典型调查是指在所有调查对象中选取具有代表性的对象进行调查。被选取的对象不一定要在数量上占有全体的大部分，但却是最符合调查课题内容的、最具典型意义的。

小案例 5-7

某省环保部门对全省各市县城区环境绿化情况进行调查，并要通过对一典型城区的专门调查来向其他地区推广绿化经验。一个市区和一个县城成为调查者关注的焦点。市区绿化面积要远大于县城，但调查者最终选取了县城作为典型调查的对象。原因是县城绿化面积虽没有市区大，但从整体上看，该县的绿化设计规划、实施过程中的节约资源、绿化后的保持维护以及全民绿化意识等方面都要优于市区。

上例中，县要比市更符合调查目的，所以被作为典型来调查。若只凭绿化面积这一单一标准，所选出的对象便不具备典型性，也不能达到调查的目的。

4．抽样调查

抽样调查是指在调查对象中按照一定方式抽取一定数量的调查对象，通过对样本的分析来说明总体情况的一种调查方式。抽样调查又可分为随机抽样、等距抽样、配额抽样等方式。

随机抽样是在被调查者中不加任何分类、分层而随机选取样本。随机抽样中每一个样本被抽取的概率都是相同的。

等距抽样和配额抽样可以通过下面这个例子说明：

小案例 5-8

调查员小李在调查一家 3 000 人的工厂时抽取了 150 人的样本，选择他们工作证上的号码以 20 为间隔来抽取一个样本。而小王采取了以下方法：按职业抽样，工人 100 人，管理人员 20 人，技术员 30 人；按收入抽样，高收入者 30 人，中等收入者 70 人，低收入者 50 人；按性别抽样，男 80 人，女 70 人。

上例中，小李采用的就是等距抽样法，而小王采用的是配额抽样法。调查者如采取配额抽样法，必须事先对调查对象有充分的了解，了解各类型在总体中所占的比重，以便确定各类型样本定额。在例子中，当工人、管理人员、技术员这三种类型的人员数量比例为 10:2:3 时，小王的配额才是客观实际的，否则选取的样本将会有片面性。

二、选择调查方法

调查方法通常可分为实地观察法、访谈法、问卷调查法、文献调查法、实验调查法等几种。每种调查法各有其特点和作用，在实施公关调查时，要根据实际情况需要，选择适当的方法；有时多种方法需结合使用。下面我们来分别介绍这几种常用调查法。

（一）实地观察法

1．实地观察法的含义

实地观察法是指调查者亲自深入实地，体验调查现场的状况，通过各种感官进行调查，从而使调查者获得切身感受的一种调查方法。这种调查方法最为直接和生动，被广泛采用。

实地观察是本着一定的调查目的，有计划、有意识地进行的调查活动。它要求调查者必须事先做好充分的准备，观察时除了运用观察者自身感官系统获取外界信息，如视、听、嗅、触等感觉，必要时还将利用一些如照相、摄像、录音或其他检测仪器，因为这些工具的运用可以更准确快捷地帮助我们记录调查对象。

2．实地观察法的分类

实地观察法又可以分为参与观察和非参与观察。

（1）参与观察是指调查者亲身参与到调查对象的活动中，作为活动的一份子来采集资料。例如，调查某饭店的服务和经营状况，调查者可作为消费者进入饭店，观察客流量，感受服务质量，品尝菜肴等，还可以设计一些小难题来考察管理人员处理问题的能力。

（2）非参与观察是指调查者以旁观者角色对调查对象进行侧面的观察和了解。所谓旁观者清，人们的意见和看法往往会在不受约束、毫无顾虑的情况下真实地表露出来，而调查者就要注意捕捉这些珍贵的资料，从中获得有益的启示。

小案例 5-9

日本的糖果大亨江奇利一，特别喜欢到各地商场中转悠，以便观察人们的反应与交谈。一次，他注意到几个女孩子正在议论他公司所生产的糖果包装盒，说上面的人物看上去愁眉苦脸的，令人讨厌。他获得这一信息后，迅速组织人员改变了包装盒上的人物形象，这一举动使他公司生产的糖果销路大畅，企业形象也得到了提高。

这位糖果大亨由于能有意识地搜集公众的信息，并能认真总结分析、高度重视、及时改进，所以取得了企业产品及形象的新突破。

3. 观察法的优势和劣势

观察法可以做到比较细致深入地了解对象，但这种方式也容易使观察者产生主观臆断，因为眼见也未必是实，偶然会被当成必然。例如，调查者在饭店里遇到服务态度不佳的问题便可能存在着其他原因，但不代表饭店整体的服务质量就不好。所以，调查者要想做到比较准确地了解掌握调查对象，必须经常参与观察，这样得到的资料才具有说服力。

（二）访谈法

1. 访谈法的含义

访谈法是调查者根据调查内容的需要，依据特定的调查提纲与调查对象进行言语交流，从而获取所需资料的一种口头式调查方法。访谈法的特点是比较灵活，可以根据现场情况随时做出相应调整。

2. 访谈法的分类

访谈法可以按照访谈对象的多少分为集体访谈和个体访谈；按照访谈内容的深度可以分为常规访谈和深度访谈；按照访谈采取的媒介不同可分为当面访谈和电话访谈。在实际调查中，往往根据需要将不同类型的访谈交叉使用。

例如，美国亨氏集团在开拓中国市场时，多次召开“母亲座谈会”，广泛了解消费者的需求，征求对婴儿产品的建议，摸清各类食品在婴儿哺养中的利弊。

美国亨氏集团组织“母亲座谈会”属于集体访谈，又是当面访谈，这样做不但可以了解公众对于产品的需求，而且也无形中扩大了企业的社会影响，使企业的知名度和信任度都有所提高，一举两得。再看下面的例子：

小案例 5-10

对于“面对面”栏目来说，新闻和“人”是节目构成的关键要素。用“人”来解读新闻，通过新闻来展示“人”，两者相得益彰，成为此栏目的最大看点。而在与充满争议性的新闻人物的交流过程中，主持人和嘉宾通过一问一答展现出来的思想交锋，无疑最能吸引观众的眼球。

主持人：有学者质疑，你把“业”变成了“余”，把“余”变成了“业”。你本质上是一位教师。

易中天：我们学校规定，每一个教师都有额定工作量。只要你完成了额定工作量，那你至少就是一个合格的教师。

主持人：您告诉我说没有影响科研，也没有影响教学；但是您的名下现在没有研究生。

易中天：那是因为我已经到点了嘛，我马上面临退休。然后就本应该去过一个退休老人的安逸生活，到居委会去报到，在社区的会所里面打打麻将。那么我不去打麻将，我上上电视，不可以吗？犯了哪家的王法？

主持人：我很想知道一个真实的易老师，您是一个合格的教师吗？

易中天：我随便举个例子吧，我上课的时候从来是最大的教室，而且人满为患，要提前抢座位。

主持人："百家讲坛"之前呢，还是"百家讲坛"之后？

易中天：历来如此。

主持人：很好的一件事情，为什么招致了那么多非议呢？

易中天：很正常嘛。一个东西出来之后，有人喜欢就一定有人不喜欢。有人赞成就一定有人不赞成。喜欢和赞成的人越多，不喜欢和不赞成的声浪也就越高。它是成正比的，非常正常。

主持人：那落实到具体的"百家讲坛"这个节目来说，到底是电视成就了易老师呢，还是易老师成就了"百家讲坛"呢？

易中天：那我只能说是电视成就了我，但我也随时警惕电视会毁了我。

这是一次个别访谈，同时又是一次深度访谈，在语词的交锋中，我们能感受到谈话人思维的缜密、问答的透彻，于是，这次访谈就变得不同寻常、意义深刻。

3．访谈法的优势和劣势

运用不同的访谈法会起到不同的效果，各种方法都有其自身的优势，但同时又有其局限性，我们做一下比较：

当面访谈的优势是能够拉近与被访者的距离，使被访者有种亲切感，有利于展开话题；劣势是要受地域的影响，且调查时间会较长，调查费用也会增高。电话访谈的优势是不受空间距离的限制，操作起来快捷方便，调查效率较高；劣势是由于调查者与被访者只能通过语音交流（也有少数采用可视电话），因此交流双方的亲切感不易很快建立起来，使问题难以深入；而且被访者只闻其声，容易产生防备感。

个别访谈的优势在于调查者较容易展开问题，有些不便在公开场合谈的敏感问题也可能进行尝试，而且可节省调查时间；劣势是因为只是调查单个被访者，所以调查者获取的信息量有限，缺乏全面性。集体访谈的优势在于调查者获取的信息量较大、较全面，从访谈中可以发现大量问题，便于开展研究，调查工作效率高，组织还可以通过集体访谈来扩大影响，起到一定的宣传效果；而劣势是由于被访者数量多，一些问题在公开场合不便深入，被访者会有疑虑，受拘束，且访谈时间要相对长些，调查过程不易控制。

常规访谈是就一些公众熟悉的问题进行一般性的调查，问题往往具有普遍性，如政府组织出台的某项政策法规，采用采访的形式做民意调查。这种访谈法的优点是能营造较和谐的气氛，被访者不会有大的压力，容易配合调查，使调查能很快完成；劣势是可能使问题表面化，不能深入，不易去衡量调查者的工作态度，作为被访者也可能不重视调查。深度访谈一般是事先做了精心的准备，面对的对象数量较少，甚至是个体，其优势是能够深入引发被访者思考问题，调查者在探寻问题中可能出现意外收获，有利于揭示问题的内涵实质；劣势是容易使被访者承受压力，对于调查者的综合水平要求很高，访员的培养难度较大，投入的时间也较多。

（三）问卷调查法

1. 问卷调查法的含义

问卷调查法是指调查者根据调查课题来设计一些问题，形成问卷，将问卷分发给调查对象作答；通过对问题的不同回答，了解到有关情况和信息的一种调查方法。

2. 问卷调查法的分类

问卷可分为开放式问卷和封闭式问卷两种。开放式问卷是指调查者对所设计的问题不设固定的选择答案，受调查者可自由作答的问卷形式。封闭式问卷是指调查者针对所出问题列举若干选项，受调查者从中选出符合自己想法的一项。后一种类型的问卷在问卷调查中所占的比重较大。在调查时，开放式问卷和封闭式问卷往往结合使用。

1. 您购买了哪家保险公司的产品？____________________

2. 您购买的保险产品的名称____________________

3. 在投保保险时，保险业务人员是否为您详细解释条款？__________

A. 是的，特别对除外责任、将来理赔注意事项等进行了告知

B. 只是一般介绍保险责任、保额保费等

C. 没有进行介绍

4. 您对上述销售服务是否感到满意？______________

A. 非常满意　　B. 一般　　C. 不满意

5. 购买保险后，平常都享受到下面哪些客户服务？（可多选）__________

A. 节日接到业务人员的问候　　B. 保险公司的客户回访

C. 收到新产品的资料　　D. 提醒续缴保费

E. 参加客户俱乐部　　F. 参加一些理财论坛

G. 其他

6. 对于产品或服务，您还有哪些意见或建议？请详述______________

3. 问卷法的优势和劣势

开放式问卷有利于调查较深层的问题，但不便于整理、分析。封闭式问卷的答案实行了标准化，因而不仅回答容易，更主要的是便于处理分析和进行结果比较；但劣势是限制性较强，回答者难以发挥主动性，在回答时不能充分表现真实想法，有时只能做出被迫的回答。总体上来看，问卷调查法的优势在于不受时空限制，比较方便，可以节省大量调查

人员，不必对调查者逐一访问，便于定量分析和研究，是目前公关调查中应用较为广泛的一种调查方法。但是，问卷调查法也有一定的缺点，如对填答者是否真实填写比较难把握，而且回收问卷是一项较麻烦的工作，回收率有时会很低。另外，对于一些文字理解力不强的人来说，填答问题较为困难。

（四）文献调查法

1. 文献调查法的含义

文献调查法是指调查者根据文献资料，如文字材料、声音影像等传输的与组织形象和发展有关的信息进行调查分析的一种调查方法。

2. 文献调查法的分类

文献调查法可分为文字资料调查、声像资料调查和电子资料调查。文字资料包括书籍、报刊、档案及统计资料等；声像资料包括电影、电视、录像、录音、照片等；电子资料包括磁盘、光盘、网络等。

例如，日本三菱重工财团信息专家根据我国新闻报刊有关大庆油田的图片和新闻报道，分析出我国需要采油设备，并研制出了适合我国大庆油田使用的钻井设备，抓住了商机（参见第一章的小案例 1-2）。可见，调查者不但要善于收集文献资料，而且要善于分析，在不经意处发现有价值的信息。

3. 文献调查法的优势和劣势

文献调查法的优势在于不受时空的限制，尤其在网络发达的今天，收集各种文献资料更是便利，调查动用的人力、财力也会相对较少；而且，由于信息都来自文字、影像，不只局限于一地一时，多方信息汇总会使分析结果更客观。文献调查法的劣势在于没有实时实地调查来得直观，而且往往滞后于事件，不能做到及时。文献调查法还需要调查者有较好的理论基础和分析能力，这种调查法通常要与其他调查法结合使用。

（五）实验调查法

1. 实验调查法的含义

实验调查法是指调查者根据预定的实验目的，选取一定量的调查对象放置在设定的实验环境中，通过对实验结果的分析，认识对象的本质及其规律的调查方法。

2. 实验调查法的分类

实验调查法大致可分为连续实验调查和对比实验调查两种。连续实验调查就是只选择一批实验对象作为实验组，通过对实验活动前后实验对象变化的检测来做结论。对比实验调查是指调查者选择一批实验对象作为实验组，同时选择一批与实验对象相同或相似的对象作为对照组，并且努力使实验组和对照组同时处于相类似的实验环境之中，然后只对实验组施加实验变量，通过对实验组和对照组前后的变化进行对比研究，做出实验结论。可以选用多个实验组和对照组，这样会更加客观、准确。

小案例 5-11

某生产企业用连续实验法调查新的管理方式改革对协调劳资关系、调动员工积极性和提高劳动生产率的影响，以员工的月人均产品生产提高率作为主要指标，具体步骤是：

（1）建立实验组。选定甲生产车间作为实验组。

（2）进行事前检测。在实验前对实验组的月人均产品生产情况进行检测，假定是每月人均 100 件。

（3）施加实验变量。对甲车间实行管理方式的改革。

（4）进行事后检测。在实验后对甲车间的人均产品生产情况进行检测，假定是每月人均 120 件。

（5）做出实验结论。实施新的管理方式的改革，有利于调动员工积极性、协调劳资关系和提高劳动生产率，其直接物质效果为月人均增产产品 20 件，提高 20%。

以上是一则连续实验法的例子，下面再举一则对比实验法：

小案例 5-12

要比较研究某生产企业采用物质奖励和精神鼓励措施对员工劳动积极性、协调劳资关系和提高劳动生产率的影响，以月人均产品生产的提高率作为主要指标。采用多实验组实验调查，其具体步骤为：

（1）建立实验组。选择该企业生产职能相同的甲、乙、丙三个车间作为实验组，丁车间作为对照组。

（2）进行事前检测。分别对甲、乙、丙、丁四个车间进行检测，均为月人均生产产品 100 件。

（3）施加实验变量。对甲车间实行物质奖励措施；对乙车间实行精神鼓励措施；对丙车间同时实行物质奖励和精神鼓励措施；丁车间不施加任何措施。

（4）进行事后检测。测得甲车间为月人均生产产品 120 件；乙车间为 115 件；丙车间为 140 件；丁车间为 105 件。

（5）做出实验结论。采用物质奖励和精神鼓励措施调动员工劳动积极性、协调劳资关系和提高劳动生产率均取得良好效果，产品生产率分别比对照组提高 15%和 10%；但两种措施同时采用可以取得最佳效果，产品生产率可提高 35%。

这则实验表明，同等环境下，施加不同的条件得到的结果不同。

3. 实验调查法的优势和劣势

实验调查法比较准确，有说服力，有一定的科学价值，可以总结出有指导意义的理论，能够更有效地调动管理者的积极性，促进组织的快速发展，因而在公关调查中具有重要作用。但由于实验调查法需要设置实验组，所以，要求参与实验的对象在实验中不会影响整体的正常工作，实施实验调查法就会受到较大的限制，且实验调查法要承担一定的风险，也要有一定的物质投入。

三、运用调查技巧

（一）运用调查技巧的作用

调查技巧是指调查者在调查工作中为了使工作顺利开展，确保完成任务，针对实际情况和问题而采取的恰当的方法。在调查活动中，由于调查内容不同，调查对象各异，调查者可能会遇到各种困难，所以，调查者就需要运用各种调查技巧来帮助调查工作顺利进行，能够熟练掌握和运用调查技巧，可以使一项难度较大的调查工作变得轻松而愉悦。

小案例 5-13

某街道经济普查办公室采取“五步法”开展经济普查工作取得了较好的效果。具体措施包括：①把握“访”的时机。在登记过程中，尽量把握好调查时间，避开普查对象营业高峰期，尽量不打扰正常营业，以免造成对方反感情绪，影响调查质量。②注重“讲”的效果。对调查对象做耐心细致的政策宣传，尽可能打消个体经营户思想顾虑，自觉如实申报调查项目。③讲究“问”的艺术。普查员以普通工作人员的身份进行调查，佩戴《普查员证》，说话态度和蔼，使用亲和的语言，避免居高临下、盛气凌人或使用生硬的语言同调查对象交流。④提高“帮”的本领。充分理解调查对象的处境和烦躁心情，认真倾听他们的唠叨和诉说，并与之进行推心置腹的交流，设身处地体谅他们的难处。⑤掌握“查”的方法。对一些无固定场所、深夜出现的、季节性营业的普查对象，采取走访管理部门等灵活多样的方式进行登记，确保登记率。

案例中，这个街道经济普查办公室由于注意运用开展调查的工作艺术，取得了良好的调查效果，也为政府基层组织赢得了好的声誉。

（二）设计问卷的技巧

在各种调查形式中，问卷调查由于较为系统、科学，在公关调查中一直被广泛运用，而关于问卷的设计问题也成了公关调查工作中关注的焦点，下面我们就来介绍有关问卷设计的技巧问题。

1. 问题的表述

在问卷设计中，不仅询问的问题不能出现遗漏，而且问题的表述也是设计者应当仔细推敲的。一般来说，在问题设计中语言表述方面要注意以下几点：

（1）问题要具体，不要抽象、笼统。

（2）问题要简明扼要，通俗易懂。

（3）问题不能模棱两可或者出现双重含义。

（4）问题要避免带有倾向性，要尽量回避敏感性问题。

2. 问题的数量与排序

问题的数量多少，会影响调查的成本、被调查者的合作状况。问卷中问题数量太多，则问卷篇幅会很长，不仅会增加印刷成本，而且调查实施中要投入更多的人力、物力、财力、时间等。对于被调查者而言，问题太多，填答费时费力，容易产生厌烦的情绪，这样会严重影响问卷的填答质量与回收率。那么，问题的数量为多少比较合适呢？对此没有统一的规定，要具体问题具体分析。如果调查项目较大，有足够的经费保障，填答者能获取相应的报酬，或者填答者文化程度较高，合作精神较强，那么问题设计多一些没有问题；如果是一般的调查活动，经费有限，被调查者的文化层次相差较大或对调查内容不是很熟悉，那么问题数量以 30 题以内为宜，填答时间最好在 20 分钟左右。

除了问题的数量问题外，问题的排序也是设计人员不可忽视的。如何来排定各种问题的先后顺序，虽没有固定的模式可循，但调查实践中我们得出了如下几条规律：①把容易回答的、熟悉的问题排在前面，把较难回答的、较陌生的问题放在后面；②把轻松的、感兴趣的问题排在前面，把紧张的、敏感性的问题放在后面；③把涉及行为方面的问题排在前面，把涉及态度、观念方面的问题放在后面；④把封闭式问题排在前面，把开放式问题放在后面。

3. 答案的设计

答案的设计与问题的设计同等重要。在答案设计方面，我们主要介绍一下答案内容方面要注意的问题。

（1）运用问题相倚。问题相倚，即前后两个或多个问题联系在一起，前一问题的回答结果会影响下一步填答行为。我们通常把前一问题称为筛选性问题或过滤性问题，而把后一问题称为相倚问题。例如：

A. 您参加过医疗保险没有？

①参加过，请问第一次投保是在哪一年？ ____年

②没有参加过

B. 您是国有企业下岗职工吗？

①是的

②不是的，请跳过 3～5 题，直接从第 6 题开始继续填答

在“A”中，前后两个问题明显相倚出现。而在“B”中，第 3～5 题均是涉及下岗职工的有关情况，显然对于非下岗职工要跳过这些问题继续答题。这种相倚方式在问卷设计中是节约时间的一种有效手段。

（2）注意答案的完备性。所谓完备性是指备选答案要包括各种可能的情况，不能出现遗漏。例如，我们要了解大学生的有关情况，当问及其专业名称时，答案的设计是个难题。因为，目前我国高校开设的专业多达 200 个，不可能一一作为备选答案列出，那么，这就需要变量转换。除非我们要专门调查专业名称，一般情况下对具体专业并不是很重要，重要的倒是专业类型，这样就改为询问专业类型，把备选答案设计为文科、理科、工科、艺术类、师范类、农林类、其他专业类型等。

（3）注意答案的互斥性。所谓答案的互斥性是指备选答案之间内容之间不能重叠或交叉。例如，在某项调查中要问及被调查者的月工资收入情况，这个问题本身就比较敏感，若答案设计中采用简单的填空式，被调查者很可能就不填写，这样势必影响调查效果。假设我们转换变量测量方式，即：

您认为您上年度月平均工资收入水平是：（　　　）

A. 300元以下　　B. 300～800元

C. 801～1300元　　D. 1301～1800元

E. 1800元以上

那么，填答者只需答出自己月收入的大致范围，而不必填答具体数目，心理上的防卫要少得多，而调查者的目的也基本达到。这样一种转换的方式对于答案的设计非常有效，但又无固定规律可循，调查初学者应当在实践中多摸索、多总结，以便不断提高自己的设计能力。

（4）注意答案的误差性。误差性的选择答案会导致调查结果的不均衡。例如，"近期我国每年在援助外国方面花费××万元，你认为这个数字应：①增加；②保持不变；③稍减一点；④减少一些。"这套答案是在引导填答者选择"减少"选项，因为其中有两项是减少，只有一项是增加。

调查方法技巧多种多样，在调查过程中，调查者还要结合实际情况，不断摸索和总结。

第三节　撰写公共关系调查报告

一、整理分析调查资料

整理分析调查资料是一项重要工作，能否正确严格地对调查资料进行审核、归类、汇总，并对调查结果所提供的信息和数据给以客观、恰当的分析，最终得出比较准确的结论，是决定整个调查过程成败的关键，是撰写一份高质量公关调查报告的基础。整理分析调查资料可以分为如下步骤：

1. 审核调查资料

对调查资料的审核是资料整理加工的前期工作。在完成资料收集工作以后，先需要认真地对资料进行审核，以确保调查资料的完整性和准确性。对调查资料的审核，就是指对原始资料进行仔细探究和详尽考察，以看其是否真实可靠和符合要求。其目的主要是消除原始资料中的不真实、不可靠、不合理等现象，以保证资料的有效、完整、合格，从而为进一步整理分析打下基础。某一问卷在"出生年份"栏填写1978年，而填答问卷时间是2005年，年龄栏又填写30岁，前后数据显然是不符合逻辑的。为此，需要查明是属于调查人员的误填，还是被调查者的错报现象，并予以及时校正。另外，要根据已有的经验和常识进行判断，一旦发现与经验、常识相违，就要再次根据事实进行核实。例如，某份调查问卷中的年龄一栏内填写的是25岁，而婚龄栏内填写的是15年，这显然是不符合常识的。以上只是列举了比较简单的例子，可以凭借经验和常识来判断，如果遇到比较复杂的问题，主观难以做出正确判断，则要借助专业的、权威性的资料来帮助判断。

2．整理调查资料

整理调查资料是进行分析前的基础工作，整理的目的是使资料变得系统化、条理化。整理资料的关键工作在于分类和汇总。分类与汇总是紧密相连的整理过程，将存在差异的资料按不同的标准进行划分，其本身也是将资料汇总的过程，分类的标准多种多样，要根据对象的性质和实际情况来酌定。例如，调查某地企业生产经营的好坏，就不应只以产值的增长速度为依据，还应以企业的经济效益、社会效益和生态效益为标准。分类的标准可分为性质标准和数量标准两大类。例如：按人的性别、民族、职业、文化程度、地域、企业的所有制形式等划分资料，均属于按性质标准分类；按年龄的大小、产值产量的大小等划分均反映了数量上的差异。这里只是简单介绍了常见、常用的分类标准，分类资料比较复杂时，我们要具体情况具体分析。

3．分析调查资料

分析调查资料是撰写调查报告前的最后一步工作，虽然有了资料的分类汇总作基础，我们还要开动脑筋，在材料中提炼出观点，要善于发现问题，并能概括出特点。

小案例 5-14

这是一组关于某地种粮大户基本情况的调查数据，整理后如下：

中专、高中文化程度占90%以上，普遍文化素质较高。分别获得全国种粮大户、省粮食生产标兵、省粮食生产大户等称号。其中1人获全国劳动模范称号，3人获省劳动模范称号，多数是省、市、县各级人大代表、政协委员，社会影响较大。

11户中经营面积为7000亩[㊀]以上的有1户，5000～7000亩的有4户，3000～5000亩的有1户，1000～3000亩的有5户。11户中全部集中连片的有3户，分2～3片的有4户。

从年龄结构看，30～39岁的有3户，40～49岁的有5户，50～59岁的有1户，60岁以上的有2户。30～49岁的中青年人达到73%，是种粮大户群体的主体。

从经营效益调查情况看，种粮规模效益十分明显。种粮大户一般都同时拥有经营性公司实体，除从事粮食生产外，一般兼营农产品加工、购销和养殖业，具有一定的经济实力。

根据以上材料，我们可概括出该地种粮大户有以下几个特点：①文化素质较高，具有一定社会影响力；②经营规模大，土地相对集中连片；③户主多为年富力强的中年人；④经营效益较好，具有一定的经济实力。

通过此例可看出，当我们面对众多材料时，要学会从中概括、提炼出事物的特点，要由表及里，深入研究、剖析。

㊀ 1亩=666.6米^2

二、撰写公共关系调查报告

调查报告是在分析调查资料的基础上撰写而成的体现调查活动成果的书面报告。调查报告的撰写作为整个调查活动的最后环节，调查的全部内容和结果要通过调查报告集中反映出来，其撰写的好坏将直接影响整个调查研究工作的成果质量和作用。只有熟悉了调查报告写作的内容与结构，才能在准确判断的基础上，撰写出优秀的调查报告，为组织的发展决策提供依据和参考。

调查报告尽管根据其目的、用途、对象、内容、范围等不同的角度来划分，具有不同的标准和不同的类型，但作为较规范的调查报告，它大体包括以下四个方面的内容：①介绍调查活动的目的或意图；②叙述和说明调查活动的具体情况，侧重于调查活动的过程（包括调查方法、范围、对象等）；③提出有关的政策性建议并对问题进行分析研究和解决存在问题的方式方法；④综合归纳，全面总结，以供有关决策机构参考。

从一般情况来看，调查报告在结构上可分成标题、导言、主体、结尾和附录五个部分，其中导言、主体、结尾三部分组成调查报告的正文。下面我们将具体地介绍这五个要素。

1．标题

调查报告的标题可以用来反映报告的内容和所调查的问题，有的标题还可以吸引读者的注意，大致可分为以下几种类型：

（1）单标题。单标题又分为陈述式和提问式两种类型。陈述式标题，即直接陈述调查的对象或调查的问题，如《×市保险市场调查》。提问式标题，即通过提问的语言来引起读者注意，启发人们思考，并提出疑问和发表议论引出主题的标题，如《中国品牌如何走远》。

（2）双标题。双标题由正标题和副标题组成。正标题是标题的核心部分，它说明主要事实或态度，可采取提问式或结论式；而副标题一般陈述调查对象和内容，多用陈述式表达。其主要责任在于解释和补充说明正标题，如《需求就是上帝——对×市10家超市的调查》。

标题的写法可以灵活多样，但应当注意，标题要与报告的内容相符，不能为了引起读者的注意而使用超出报告内容的标题。

2．导言

导言是调查报告的重要组成部分，导言是以精练的语句揭示调查报告的主旨，导言又称为导语或前言。导言能点出调查报告的主题和思路，因此它起着提纲挈领的作用。通常，导言的写法具体有以下几种：

（1）介绍调查情况。在前言中交代调查的时间、地点、方法、范围和对象等，使读者了解调查工作的历史、现有条件和有关背景。

（2）说明调查的目的和意义。此类前言多围绕“为什么”“怎么样”以及有何现实意义和理论价值来撰写。这种写法有利于读者把握调查报告的主旨和基本精神。

（3）写明调查研究的结论。在前言中直接将调查研究的结论写明，然后再在调查报告的主体部分中一一论证加以说明。这种写法体现了导言的特点，即尽可能把重要的内容放在第一部分，细节放在后面。同时，它不是对全部事实加以概括，而是找出富于吸引力的一点着手。

（4）提出调查研究的问题。在前言的开头先提出问题，设下悬念，然后在主体部分展开详细说明。这种方法可以吸引读者的注意，也能使读者带着问题去阅读、思考、判断。

3. 主体

调查报告的主体是对调查事实的具体分析和调查结论或观点的归纳总结。在调查报告的主体里，我们可得到更为系统明确的信息，并能看到问题的提出和解决的对策。

调查报告的主体部分所占的篇幅最大，内容也最多，因此在结构上必须精心设计安排，根据组织材料表达主题的不同方式，调查报告主体部分的结构可分为三种类型，即横式结构、纵式结构和综合式结构。

（1）横式结构。这是根据调查现象本身所包含的各种不同性质、不同特征或不同方面，分成几个部分，并列排放，分别逐一描述、分析和比较的结构。这种结构又称为并列式结构，它的各部分是相对独立的，但又有机地联系在一起。横式结构全面、完整，便于从多个方面、多个角度表达主题。横式结构应注意两点：①并列的几个侧面，必须共同围绕主题展开，不能有离开主题的部分；②各部分虽然相对独立，但必须分清轻重、主次。

（2）纵式结构。这是根据事物发展的脉络和人们认识发展的逻辑次序来安排结构的，有时可根据调查现象本身所具有的时间顺序，有时可根据某一现象或问题的来龙去脉，以利于读者了解问题的起因、现状、发展和变化状况。纵式结构又称为递进式结构。这种结构的优点在于内容集中，由提出问题、分析问题、最后解决问题，层层深入，逐步推进，清晰明了，具有很强的逻辑性，也有利于读者了解事物发展的全过程。

（3）综合式结构。这是横式结构与纵式结构结合使用的方式。由于在报告中同时并用，它又属于较为复杂的结构形式。这种结构有两种情况：①以纵式结构为主，辅以横式结构，纵中有横；②以横式结构为主，辅以纵式结构，横中有纵。大型的综合性调查报告主体部分常采用这种纵横交错式的结构形式，尤其是一些关系到事物发展过程的调查报告，往往先按照事物发展的时间顺序分为几个阶段，在每个阶段中又分为几个方面来论述。这就是以纵式为主、横式为辅、纵中有横的结构形式。其优点兼上述两者特点，能层次清晰地将复杂的事物发展叙述表现出来，分点分面地议论、分析、总结，从而增加了调查报告的深度和广度。其形象化、立体化会增添调查报告的魅力。

4. 结尾

结尾又称为结语，是正文的总结。常见的结尾方式主要有以下几种：

（1）归纳性结尾。根据调查研究的实际情况，与导语遥相呼应，总结经验，形成调查的结论。

（2）高潮性结尾。通过概括全文的主要观点，进一步深化主题，增强调查报告的说服力。

（3）建议性结尾。根据调查研究的实际情况，提出当前存在的问题，提出改进工作的具体建议，使其立体化、圆满化。

（4）论辩性结尾。以调查研究的具体情况为线索进一步扩展延伸，由此及彼，深化认识，引起人们注意，启发人们思考，使结尾逻辑性、思辨性更强。

5．附录

附录是调查报告的附加部分，它是将一些可以帮助读者更好地了解研究细节的资料编排在一起，作为正文的补充。它也包括一些在正文中不便出现，又必须附带说明的情况、问题。例如：收集数据资料所使用的调查表、问卷、心理测量表；计算某些指标或数据的数学公式介绍；某些统计和测量指标的计算方法介绍等。

小　结

1．在进行公共关系调查前，要做好充分的准备，明确调查的目的，确定调查课题，制订详细的调查计划和调查方案，这样才能为调查工作的展开打下坚实的基础。

2．开展公关调查活动，选择合适的调查方式，确定合理的调查方法十分重要，调查方式或方法的确定要根据调查对象的实际情况，结合调查内容来定；同时，在调查活动中，学会运用调查技巧可有助于调查活动的顺利进行。

3．调查后，要及时对调查所获得的材料进行整理、分析、归纳、分类，认真撰写公共关系调查报告。

知识考核

1．如何设计公共关系调查方案？

2．确立公关调查课题可以从哪些方面入手？

3．常用的调查方式有哪几种？

4．常用的调查方法有哪几种？

5．设计调查问卷时要注意哪些问题？

6．如何撰写公共关系调查报告？

技能训练

1．请为学校学生会生活部设计一个调查食堂满意度的调查方案。

2．请根据学校就业指导中心的要求，为其设计一份毕业生调查问卷。

3．阅读下面的资料，分析巴莫的公关调查运用的是什么调查方法？他以求教的方式进行有哪些好处？

有奖求教　家具俏销

万斯家具厂生产的家具已连续三年滞销，究其原因，在于与顾客的实际需要和具体要求脱节。针对这一弊病，厂长巴莫开出了一张处方。

尊敬的顾客:

我厂受变形金刚的启发，最近聘请了一批高级家具设计工程师，将为你们设计一种可变形的多功能家具。为了使这种家具既能满足您的需要，解决您住房窄小的困难，又能给您带来方便、舒适和美的享受，恳请您来信指教，我们将根据您的意见进行设计。凡来信指教的顾客，将在报上公布名字，发一个优惠 20%的购物卡，凭此卡可购买一件多功能家具，意见被采纳的指教者，赠送一件多功能家具。

万斯家具厂厂长巴莫

××××年×月×日

这封有奖求教信在报上刊登后，收到 1 800 余封指教信。巴莫严守信用，立即在报上用大号黑体字“可变形多功能家具凝聚着这些先生的智慧和心血”，排印了一个通栏标题，在这个标题下，依来信的先后顺序公布了指教者的姓名，并给每个指教者寄出一封感谢信和优惠卡。这种家具投放市场后，立即成为抢手货。

第六章

公共关系策划

学习目标

1. 能够针对公共关系问题或机遇确立公共关系目标。

2. 能够将公共关系活动内容提炼为既能表现公共关系目标又能受公众喜闻乐见的简练的口号。

3. 能够明确公共关系活动针对的具体对象，避免公共关系工作的盲目性。

4. 能够设计富有创意的公共关系活动项目，选择有效的时机、传播方式和沟通渠道，确保公共关系目标的实现。

5. 能收集活动物品市场信息、活动项目经费信息，匡算公共关系活动经费。

6. 能预测公共关系活动方案实施效果，论证其可行性。

7. 熟悉公共关系策划书的内容要素和撰写方法，能撰写规范的公共关系活动策划书。

纽约联合碳化钙公司建起了一栋52层的总部大楼。正当该公司精心策划如何向社会介绍新竣工的总部大楼时，突然在大楼的一个房间里发现了一大群野鸽子，负责公关传播的主管计上心来，就此大做文章。在他的策划下，公司先是关好大楼窗户，不让鸽子飞走；接着电话通知动物保护委员会，请他们立即派人妥善处理这些鸽子；同时，通知纽约新闻界，请他们来采访报道。动物保护委员会人员的到来，“惊动”了纽约的新闻界，包括三大电视网在内的传播媒介，出动了一大批记者赶来采访。于是，从动物保护委员会的工作人员捕捉第一只鸽子起，到3天后最后一只鸽子重返蓝天为止，新闻消息、特写、图片、电视录像连续不断地出现在报纸和屏幕上，既有现场描绘，又有人物专访、新闻评论，公司首脑借机出场亮相。一时间，“鸽子事件”竟成当地一大热点新闻。随着一只只鸽子重返蓝天，纽约联合碳化钙公司总部的摩天大楼也闻名遐迩。

“鸽子事件”如果简单处理，打开窗户就解决了问题，那么，唾手可得的公关机会就错过了。而纽约联合碳化钙公司的做法，却使他们受益极大。读了这个简短的案例，你也许会想：这确实是一个十分有趣的活动，但这种事并非每个社会组织都能遇到。的确如此，“鸽子事件”是可遇而不可求的，但它给我们的启示是：公关人员要善于抓住一切有利因素策划出色的公关活动。美国策划大师科维曾形象地说：“如果把公关活动比作演戏，策划就是创作剧本，一个出色的剧本很容易在演出时获得成功，吸引观众；相反，一个平庸的剧本无论导演和演员如何尽力，也很难化腐朽为神奇。”

在本章中，我们将通过探讨公共关系专题活动策划的程序和公共关系策划书的撰写方法，使读者掌握创作出色“剧本”的基本技能。

所谓公共关系策划，就是公关人员根据组织的公共关系状态和任务要求，设定公共关系目标，分析现有条件，设计最佳行动方案的过程。公共关系策划是一个先后有序、逻辑推进的过程，英国著名的公共关系专家弗兰克·杰夫金斯提出了公关界比较公认的公关策划六步工作法：确定目标、设计主题、分析目标公众、选择媒介和传播渠道、编制预算、审定方案。在本书中，我们将公共关系策划的程序概括为确立公关目标、设计活动主题、确定目标公众、编排活动项目、预算活动经费和审定活动方案六个步骤。

第一节　确立公关目标　设计活动主题

在进行公共关系策划时，公关人员首先要依据公关调查所确定的组织公关状态和组织面临的公关问题，确立组织的公关目标，并据此设计公关活动主题。

一、分析公共关系问题

公关人员进行公关策划，要综合分析公关调查中收集的信息资料，对组织进行诊断，分析组织面临的公关问题，这是确立公关目标的前提条件。

（一）组织常见的公关问题

在组织发展过程中，常见的公关问题表现在以下四个方面：

1．一般性问题

在组织的日常工作中，常会发生或出现一些对组织不利的小问题，这些小问题处理不好，就可能变成大问题。因此，对小问题不可等闲视之，要防微杜渐，及时解决。

2．重大问题

重大问题有两种情况：一是由小问题发展积累而成的大问题；二是突然出现的大问题。

3．差距问题

差距问题有三种情况，一是组织的自我期望形象与实际形象之间的差距；二是组织现有形象与过去形象之间的差距；三是本组织形象与其他组织形象之间的差距。

4．危机问题

危机问题即对组织的生存和发展形成极大危害的重大问题，危机问题也有两种情况：一是由重大问题引发的危机；二是突发的危机事件。

（二）分析公关问题的方法

分析公关问题的步骤具体可分为确定问题、说明问题、问题排队。

1．确定问题

将组织的自我期望形象与公众评价形象进行对比，找出组织形象在知名度和美誉度上的差距；将组织自我期望形象要素的得分与公众评价形象的得分进行对比，揭示产生形象差距的各种原因。这样就能确定组织所面临的公共关系问题。

2．说明问题

说明问题应从以下三个方面予以展开：

（1）问题的特点。问题“是怎么样的”，可从时间、空间、程度、影响四个侧面予以说明。

（2）问题的基本性质。问题“是什么”，是全局性问题还是局部性问题，是偶然性问题还是必然性问题。

（3）问题的成因。形成问题的原因是充分原因、必要原因还是充要原因。

3．问题排队

将组织面临的公共关系问题排队，分出轻重缓急。再结合组织的具体条件和外部环境情况，就可以确定组织目前应当解决的重要问题和今后努力的方向，从而确定公关工作的目标。

二、确立公共关系目标

（一）公共关系目标的含义

公共关系目标是社会组织在一定时期内通过公共关系活动要达到的目的。公关目标是公关策划的首要内容，任何公关策划都必须确立公关目标，以控制公关活动全过程。

公关目标是社会组织策划、开展各种类型的公关活动所追求和渴望达到的一种公关状态；公关目标是在一定时期内能控制社会组织公关活动全过程的总目标和指导实施方案的分目标，社会组织的各项公关工作都要围绕公关目标而开展；公关目标是公关工作完成任务的标准及努力的方向，因而它也是检验公关工作成效的标尺。

（二）公共关系目标的类型

公共关系目标多种多样，按公关活动的类型，一般分为传播信息、联络感情、改变态度和引起行为四个方面的目标。

1．以传播信息为目标

这类公关目标是通过信息传播的方式，让公众知晓组织的真实情况，以达到经营管理的目的。如本章开篇所述的“鸽子事件”，其公关目标即属此类。纽约联合碳化钙公司通过“鸽子事件”制造的大量新闻，将公司总部搬迁及其新地址的信息迅速传播出去，方便新老客户和相关公众与其联系，实在是高明之举。同样，北京长城饭店在开业之初通过“里根总统的答谢宴会”，使“高档豪华，服务一流”的五星级饭店形象蜚声海内外，做了一个微本万利的大广告。

2．以联络感情为目标

这类公关目标是通过对公众的感情联络，以获得公众对组织的好感和信任。例如，长城饭店“可爱的小天使”活动，其公关目标即属此类。

小案例 6-1

1985 年圣诞前夕，长城饭店公关部邀请了一批驻华大使馆的孩子来饭店，进行装饰圣诞树的比赛。除供应孩子们吃喝外，还给每个孩子赠送了带有长城饭店标志的小礼物。此举使长城饭店几乎与所有的驻华使馆建立了联系和友谊。之后，无论哪一个国家的国庆日、独立日、解放日，或新大使到任，长城饭店都送去总经理贺信及礼物表示祝贺。许多外交官成为长城饭店的朋友，他们国家的来访者，很多成为长城饭店的宾客。

3．以改变态度为目标

这类公关目标是通过公关活动，改变公众对组织的心理倾向性。例如，长城饭店“盛大的集体婚礼”，其公关目标即属此类。

小案例 6-2

闻名海内外的北京长城饭店，是中国第一家中外合资的大型五星级饭店。作为一家经常接待外国元首的豪华饭店，长城饭店的客人98%是外宾，这在许多中国人心目中形成“长城饭店是外国人出入的地方，中国人进不去”的误解。为了消除这种误解，公共关系部想出了一个好主意：举办一次集体婚礼，每个普通的北京市民都可以报名参加，还可以带上15名亲友。这条消息在《北京日报》以广告形式登出后，没过几天，名额爆满，来电话者、登门询问者应接不暇。公关人员忙得不亦乐乎。当95对新婚夫妇和他们的近1 500名亲友步入长城饭店大厅时，通过中央电视台和北京电视台，亿万中国人收看到了这一盛况，此举受到人们的热烈赞扬，新婚夫妇们也为能在这里举行婚礼而感到荣幸。自此以后，许多企业、政府机构、社会团体也在这里举办各种活动。长城饭店在中国人的心目中变得更亲近了。

4．以引起行为为目标

这类公关目标是通过公关活动，使公众产生对组织有利的行动。例如，比利时某啤酒厂的“免费啤酒”活动，其公关目标即属此类。

小案例 6-3

某日，比利时某啤酒厂在闻名于世的小便神童的雕像里灌入400升该厂生产的啤酒，让神童一向排泄的自来水变成了泡沫飞腾的啤酒。布鲁塞尔的市民纷纷携带杯子和瓶子排起长队喝免费啤酒，盛况持续了1小时。真正吸引市民的，与其说是“免费”，还不如说是“神童”——他曾经用自己的小便浇灭了侵略军的炸药引线，挫败了敌人毁灭布鲁塞尔的阴谋，拯救了比利时，他是民族的象征。电视台和报社的记者及时拍摄下了这一情景，并进行了报道。

显然，这是一项绝妙的公关活动，其目的就在于引导国民购买自己国家生产的啤酒。在全球经济一体化的今天，如何保护民族产业，该案例为我们做出了榜样。

（三）确立公共关系目标的方法

1．与组织的整体目标相一致

公共关系是社会组织在完成工作总目标过程中派生出来的工作内容，它必然服从和服务于社会组织的总目标。这就决定了公关目标与社会组织总目标是从属关系，公关目标要从组织整体利益出发，做出通盘考虑。因此，在策划公关活动时，要根据组织的任务和条件来确定公关目标。

2．塑造组织的有效形象

公关目标的内涵，一方面要考虑公众的共同利益和共同要求，另一方面要考虑组织自身的利益。确定公关目标时，要选择组织利益与公众利益的相交点，塑造组织的有效形象，实现社会效益与经济效益的统一，组织利益与公众利益的统一，特殊形象与总体形象的统一。

3．把抽象的目标概念具体化

公关目标应明确、具体、可行、可控，形成体系，这样既有利于实施，又便于检测。

（1）公关目标应具有确定性。目标要有明确的内容和任务要求，其含义必须十分清楚、单一，可直接操作。具体要求是：工作对象应是特指的；表达方式是结果式而非过程式。

（2）公关目标应具有具体性。目标要作为实施的准则和评价的标准，它必须做到定性、定量、定时间、定空间。

定性：要塑造什么性质的形象，要以什么特色投入竞争等，须在审时度势的基础上加以定位。

定量：知名度、美誉度要提高多少，要争取多少公众对组织的理解和支持等，应该用数字说明。

定时间：目标应该具有一定的时间限制。

定空间：要明确规定各项分目标对应的公关活动将在什么范围内开展，在什么范围内发挥影响，传播信息的覆盖面有多大等。

（3）公关目标应具有可行性。一个可行的目标必须具有：①可测性，通过公关调查可以检验测定其结果；②现实性，目标可以高于现实，但不能脱离现实，应建立在科学预测的基础上；③激励性，使公关人员和组织成员受到鼓舞，为目标所激励，大大增强责任感和竞争意识。

（4）公关目标应具有可控性。为了保证目标的最终实现，制定目标时首先要有一定的弹性，留有余地，以备情况变化时灵活应变；其次要有一定的应变措施，如备用方案、可替换的同质目标、追加目标等。

三、设计公关活动主题

1．公共关系活动主题的含义

公共关系活动主题是对公关活动内容的高度概括，它对公关活动起着指导作用。公关活动中的每一项具体活动乃至演讲稿、宣传画、包装袋、广告等都要体现这一主题。能否提炼出鲜明的公关活动主题，公关活动主题能否吸引公众、抓住人心，是公共关系策划成败的一个重要标志。根据具体的公关目标，设计鲜明、简洁、亲切的主题，有利于逐步推进每一项公关活动的完成和总目标的实现。

2．公共关系活动主题的表现形式

公关活动主题的表现形式是多种多样的。它可以是一句鲜明的口号，如“助推岛城新闻业”；可以是一个寓意深刻的警句，如“四百年泸州老窖飘香，七十年国际金牌不倒”；也可以是一种简洁的陈述，如北京申办奥运会活动的主题“绿色奥运、科技奥运、人文奥运”。

3．设计公共关系活动主题的方法

公关活动主题看似简单，但要设计出真正能吸引公众注意力的主题却并非易事。一个好的活动主题，一般要考虑四个因素，即公关目标、信息特性、公众心理和语言表达。

（1）表现公共关系目标。公关活动主题必须与公关目标相一致，并能充分表现目标，一句话点出活动的目的。

（2）突出活动信息特性。公关活动主题要用新颖独特、个性鲜明的语言，凸显公关活动的信息特性，使之具有强烈的感召力。

（3）符合公众心理，切中公众心愿。公关活动主题要适应公众心理需要，既富有激情，又贴切朴素；既奋发向上，又可信可亲；既符合客观实际，又切中公众心愿。

（4）语言简明扼要，易记易传。公关活动主题应力求做到简洁明了、形象生动、亲切感人、新颖别致和语句流畅。如果词句过长、晦涩难懂，不仅不易传播、难以记忆，还可能使人厌烦或产生歧义。

第二节　确定目标公众　编排活动项目

在公关策划中，确立了公关目标、设计了公关活动主题后，接下来就要确定目标公众，通过分析目标公众，设计出能有效影响目标公众、实现公关目标的公关活动项目，并选择与活动项目相适应的传播媒介和沟通渠道。

一、确定活动目标公众

一个组织的公众往往是多方面的，但一次公关活动则要有所侧重，面面俱到是不现实的。因此，在策划公关活动方案时，就需要根据公关活动的目标选择目标公众。

1．目标公众的含义

目标公众是指与特定的社会组织开展的某项公共关系活动相互联系、相互作用的公众。也就是说，目标公众是特定的公共关系活动所针对的具体工作对象。

任何一个社会组织，其公众环境中都有几十种公众。确定组织公关活动针对的目标公众是公共关系策划的基本任务，舍此不能有效地开展公关工作。因为只有确定了目标公众，才能选定公关活动项目及实施人员；只有确定了目标公众，才能确定如何使用有限的经费和资源，确定工作的重点和程序，科学地分配力量；只有确定了目标公众，才能更好地选择传播媒介和工作技巧；只有确定了目标公众，才能有针对性地搜集既能被公众接受，又有实效的信息。

2．确定目标公众的方法

如上所述，任何一个社会组织，其公众环境中都有几十种公众。当我们要开展某项特定的公共关系活动时，如何确定目标公众呢？

确定目标公众很难有统一的标准，基本的原则是从组织的活动目标、需要和实力三个方面考虑。

（1）根据公关目标确定公众范围。社会组织开展公关活动，其目的是为实现组织目标创造良好的内外环境。组织目标的实现，有赖于组织具体任务的完成，公关活动也应为组织完成具体任务服务。因此，在公共关系策划中，确定目标公众必须以组织的目标任务为依据，根据公共关系目标，分析不同公众的权利与利益，确定公众范围。

例如，某饭店为提高自己的声誉而组织建店周年庆典专题活动，其目标公众主要是同行、新闻媒介、政府部门、部分重要客户和社会名流。这样划定公众范围主要强调的是相关性。

（2）根据公关活动需要确定集中影响的公众。所谓集中影响的公众，是这样的人或团体，即他们对本组织的意见、态度和行为是十分重要的，而他们此时对本组织的了解又十分缺乏。因此，公共关系实务工作必须对这些公众进行集中影响。

集中影响的公众是公共关系实务工作必须针对的重点对象，因为他们的态度、意见和行为十分重要，而他们又不了解本组织，甚至因为不了解而持反对态度。公共关系实务工作必须以适当的方式方法，促使这些公众的态度产生转变，特别是要使那些持中间态度的公众转变成支持态度。在公共关系策划时，必须充分重视，并在方案设计中体现出来。如果一次公共关系活动没有确定集中影响的公众，只是笼统地向普遍的公众进行宣传，虽然也能产生一定的影响效果，但由于不能保证关键的那部分公众经劝说已持赞成态度，所以公共关系活动的效果是不理想的。

社会组织开展公关活动，必须解决所面临的具体公关问题。当组织出现公关问题或危机时，开展公关工作的目标公众就应当是受问题或危机影响的公众和新闻媒介、政府部门，以防止问题升级或危机加剧，防止这些公众对组织产生信任危机。这样确定公众强调的是影响度。

（3）根据组织的实力确定扩散影响的公众。所谓扩散影响的公众，一是指那些对本组织来讲是比较重要的公众，但是对组织了解不够的人或团体；二是指那些对组织来讲也至关重要，但他们对组织比较了解，而且基本持赞成态度的人或团体。

在关注集中影响的公众的同时，还必须考虑扩散影响的公众。虽然扩散影响的公众相对不那么重要，或者已基本持赞成态度了，但是如果不对他们进行劝说，就不可能创造一种良好的气氛和环境，不可能吸引更多的人关注本组织，不可能获得普遍的支持。

因此，公共关系活动同时针对集中影响的公众和扩散影响的公众，产生的效果是相辅相成的。

在公关活动中，组织常常在面对广泛的公众时，感到人力和财力不足。在这种情况下，就应将有关公众按与组织关系的密切程度、影响的大小程度、相关事情的紧迫程度等因素进行排队，优先选出最为主要的一部分公众作为目标公众。这样确定公众强调的是重要性。

二、设计公关活动项目

公关活动项目是指围绕公共关系目标在不同时期开展的各种形式的具体活动。

1．确定公关由头

公关由头是指一项公关活动得以开展的价值和依据。设计公关活动项目时，先要考虑是否具备公关由头。没有公关由头的活动项目，不仅不可能取得良好的公关效果，反而会招致公众的反感。公关由头一般包括以下三个要素：

（1）符合公众利益。公关活动项目必须能为公众提供信息、知识、服务等。

（2）符合组织利益。公关活动项目必须与公关主体的工作性质有联系，或与公关主体的总体目标相一致。

（3）具有新闻价值。公关活动项目必须是具有新闻性、公益性的事件，能够得到新闻媒介的关注和报道。

实质性的公关由头就是公众利益、组织利益和新闻价值的交汇点。寻找理想的交汇点是困难的，这就要求公关策划者反应灵敏，善于挖掘有效时间内公众最关心的话题和机遇。寻找公关由头，是公关策划者建功立业的基本功。

2．选择公关时机

《兵经百篇·速字》说："难得者时也，易失者机也。"意思是说：难以得到的是时间，容易失去的是机会。军事竞争要讲究时机，公关策划也要讲究时机。时机稍纵即逝，公关策划中不迅速看准和抓住时机，事后即使花数倍的精力和金钱，也无法收到时机之效。

公关策划的时机可分为四大类：固定时机、常规时机、偶然时机和组织营运过程中所蕴含的时机。

（1）固定时机。这种时机常见的有固定节日、重大纪念日和其他有规律的节假日。

1）重大节日。例如：国际的劳动节、儿童节、妇女节、母亲节、父亲节、护士节等；我国的春节、中秋节、重阳节、教师节、青年节、植树节等；西方的圣诞节、情人节、万圣节等。

2）重大纪念日。例如，国家、机构逢五逢十的纪念日，伟人、名人逢五逢十的纪念日，名作、名牌产品逢五逢十的纪念日等。

3）其他有规律的节假日。例如，洛阳的牡丹花会、哈尔滨的冰灯节、广州羊城花会、内蒙古的那达慕大会、新疆的古尔邦节等。

这些日复一日、年复一年都有的固定节假日，人人都会想到它，因此公关策划必须在形式和内容上不落俗套，富于创新，而且所开展的公关活动要与这些日子有直接或间接的联系，才能取得好的效果。

（2）常规时机。常规时机是指每隔一年或几年一次的各种文化体育活动，如亚运会、奥运会、锦标赛、博览会、展览会、电影节、青年歌手大赛等。这些常规性机会，是组织塑造良好形象、开拓发展的良好机遇。

（3）偶然时机。每年每月每天每时总有一些大大小小的偶发性事件发生，公关人员只要具有强烈的公关意识，又善于观察发现，就可以不失时机地借用这些事件策划公关活动。偶然得到的机会，常常是一种真正的大好机会，充分利用它，能获得意想不到的效果。

小案例 6-4

1984 年 4 月 28 日，来自世界各地的 500 多名记者聚集北京长城饭店，采访一件对他们来说十分重要的新闻——美国总统里根访华的告别宴会。在新闻报道中，他们无一例外地都提到了宴会的举办地点——中国北京长城饭店。世界各地的通讯社及新闻媒体都发布了这条重要消息，人们在得到里根总统告别宴会消息的同时，也获得了长城饭店的信息，于是刚刚落成的长城饭店高档豪华的形象迅速蜚声全世界。

（4）组织营运过程中所蕴含的时机。组织营运过程中所蕴含的时机包括两类：①组织重大事件发生的自然时间，如某工程奠基之时、落成之时，组织创办之际，企业推出新产品或新服务之时，企业销售额达到一个大的整数之时等；②一些具有隐蔽性的时机，需要公关人员慧眼察觉，如组织运营过程中，可能会出现差错而造成组织形象受损，或者由于信息传播障碍而引起公众误解，或者由于外部某种原因可能引起公众关系恶化等。

3．确定活动项目类型

公共关系活动的开展，可以采用多种方法和技巧。公关人员应根据本组织公共关系活动的特点，对公共关系活动中将采用的方法和技巧进行正确的选择。只有这样，才能使公共关系活动收到事半功倍的效果。

国内外的公共关系专家对各类社会组织开展的公共关系活动进行分析和研究后，归纳出许多种公共关系工作方法系统，即公共关系活动模式。这些模式为公关人员提供了可供选择的各类方法，对公共关系活动的开展具有指导意义。但是，我们应牢记：任何模式的选用都不能生搬硬套，而是应根据组织的特点、组织发展的特定要求、社会环境所提供的具体条件以及公众的不同类型和不同要求，创造性地选用不同的模式，或在原有模式基础上创造出更有效的公共关系工作方法。

在确定公关活动项目类型时，有以下常见的公共关系活动模式可供借鉴。

（1）宣传型公共关系。宣传型公共关系是指运用大众传播媒介和内部沟通方法，开展宣传工作，树立良好组织形象的公共关系活动模式。其特点是主导性强、时效性强、传播面广、推广组织形象效果快。

宣传型公共关系活动模式的活动项目有记者招待会、竞赛活动、庆典活动、展览会、信息发布会、印发宣传资料、制作视听资料、宣传橱窗、新闻报道、专题采访、经验介绍等。

（2）交际型公共关系。交际型公共关系是指在人际交往中联络感情、广结良缘、深化交往层次，建立社会关系网络的公共关系活动模式。其特点是节奏快、灵活性强、人情味浓。

交际型公共关系活动模式的活动项目有招待会、座谈会、工作晚餐会、宴会、茶话会、联谊会、会晤、信函往来、开放日活动等。

（3）服务型公共关系。服务型公共关系是指一种以提供优质服务为主要手段，获得公众信任与好评，树立良好组织形象的公共关系活动模式。其特点是为公众提供实实在在的服务。

服务型公共关系活动模式的活动项目有咨询服务、售后服务、消费教育、消费指导、优质服务等。

（4）社会型公共关系。社会型公共关系是指组织利用举办各种社会性、公益性、赞助性活动塑造组织形象的公共关系活动模式。其特点是公益性和文化性。

社会型公共关系活动模式的活动项目有节日庆祝活动、公益赞助活动、慈善活动等。

（5）征询型公共关系。征询型公共关系是指通过舆论调查、民意测验的办法采集信息、分析研究信息，为组织决策提供参考意见的公共关系活动模式。其特点是长期性、复杂性和艰巨性。

征询型公共关系活动模式的活动项目有公关调查、民意测验、征集意见、征集方案等。

（6）建设型公关关系。建设型公共关系是指社会组织为开创新局面而在公共关系方面所做的努力。它适用于组织的开创时期，推出新产品、新的服务项目时期，如开业庆典仪式、剪彩活动和开业广告等。其特点是采用高姿态的传播方式宣传组织有关信息。

（7）维系型公关关系。维系型公共关系是指社会组织在稳定发展之际用来巩固良好形象的公共关系活动模式。适用于组织机构稳定、顺利发展时期。它有两个特点：①采取中低姿态，用渐进的方式向目标公众施加影响，从而达到期望的目标和要求；②利用公众的心理特点，使组织的形象慢慢渗透到公众的心目中，这种经过长期形成的观念，一旦发挥效能是不会轻易改变的。

（8）防御型公关关系。防御型公共关系是指社会组织为防止自身的公共关系失调而采取的公共关系活动模式。它适用于组织出现潜在的公共关系危机的时候。其特点是以防为主，防患于未然，避免矛盾尖锐化，同时防御与引导相结合。

（9）进攻型公关关系。进攻型公共关系是指社会组织采取主动出击的方式来维护和树立良好形象的公共关系活动模式。它适用于组织与环境发生某种冲突、摩擦的时候。其特点是以较高的姿态、较强的频度、进攻的方式开展工作。

（10）矫正型公关关系。矫正型公共关系是指社会组织在遇到问题与危机、组织形象受到损害时，为了挽回影响而开展的公共关系活动。它适用于组织的公共关系严重失调、形象受到严重损害的时候。其特点是及时发现存在的问题或潜伏的危机，并通过努力改变或消除这些不利因素，重塑组织形象。

4．设计公关活动项目应注意的问题

（1）针对性。公关活动项目要符合组织的性质和特点，要针对公关目标和目标公众对象。

（2）可行性。公关活动项目要考虑到组织的需要与可能，以最小的投入获得最大的效益。

（3）适应性。公关活动项目要考虑到执行过程中可能会出现的异常情况，使之具有一定的弹性和适应性，避免出现不良后果。

（4）合理性。公关活动项目要注意适当分配各项目的活动时间，使之张弛有度。

（5）连续性。公关活动项目要注意保持各项目的连续性，以利于积累成果，使每一个项日都成为表现、烘托主题的有用要素。

（6）吸引力。公关活动项目要具有特色和竞争性，能充分吸引公众的注意力，引起公众的兴趣，给公众留下深刻的印象。

三、编排公关活动项目

公共关系活动项目设计完成之后，公关策划人员还要按照活动开展的时间顺序和活动内容的内在联系，对公共关系活动项目进行合理的编排。

编排公关活动项目时，每一个活动项目大致包括下列内容：

（1）项目名称及目标。

（2）项目的负责人、实施者及各自的责任。

（3）项目的筹备、实施程序设计及时间表。

（4）项目涉及的公众对象及必要分析。

（5）项目所需的传播媒介、器材设备、外部环境等。

（6）项目所需经费预算。

（7）项目公关效果的考核标准和考核方法。

第三节 预算活动经费 审定活动方案

一个完整的公关活动方案必须包括公关活动经费的预算和效果的预测。这两项内容既是公关策划的题中应有之意，也是论证、审定活动方案的重要依据。

一、预算公关活动经费

公关活动经费指实施公关专题活动所需的费用。任何一项公关活动都要花费一定的人力、物力和财力，预算公关活动经费对于公关活动的顺利开展是十分重要的。

1．预算公关活动经费的重要性

（1）保证活动方案的可行性和现实性。预算公关活动经费，可以预先清楚地知道公关活动需要投入多少经费作为保障，做到心中有数，使公关活动方案具有可行性和现实性。

（2）统筹安排活动项目。预算公关活动经费，可以根据人力、物力和财力，统筹安排公关活动方案中的每一个活动项目，避免因陷入“财政陷阱”而使方案无法实施。

（3）严格控制经费使用。预算公关活动经费，可以给公关活动费用的分配提供一个参照系，严格控制经费的使用，把钱花在刀刃上。

（4）便于活动效果评估。公关活动方案实施完毕后，可以根据公关活动的效益同成本预算之比来检测评估公关活动的花费是否值得，并且可以考核预算内各个项目之间的分配比例是否合理，为以后的公关策划提供参考依据。

2．预算公关活动经费的方法

公关活动经费预算一般采用“目标作业法”，即根据公关目标和任务的难易程度来确定公关活动经费。公关活动的经费开支构成大体如下：

（1）行政开支。行政开支包括劳动力成本、管理费用和设施材料费。

（2）项目支出。项目支出即每一个具体项目所需的费用，如场地费、广告费、赞助费、咨询费、调研费等。

（3）机动经费。在预算总额已定的情况下，应当计提一定比率（比如5%～10%）的机动经费，以备计划不周或出现偶然事件而造成经费紧张。

要科学、合理地预算公关活动经费，必须具备收集活动物品市场信息、劳动力市场信息、活动项目经费信息等方面的能力。

二、预测公关活动效果

预测公关活动效果，即对公关活动方案实施的预期结果进行综合效益评估。管理层对公关工作的最大忧虑就是，很难确定他们花在公关上的钱是否物有所值，因为公关活动的效果是难以测量的。但是，不管怎样，我们还是很有必要找出一种可以有效评估公关绩效的方法。所以，我们通常会在公关策划方案中提到评估方法，并坚信我们可以根据评估方法来评估公关效果。这时，我们的主要任务就是为下面的问题提供答案：

（1）本方案中各活动项目是否能够顺利开展？

（2）活动开展后，能否使目标公众和其他公众在接受组织信息的基础上，记忆和认同这些信息，形成有利于组织的看法、态度或行动？

（3）活动开展后，对组织的工作会有什么促进？会使组织的公关状态在哪些方面有改善？

（4）本次公关活动在社会上会产生什么影响？

（5）大众传媒和社会各界对本次公关活动会有什么样的评价和看法？

三、审定公关活动方案

公关人员在进行公关策划时，通过分析组织内外的具体条件，可能提出了若干活动方案。在审定活动方案时，要对这些活动方案进行比较、择优，最后确定能够达到目标要求的最适当、最有效的活动方案。审定公关活动方案一般要经过以下三个步骤：

1．方案优化

方案优化是提高方案合理值的过程，目的在于寻求尽善尽美的方案。优化方案一般可从增强方案的目的性、增加方案的可行性和降低消耗三个方面去考虑，其方法有以下四种：

（1）重点法。当我们对同一方案进行优化时，可先分析目的性、可行性和耗费三个方面，哪一方面增加或减少对该方案的合理值影响最大，就把它定为重点，着力去突破这一薄弱环节，以使方案整体优化。

（2）轮变法。在影响整体的要素中，将一个要素作为变数，其他作为定数，对作为变数的要素做数量的增减，以期在其他要素不变的情况下提高合理值，直至不能增加。然后，换一个要素作变数，又将原来那个要素与其他要素一起作定数，依此类推，直至合理值不能再提高为止。

（3）反向增益法。在影响整体的要素中，以一个要素的较小变动去求得其他要素的较大变动，达到“舍寸进尺”的效果。

（4）优点综合法。将各个方案中可以移植的优点综合到被选方案中，使被选方案优上加优，达到最优化。

2．方案论证

方案论证是公关活动方案制订好后所进行的可行性论证。一般由有关领导、专家和实际工作者对方案的可行性提出问题，由策划人员答辩论证。方案论证的主要内容有：

（1）公关目标论证。分析公关目标是否明确、能否实现以及对实现组织目标的意义。

（2）限制性因素分析。分析公关活动方案在哪些条件下可以实施，在哪些条件下不可能实施。

（3）潜在问题分析。预测公关活动方案实施时可能发生的潜在问题和障碍，分析防止和补救的可能性。

（4）公关活动效果预测。对公关活动方案实施的预期效果进行综合效益评价，判断该方案是否付诸实施。

3．书面报告与方案的审定

公关活动方案经过论证后，必须以书面报告，即策划书的形式报公关主体领导审核和批准。策划方案一经审定通过，便可以组织实施了。关于公共关系策划书的撰写方法，我们在下一节详述。

第四节 撰写公共关系策划书

公关活动方案必须经过公关主体领导审核和批准，有时还应向有关政府部门申报。其目的是使公关目标与组织总体目标相一致，使公关活动与组织其他部门的工作相互协调、相互配合并获得合法性，否则方案无法推行。公共关系策划书是公共关系活动方案的规范载体，因此，撰写公共关系策划书是公关人员的必备技能之一。

一、公共关系策划书的内容要素

公共关系策划书没有固定的格式，策划者一般根据实际的需要和自己的文笔风格来撰写。但无论策划书的形式、内容有怎样的差别，理应包含的要素都不可或缺。一份完整的公共关系策划书应当具备 5W、2H 和 1E，即：

Why（为什么）——策划的缘由。

Who（谁）——策划者、策划方案针对的公众。

What（什么）——策划的目的、内容。

Where（何处）——方案实施地点。

When（何时）——方案实施时机。

How（如何）——方案实施形式。

How much（多少）——活动经费预算。

Effect（效果）——活动实施效果预测。

上述八个要素就是一份完整的公共关系策划书应当具备的基本框架。针对不同组织、不同内容与形式的公共关系策划方案，应当围绕这八个要素，根据自己的需要去进行丰富完善和组合搭配，公共关系策划书的创造性与个性风格，就存在于对要素的丰富完善和组合搭配的差异之中。

二、公共关系策划书的撰写方法

公共关系策划书一般可分为三个部分：标题、署名及成文日期，正文，附件。

（一）标题、署名及成文日期

1．策划书的标题

策划书的标题必须具体清楚，让人一目了然。策划书标题字号稍大于正文，居中排列。其表现形式有三种：

（1）公关主体＋事由＋文种。由组织聘请的公关顾问、公关公司策划的公关活动方案，其策划书一般采用这种形式的标题，如“东方商厦第十届香水文化节策划书”“实桥公司开业庆典策划书”“巨能钙公司消除‘双氧水事件’影响的公关活动策划书”。

（2）事由＋文种。由组织内设公关机构策划的公关活动方案，其策划书一般采用这种形式的标题，如“爱美奖学金计划 10 周年纪念活动策划书”“心理健康知识宣传活动策划书”。

（3）主标题＋副标题。主标题一般是公关活动主题，副标题常使用策划书名称，如“感恩生活，关注心理健康——心理健康知识宣传活动策划书”“节奏狂飙　炫音魅影——百事可乐炫音飞车音乐活动计划”。

2．策划书署名

策划书署名为策划者单位或个人名称。如果方案由群体或组织完成，可署名“××公关公司”“××公关部”；对其中起主要作用的个人，也可在单位名称之后署名，如“总策划××”“策划总监××”。方案如果由个人完成，则直接署名“策划人××”。

3．策划书成文日期及其他

（1）成文日期。在署名下面注明策划文案完成的具体日期，一般加括号。如“(2008

年 11 月 18 日)”。

（2）编号。对策划书进行编号，便于存档和查找，如根据策划方案顺序编号、根据方案的重要程度或保密程度编号、根据方案管理的分类编号等。编号标志一般位于策划书标题右上角。

（3）版记。如果策划方案尚属草稿或初稿，还应在标题下加括号注明，写上“草稿”“讨论稿”“征求意见稿”等字样。如果前有“草稿”，决策拍板后的策划方案就应注明“修订稿”“实施稿”“执行稿”等字样。

（二）正文

策划书正文可分为活动背景、活动方案和效果预测三个层次展开。

1. 活动背景

活动背景分析的目的主要是让公关主体领导者、公关活动方案实施者了解这次活动要解决什么问题及其鲜明的记忆点是什么。因此，活动背景分析应是公关策划者在综合分析公关主体面临的公关问题基础之上，对制订公关活动方案的依据、主要目的和创意的简要说明。

这部分内容应根据策划书的特点在以下项目中选取内容重点阐述：

（1）组织面临的公关问题及环境特征。

（2）组织的发展历史及组织立场。

（3）实现组织既定目标需要克服的障碍。

（4）开展公关活动的原因。

（5）开展公关活动的目的动机等。

小案例 6-5

浙江省金华市的佳乐公司想借生产中国第一瓶灭菌奶十五周年之际开展公关活动，其策划书的“活动背景”是这样写的：

佳乐生产中国第一瓶灭菌奶十五周年了。十五年，是一把用时间做的尺子。用它来量这个地球，我们会发现我们已经从传统的工业社会进入了信息社会；用它来量中国，我们会发现中国正在成为一个崛起的强国；用它来量浙江，我们会发现浙江已经成为中国发展最快的地区之一，浙江人均收入全国第一；用来量金华，我们会发现金华已经发生了很大的变化，变得更美、更富饶、更值得我们热爱了；而如果用它来量我们自己，我们又会发现些什么？如果我们以“十五年来让生活更快乐的三件事”为主题与新闻媒体合作在金华市开展大型有奖读者调查，以普通市民的视角，全面见证金华的发展、社会的进步和生活质量的提高，与佳乐品牌核心价值贴合，容易引起普通老百姓的关注，调查结果具有新闻性，有继续宣传的价值，且成本相对不高。

2. 活动方案

活动方案是公关策划书的核心部分。其主要内容有：

（1）活动目标。

（2）活动主题。

（3）活动内容。

（4）经费预算。

这一部分的写作需要周到，但以纲目式为好，不必过分详尽地加以描述渲染，也不要给人以头绪繁多、杂乱或干涩枯燥的感觉。

3．效果预测

活动效果预测的主要目的是让公关活动主体领导者和公关活动实施者明确公关策划希望获得什么样的结果，以及公关活动能否获得预定的效果。这部分写作只要回答清楚我们在策划论证时提出的几个问题即可。

（三）附件

不一定每份策划书都需要这部分内容，应根据具体情况而定。重要的附件通常有：

（1）活动筹备工作日程推进表。

（2）有关人员职责分配表。

（3）经费开支预算明细表。

（4）活动所需物品一览表。

（5）场地使用安排表。

（6）相关资料。

（7）注意事项等。

为了让大家对公共关系活动策划书有一个感性的认识，下面介绍克兰罗尔公司的一个公共关系活动策划书。

克兰罗尔公司以生产和销售妇女染发、护发产品为主，多年来，一直致力于开展有益于妇女的服务活动，其中包括爱美奖学金计划。该奖学金计划的目的在于支持妇女的教育追求，每年总金额为 50 000 美元，提供给 30 岁以上的那些因婚姻和承担抚养孩子的责任而中断学业和事业目标的妇女。奖学金主要用于学士或硕士水平的专业和职业培训，奖学金获得者最多的可在春秋两学期各得到 1 000 美元的资助。克兰罗尔公司平均每年收到 400 多份奖学金申请表，由华盛顿特区的商业与职业妇女基金会评选奖学金获得者。实施 10 年间，克兰罗尔公司共资助 997 名妇女完成了学业。这一计划的执行主任是艾伦·安德森，她向公关副总裁杰克·肖尔和宣传部主任菲利斯·克莱因报告计划实施情况。此外，爱美奖学金计划还免费发行 2 本小册子，一本是《妇女教育资助来源》（6 页），介绍爱美奖学金计划及其他能给予资金资助的机构；另一本是 21 页的动态性印刷品《妇女与工作》，刊登的都是一些专题研讨会上的意见，这些专题研讨会由克兰罗尔等机构赞助，在某个午餐会或工余时间于某个城市举行。1984 年，克兰罗尔公司举办了爱美奖学金计划 10 周年庆祝活动。下面就是克兰罗尔公司公关部策划爱美奖学金计划实施 10 周年庆祝活动的策划书。

小案例 6-6

爱美奖学金计划实施10周年庆祝活动策划书

公关部

（××年××月××日）

一、实施背景

提高人们的兴趣是事业成功的一个基础。一个连续性计划无论制订得多么好，都会因为持续时间太长而失去其新闻价值，爱美奖学金计划正是如此。在爱美奖学金计划实施10周年之际，举办一个有特色的庆祝活动，就像大家关注自己的生日那样，必将重新燃起公众对爱美奖学金计划的兴趣，赢得新闻媒介的报道和社会各界的赞扬。

二、活动方案

（一）活动目标

（1）宣传“爱美奖学金计划”的贡献，提高公众对爱美奖学金计划的兴趣和关注度。

（2）强化公司“提高妇女生活品质”的形象，促进公司产品销售。

（二）活动主题

家庭工作皆重要，妇女能顶半边天。

（三）活动内容

（1）征募爱美奖学金计划赞助委员会成员。征募对象必须是各行各业的杰出妇女，特别是受爱美奖学金计划资助成功的杰出妇女，她们将为爱美奖学金计划实施10周年庆祝活动服务。

（2）评选和奖励奖学金获得者中最优秀的10名妇女。对10年中997名奖学金获得者进行调查，了解他们的近况，并挑选10名最优秀的妇女作为庆祝活动中的奖励对象。

（3）妇女对公司的影响调查。向500家事业昌盛的公司调查有关妇女在公司中人数日益增长对其公司的影响，请这些公司的高层领导谈他们的看法。这一调查结果将在庆祝会上提供给新闻媒介和与会嘉宾。

（4）工作与家庭问题宣言。成立一个妇女专门小组，研究工作与家庭问题并起草一份新闻宣言。这一宣言将在庆祝会上由公司总裁宣布。

（5）午餐庆祝会。9月20日，在纽约海尔姆斯雷官举行一个简朴、隆重而且气氛热烈的爱美奖学金计划实施10周年午餐庆祝会。

（6）安排新闻采访。访问“十佳”人员住地，并且同她们一起接受当地新闻界的采访。

（四）经费预算

（1）奖学金获得者调查：10 000美元

（2）公司调查：5 000美元

（3）专题研讨会：3 000美元

（4）资料费：2 000美元

（5）场租费：3 500美元

（6）午餐费：20 000 美元

（7）庆典活动礼品：15 000 美元

（8）机动经费：6 000 美元

合计：64 500 美元

三、活动效果预测

（1）征募杰出的妇女作为爱美奖学金计划赞助委员会成员并为庆典活动服务，将极大地增强庆典活动的号召力，为成功地举办庆典活动奠定良好的基础。

（2）对 10 年来奖学金获得者的调查以及“十佳”获奖者的评选、公司调查以及专题研讨活动等，将凸显“爱美奖学金计划”的价值和贡献，既能为奖学金计划赢得声誉和社会有关人士的关注，又能为庆典活动增添有价值的内容。

（3）通过上述努力，庆典活动将具有饱满丰富的内容和强有力的号召力，能够吸引社会人士参与和媒介人士关注，以确保庆典活动的成功。

附件：

（1）午餐庆祝会时间安排表（11:30～14:00）。

序号	时间	工作内容	实施责任人
1	11:30	与会人员入场	奖学金计划执行主任××
2	11:30	记者招待会	宣传部主任××
3	12:00	庆典开始，主持人致辞	公关副总裁××
4	12:05	庆典主题演讲	公司总裁××
5	12:10	宣读贺电（信）	公关副总裁××
6	12:12	介绍“十佳”	宣传部主任××
7	12:18	宣布调查结果	奖学金计划顾问××
8	12:20	切开庆祝蛋糕	公司总裁××
9	12:30	午餐	奖学金计划执行主任××

（2）经费开支预算明细表（略）。

（3）注意事项（略）。

小　结

1. 优秀的公共关系活动方案是公共关系活动成功的基础，一个出色的公关人员必须具备策划公共关系活动的技能。

2. 要确保公共关系策划成功，一定要遵循确立公关目标、设计活动主题、确定目标公众、编排活动项目、预算活动经费、审定活动方案的工作程序。公关目标应明确、具体、可行、可控，形成体系并与组织的整体目标相一致，有利于组织有效形象的塑造；公关活动主题的设计一般要考虑公关目标、信息特性、公众心理和语言表达四个因素；确定目标公众很难有统一的标准，基本的原则是从组织的活动目标、需要和实力三个方面去考虑，我们可以根据公关目标确定公众范围，根据公关活动需要确定集中影响的公众，根据组织的实力确定扩散影响的公众；设计公关活动项目时，首先要确定公关由头，然后选择公关时机、确定活动项目类型，最后按照活动开展的时间顺序和活动内容的内在联系，对公共关系活动项目进行合理的编排；公关专题活动经费预算一般采用“目标作业法”，即根据公关目标和任务的难易程度来确定公关活动经费，其开支构成大体由行政开支、项目支出和机动经费三部分构成；审定公关活动方案一般要经过三个步骤即方案优化、方案论证、书面报告与方案的审定。

3. 公共关系策划书是公共关系活动方案的规范载体，是公关人员常用的公关文书。公共关系策划书没有固定的格式，策划者一般根据实际的需要和自己的文笔风格来撰写，但无论策划书的形式、内容有怎样的差别，一般应包含下列要素：策划的缘由，策划者、策划方案针对的公众，策划的目的、内容，方案实施地点，方案实施时机，方案实施形式，活动经费预算，活动实施效果预测。

知识考核

1. 公共关系策划中如何才能确立有效的公共关系目标？
2. 确立公共关系活动主题要注意哪些问题？
3. 如何选择公共关系活动的目标公众？
4. 设计公共关系活动项目要注意哪些问题？
5. 如何预算公共关系活动经费？
6. 如何预测公关活动效果？

技能训练

1. 根据下面的案例内容撰写一份公共关系策划书。

东方明珠美食娱乐城公关营销活动

东方明珠美食娱乐城刚开业时，生意惨淡，门可罗雀。究其原因，主要有以下四点：

一是地理位置偏僻。它位于栈桥以西 300 米，而青岛人有个约定俗成的习惯，这就是到了栈桥往东走，青岛所有闻名遐迩的景点——小青岛、鲁迅公园、水族馆、八大关，乃至崂山，都错落有致地分布在栈桥以东绵延不断的海岸线上。

二是客源缺乏。1993 年 7 月下旬，由于通货膨胀，整个餐饮娱乐业一起陷入了客源奇缺的境地。

三是知名度低。7 月 18 日酒店开业，酒店的经营者缺乏应有的号召力，开业时市内新闻未见反响。说到知名度，酒店以前的经营者亦毫无作为，惨淡维持几年，终于告败而归。

四是无传播特色。想要提高知名度，绞尽脑汁又想不出自己有什么可资传播的特色。

为了尽快打开局面，“东方明珠”决定聘请公关顾问来帮助其开展公关营销活动。公关顾问经过调查研究，发现了“东方明珠”可资发掘的资源和可供发挥的特长，提出了“东方明珠”公关营销活动的“外延策略”——以“助推岛城新闻业”为宗旨，将“东方明珠”塑造成青岛新闻界的园地。

动作之一：请来青岛当时唯一的记者团体——青岛市体育记者协会，在“东方明珠”位置最显著的一间办公室安营扎寨。效果是：新闻界都知道，每年都组织几次圈内活动和新闻评奖的体育记协，搬到一家名为“东方明珠”的酒店办公了；而所有到办公楼层的人，走上楼梯的全过程，除了那块“青岛市体育记者协会”的牌子，别无景观可看。这就给人带来悬念，“东方明珠”戴上了朦胧而神秘的光环。

动作之二：与体育记协联名举办全国首届体育记者卡拉 OK 大赛。此项活动由于全国中学生运动会在青岛举行，中央、地方体育记者云集，因而筹办得很成功。新闻界的声乐比赛，在青岛还是头一次，加之新闻单位本来就有竞争，爆出了一些可供谈说的火花，电视、报纸、广播对大赛进行了报道并公布成绩，在市民中颇有反响。

动作之三：教师节之际，“东方明珠”又与青岛市小记者学校联袂举办了一台活动。这所学校和他们的《小记者报》颇受市民、政府甚至中央有关领导的关心，这台活动自然引起电视、广播、报界的反响。

三个连续不断的动作，使“东方明珠”与新闻界的关系引起诸多方面的关注。就在这时，体育记协主办的一份报纸发表了《着眼不凡：助推岛城新闻业》的专访，通过酒店经营者之口阐释了“东方明珠”独特的经营思路。

就这样，在整个餐饮娱乐业一片萧条中，“东方明珠”以“助推岛城新闻业”为宗旨，吸引了新闻单位的一些大型新闻发布会和推销展示会，极大地提高了企业的知名度和经济效益。

2．阅读下面的案例，为电石厂设计一个解决“断路”问题的公共关系活动方案。

陕西省某县电石厂坐落在距县城 5 千米处的蒋刘村附近，在正常生产条件下，年上缴利税 2 000 多万元，是该县的重点企业。

某年秋冬之际，气候出现了异常的变化，该地区的树木及家畜死亡率增高，特别是公路两边的白杨树枯死状况尤为严重。当地村民议论纷纷，认为往年都没有这种情况，电石厂一上马就出现树死畜亡现象，肯定是电石厂排放废气所致。村民纷纷登门抗议并制造事端。

面对村民的所作所为，电石厂领导束手无策，只好求助于县政府出面解决。但由于政府工作繁忙，耽误了时机，村民一气之下，断了通往工厂的唯一一条大路，致使工厂原料及产品无法出入，电石厂只好关门停产。

县政府见状，立即要求公安局出面解决。在执行公务的过程中，几名干警与村民发生了摩擦，使事态愈发严重。第二天，公安局又抽调了 40 多名身强力壮的干警抵达现场。公安干警面对 400 多名手持铁锨镢头的村民，经多方劝说仍无效果，终于发生了冲突。最后，公安干警虽然带走了 2 名带头者，但也有 10 多名干警受了不同程度的伤，问题却没有解决。

第七章

公共关系实施

学习目标

1．能够正确认识公共关系活动实施的特点，理解公共关系活动实施的原则。

2．能够根据开展公共关系活动的具体情境设计落实公共关系计划的实施方案。

3．能够巧妙而有效地运用各类传播手段、渠道，将公共关系活动实施方案付诸现实，有效地传播企业特定信息；能够对公共关系活动实施过程中可能出现的各种矛盾和问题防患于未然，使公共关系活动得以顺利实施。

猫的食品，技术含量低，怎样才能使自己的产品受到欢迎，让消费者乐于购买？美国星闪食品公司首先为企业的产品创造一个猫的代言人“毛丽丝”，然后围绕它创造出了一系列有新闻价值的事件，并开展了如下活动：

（1）在九个主要市场发起一场竞赛，寻找与毛丽丝“面目酷似”的猫。然后将其照片刊登在报纸上，并大量登载有关寻找面目酷似的猫的新闻报道。

（2）出版一本书——《毛丽丝——亲切的传记》，描写这只猫的各种冒险活动。

（3）设立令人垂涎的“毛丽丝”铜质雕像奖，奖给在地区猫展上评选出的猫的主人。

（4）倡议发起“收养猫月”。推出毛丽丝作为“猫的正式发言人”，敦促人们像毛丽丝曾经被收养那样收养迷路的猫。

（5）分发一本照管猫的小册子——《毛丽丝法》，告诉人们如何照管猫。

所有这些活动，使“毛丽丝”名声大振，也使它宣传的猫食成了著名品牌。如果没有新闻制造、传播媒介的运用，这家企业要想吸引大家的关注，成为民众的焦点，不是件容易的事。

本章中，我们将通过学习公共关系活动实施方案的设计、公共关系活动的实施方法和公共关系活动的调控方法等内容，帮助大家掌握实施公共关系活动的技能。

公共关系实施是指公共关系主体为了实现既定公共关系目标，充分依据和利用实施条件，对公共关系活动计划实施策略、手段、方法设计并进行实际操作与管理，力求达到计划目标的过程。任何未经实施的计划都是无实质意义的，从某种角度讲，即使再科学、合理的计划也需要通过“有效”的实施才能体现其科学性与合理性。因此，公共关系计划的实施在公共关系活动中起着举足轻重的作用。

实施阶段是公共关系工作相对集中、具体的传播过程，承担着四个方面的任务：①把公共关系策划方案按计划转化为现实的公共关系活动，使之接受目标公众和实践的检验，充分展示公关人员的实际操作能力和专业水平；②按预定计划向公众集中地传播某些方面的信息，引起目标公众的关注，使他们加深对该组织的了解，形成组织所期望的态度与行为；③解决组织公共关系方面存在的具体问题，实现公共关系工作的既定目标；④实施阶段公众反馈的信息、取得的成效、出现的问题，既可以用来监测、评估公共关系活动的效果以及组织的公共关系状态、环境变化和无形资产的质量，同时为开展后续的公共关系工作创造新的条件，提供新的奋斗目标。

第一节 设计活动实施方案

从一项公共关系活动方案的制订到预期目标的完成，存在着一段相当长的距离，中间尚需投入大量精力，公关人员必须设计切实可行的实施方案，根据开展活动的具体情境分解活动项目、明确实施方法、制定实施流程、分配预算经费、组建实施机构、培训实施人员等。

经过公共关系策划，我们已经制订了公共关系活动方案。为什么在实施阶段还要设计公共关系活动实施方案？我们了解了公共关系活动实施的特点和基本原则后，对此就会有清醒的认识。

一、公共关系活动实施的特点

公共关系活动的实施具有以下三个特点：

1．实施过程的动态性

公共关系活动的实施是由一系列连续活动构成的过程，是一个思想和行为需要不断变化、不断调整的过程。这是由于两个方面的原因：①一项公共关系计划无论制订得多么周密、具体和细致，与实际情况总会存在或多或少的差异；②随着时间的推移、实施的进展、环境的变化，实施过程中仍会遇到一些新情况和新问题。因此，修正或调整原定的实施方案、程序、方法、策略等是实施活动中不可避免的正常现象。这种现象的出现说明计划实施正处于顺利状态，并非在实施计划中有随意性。

2．实施过程的创造性

由于公共关系活动的实施是一个不断变化和需要调整的动态过程，实施者需要依据整个实施方案中的原则和自己所处的环境以及面临的条件确定自己的实施策略。例如，准确地选择传播渠道、媒介与方法，合理地选择时机，正确地分配任务，灵活地调整步骤等。公共关系活动实施的过程绝不是一个简单照章办事的过程，而是一个由一系列不同层次的实施人员发挥主观能动性的过程，实施人员应该充分发挥自己的积极性、主动性和创造性。从这个意义上说，公共关系活动实施的过程不仅是一个对原计划进行艺术再创造的过程，也是不断丰富公关人员实务经验的过程。

3．实施影响的广泛性

公共关系活动实施所产生的广泛影响主要表现在以下两个方面：①计划的实施会对众多的目标公众产生深刻的影响。一项公共关系活动成功实施后，常常会使该社会组织的异己力量变为自己的合作者和支持者。即使有时不能令目标公众在立场上进行彻底的转变，也能在观点、态度等方面使其产生不同程度的变化，至少可以令目标公众从对社会组织的负态度（敌视、偏见、漠然、无知）向正态度（了解、理解、感兴趣、支持）方向有所转化。②公共关系活动的实施有时还会对整个社会的文化、习俗，以及公众的观念产生深刻影响。

二、公共关系活动实施的原则

公共关系实施过程中的动态性、影响的广泛性及创造性构成了实施活动的复杂性。无论事先策划得多么周密，在公共关系活动中都会碰到出乎意料的事件和变化，并对整个活动产生难以预计的影响。因此，公关人员一方面要根据方案开展活动，另一方面要随时应对计划外的情况。在此过程中要注意以下五个原则：

1．目标导向原则

在活动进程管理过程中，始终要以目标为导向。它是公共关系实施过程中，保证公共关系活动实施不偏离既定目标的原则。执行目标导向的原则实际上就是控制的一种手段。控制作为管理职能，其目的在于不使公共关系活动超出范围，利用目标对整个实施活动进行引导、制约和促进，以把握实施活动的进程和方向。一项公共关系计划实施的环境是复杂多变的，要想成功地应用目标导向原则实施公共关系计划，必须不断地把该项计划与在这种复杂的环境中实施的结果和目标相对照，如有偏差，应及时调整，这样才能避免失误。

2．控制进度原则

控制进度是指根据整个公共关系活动计划方案的目标要求，按照一定的程序和步骤，安排工作进度，掌握工作的速度，以免出现畸轻畸重倾向。在公共关系计划实施进程中，往往会出现多方面工作不同步的现象。例如，某项公关活动请柬已经发出，电视和报刊已经传播开了，但是会场还没有布置好，音响设备还未准备。这必然造成工作的脱节，以致公关活动不能正常进行，影响主办单位的声誉。因此，在公共关系实施过程中，要注意经常检查各方面的实施进度，掌握哪些已经按计划完成，哪些滞后了，以便查明原因，及时协调人力、物力、财力在各方面的投入，以求在围绕总目标实现的前提下，使各方面工作同步。在这里要指出，计划是控制的基础，控制是实现计划的保证，两者从组织公共关系活动计划实施开始直到终结，始终紧密联系在一起。

3．整体协调原则

整体协调指的是使全体实施人员在认识与行动上取得一致，保证实施活动的同步与和谐，提高工作效率。协调不同于控制，控制是对一个组织的计划实施过程中与计划是否有差异或背离，进行纠正或克服的行为；协调则强调在各个实施过程中的环节之间、部门之间及实施主体和公众之间和谐化、合理化，使之不发生矛盾或少发生矛盾，即使矛盾产生了，也能及时加以解决。

4．反馈调整原则

反馈调整就是把施控系统的信息在作用于受控系统（对象）后，将产生的结果再输送回来，并对信息的输出发生影响的过程。人们通常要用这种反馈后所获得的认识来调整公共关系活动计划的实施活动，其特点是根据过去实施的情况调整未来的行为，如图 7-1 所示。

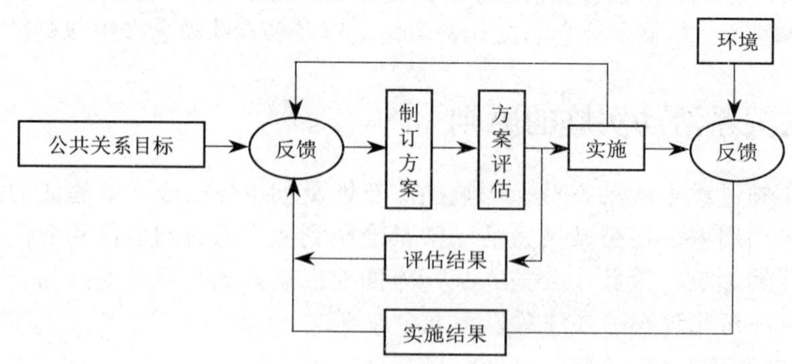

图 7-1　目标反馈控制图

反馈调整的过程是：公共关系活动计划制订者确定公共关系活动目标，再制订目标的实施方案；实施方案制订后，组织有关部门和人员对方案进行评估，然后把评估结果与原定的公共关系目标进行比较，发现问题后再重新修订整个公共关系计划，并将修订后的公共关系计划再度付诸实施。通常情况下，一两次反馈调整并不能解决所有问题，需要多次循环，直到比较圆满地实现公共关系计划、实施战略目标。

5. 选择时机原则

在公共关系计划的实施过程中，必须考虑时机因素。正确选择时机是提高公共关系计划成功率的必要条件。忽视时机这一因素，常常导致计划实施的失败，其主要原因有三点：①人们不习惯接受任何突然的、剧烈的变化，而需要一个他们认为是正常的发展过程；②沟通的目的在于取得预期的反应，所以应该循序渐进地向沟通对象进行信息的传播与灌输；③广告宣传和新闻报道本身，就应该是事件发生以后的逻辑后果。正确选择时机的原则与方法是克服时机障碍的有效方法。例如，一项公共关系计划实施的时机如果恰恰与奥运会的举办发生冲突，那么无论计划的实施者采取怎样得力的宣传措施，恐怕其效果也会在奥运会这种重大的新闻事件面前黯然失色。

小案例 7-1

一家钢铁公司因煤炭涨价引起成本提高，不得不召开新闻发布会宣布每吨钢材提价 4 美元。这本来是合情合理的，客户可以接受。但 4 小时后，这家公司发布本年的年度报告，大肆鼓吹该公司当年获得了创纪录的利润。这两条消息几乎同时发布以后，公众的心理受不了了。于是公众纷纷议论该公司是靠抬高物价获取利润的，普遍对之表示不满。这一做法严重地影响了该公司的形象和信誉，造成这一后果的直接原因是公司不懂发布信息和实施公共关系计划时应正确地选择时机的道理。

在实施公共关系计划时，应怎样选择正确的时机呢？例如：在组织开业之时；当两个或两个以上的不同组织机构或公司合并的时候；当组织推出了重要的新产品、新的商业服务项目的时候；当组织发生了重大的改组变动的时候；当组织的某一个方面被公众所误解的时候；当组织遭遇到重大的危机时及富有价值的信息被组织捕捉到之时。上述情形都是公关活动实施的最佳时机，都需要公关人员在公关工作中进行事先的统筹规划。此外，公关人员还需要根据自己的判断，主动地、创造性地去策划富有特色的公关活动，以最具效果的实施策略来达到不同公关项目的有机搭配，使之形成良好的公关“合力”，达到事半功倍的效果。

此外，公关活动的时机也将受到周围环境因素的影响，如在发生重大国际性或全国性事件时，组织向新闻媒介传播的新闻也许不会引起公众的注意力。因此，公关人员必须根据情况的变化，选择适当的公关活动时机。

（1）要注意避开或利用重大节日。凡是同重大节日没有联系的活动都应避开节日，以免被节日活动冲淡公共关系活动的色彩。凡是同重大节日有直接或间接联系的公共关系计划，可以考虑利用节日为自己烘托气氛，扩大活动影响的辐射范围。

（2）注意避开或利用国内外重大事件。凡是需要广为宣传且与重大事件无关的公共关系活动都应避开国内外重大事件，以免被重大事件所冲淡；凡是需要为大众所知，又希望减少震动且与重大事件有关的活动，可选择在重大事件发生期间，这样可借助重大事件的影响减少社会舆论的压力和关注。

（3）还应注意不应在同一时间内同时进行两项不同的公共关系活动，以免其效果相互抵消。

三、公共关系活动实施方案的设计

1. 分解活动项目

如前所述，公关活动项目是围绕公关目标开展的一系列具体活动。一个公关目标的实现，往往要开展多个具体活动，我们把一个具体活动称为一个活动项目，这是一级活动项目。一级活动项目又可分解为若干个二级活动项目，二级活动项目同样可分解为若干个三级活动项目，直到不能分解为止。我们将不能再分解的最后一级活动项目作为公关工作内容。

例如，克兰罗尔爱美奖学金计划10周年庆祝活动共有6个一级活动项目：征募赞助委员会成员、奖学金获得者近况调查及评选“十佳”获奖者、500家事业昌盛的公司调查、工作与家庭问题专题研讨、午餐庆祝会、新闻专访。对于“午餐庆祝会”，我们可以分解为“会议筹备”和“会议材料准备”两个二级活动项目。对于“会议筹备”，我们又可进一步分解为“策划会议议程”“确定主持人、发言人”“邀请嘉宾”“选择会场”“布置会场”“会前宣传”“会议物资采购”等三级活动项目。

2. 明确实施方法

通过对活动项目的分解，我们设计了若干工作内容。在公关工作内容设计完成后，就要对每项工作内容提出实施工作要求，并根据这一要求设计具体工作方法。

所谓实施工作要求是指公关工作内容的操作目标、原则及注意事项；实施工作方法是指公关工作内容的操作方法。

仍以克兰罗尔爱美奖学金计划10周年庆祝活动为例，对“策划会议议程”这一工作内容，可以提出“简朴、隆重、气氛热烈”的实施工作要求，其实施工作方法则是公关策划方案中所确定的“庆祝生日”似的庆典活动。会议筹备组就应按照这种要求和方法策划出具体方案，然后报庆祝会领导小组审议。

3. 制定实施流程

公关实施流程是指各项公关工作内容之间衔接、协调和配合关系及其有机组合的过程。制定公关活动实施流程，即在完成公关活动实施工作内容、工作方法的设计后，对实施时机、工作进度和各项工作之间的配合关系进行策划和设计。

（1）细化公关活动实施时机。公关活动实施时机是指能够使公关活动获得最佳效果的开始工作时间和结束工作时间。如同对公关活动项目进行分解一样，制定公关活动实施流程时，也要对策划方案中所选择的公关时机进行具体细化，以增强公关活动的可操作性。

（2）编制公关活动实施进度。公关活动实施进度是在确定公关活动实施时机后，对各项公关实施工作内容所需时间进行日历进度安排。在编制公关活动实施进度时，最直观的方法是拟出公关活动时间进度表。编制公关活动实施进度要注意以下两点：

1）必须保证在确定的最佳开始时间启动有关工作，在最佳结束时间完成操作。

2）要充分估计各种因素的干扰，时间进度安排要留有余地。

（3）制定公关活动实施流程。公关活动实施流程中的时间衔接、分工协调和有机组合关系最好通过流程图来表示，并配以文字说明。流程图中的文字说明，主要是对各项工作之间的协作关系、责任关系进行规定。制定公关活动实施流程图可借鉴的方法主要有以下三种：

1）甘特图实施法。甘特图是美国管理工程师亨利·甘特发明的，其制作方法如下：先把公共关系项目和计划分门别类，然后标明完成时期，把每月、每周或每日的进度在图表上标出来，然后按图检查它是否与预期计划相吻合，如有失误，应及时调整，如图7-2所示。

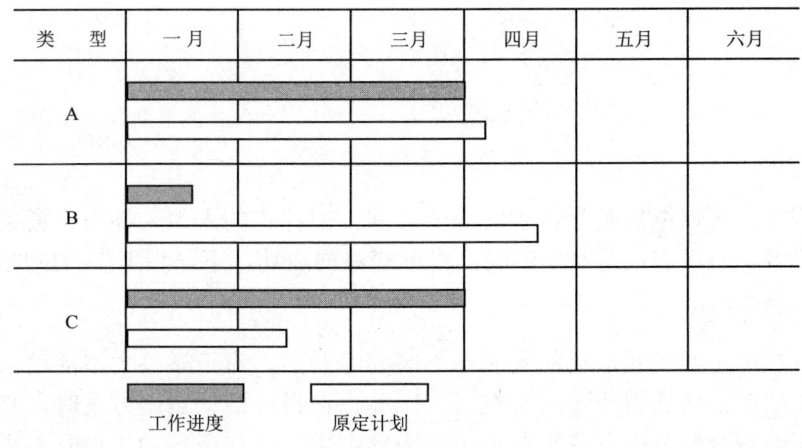

图7-2 甘特图

从图7-2可以看出A类工作完成得比较好，B类工作还有问题，C类计划制订得太松。这种方法的优点是进度控制非常明确、有效，缺点是不能揭示计划中遇到的问题及其原因。

2）线性排列法。线性排列法是将公共关系行动和措施按内在联系为先后顺序有机排列组合起来，再一步一步向目标逼近的方法，如图7-3所示。

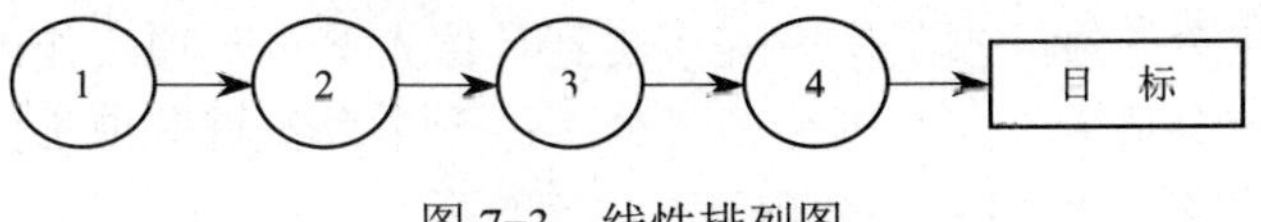

图7-3 线性排列图

例如，美国一家牛奶公司意欲将该公司的消毒牛奶打入日本市场，但遇到一系列的障碍：①日本的消费者对喝消毒牛奶有利于健康持怀疑态度；②日本消费者反对购买此产品，担心消毒牛奶的安全问题；③靠近大城市的牛奶场场主反对消毒牛奶的分销，害怕与其竞争；④由于利益集团施加压力，多家零售商表示不愿经销消毒牛奶；⑤卫生福利农林部门表示，他们需观察一个阶段，然后再决定是否赞成消毒牛奶的广泛推销。为了排除这种障碍，这家公司的第一步行动是与日本卫生部门联系，使之批准销售该产品，因为若没有该部门的批准，公司无法实施下面的计划。第二步说服大零售商来经销消毒牛奶。第三步是与牛奶场取得联系。第四步是对消费者进行消费教育。后三步均是在前一行动取得成功的基础之上进行的，从而避免了人力、物力和资金的浪费。

3）多线性排列法。多线性排列法是将几个行动同时展开、共同迈进的排列法。仍以牛奶公司的四步为例，可按图 7-4 排列。

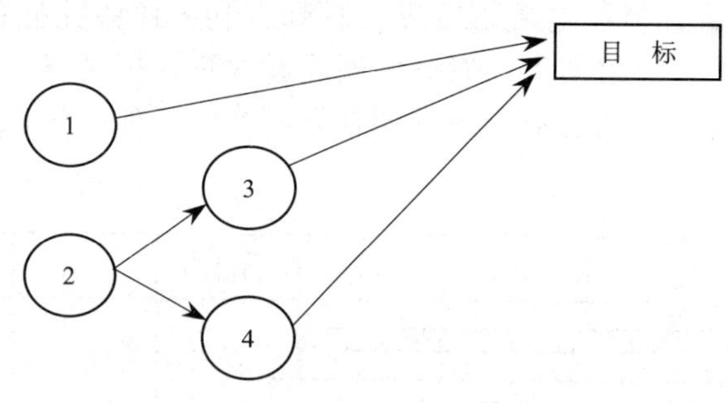

图 7-4　多线性排列图

这种排列方法可以缩短整个计划实施的时间，但花费的人力、物力、资金相对第一种排列的方法要多，而且一旦前面一步的工作不能获得成功，下一步工作将造成浪费。

4．分配预算经费

几乎没有一项公共关系活动的实施是不需要经费的，对于举办大型活动来说，经费如果落实不了，活动的实施就成了一句空话。因此，在设计活动实施方案时，必须将公关策划的总体预算经费合理分配到各项公关工作内容中去，以保证各项工作开支需要。公关活动实施预算分配的结果可表述于公关活动进度表右侧，这样一目了然，便于了解与管理。需要提醒的是，公关策划中的经费预算是留有余地的，目的是防止意外工作增加或策划不周而造成经费不足，因此，在分配预算经费时也要留下 5%～10%的经费备用。

5．组建实施机构

在公共关系活动实施之前，先组建一个专门负责此次公关活动实施的工作机构（小组），主要是确定该项目的总负责人及其助手、各专案负责人，明确其职权及工作分工。在进行人员分工时一定要注意：每一项工作内容落实到具体人员；一项工作内容安排两个以上人员操作时，要确定一个负责人，并进行相对分工；一个人负责多项工作内容时，要考虑工作内容之间的内在关系，使其运作起来高效、方便。

6．培训实施人员

公共关系活动的实施要依靠公关人员进行，其人员素质对公共关系活动能否成功会产生较大影响。所以，在实施公共关系活动时，需要对参与人员进行培训，其主要内容包括实施工作制度教育、操作方法学习与研讨。

公共关系实施工作制度教育，即让每一个工作人员都能明确本次活动的意义、作用和要求，明确每个人负担的工作、承担的责任，同时对特殊规定、容易违反的规定进行重点说明与强调，并通过灌输自身文化理念，提高公共关系实施人员思想道德水平。

操作方法是公共关系活动实施的具体操作规程。在进行公共关系活动实施准备时，通过讲解、模拟训练等形式将正确的方法贯彻下去，让每一个公共关系实施人员都能够熟练掌握运用，以便将失误率降到最低水平。

为了保证公共关系活动方案顺利实施，在设计公共关系活动实施方案时，必须对如何培训实施人员做出明确的规定与说明。

第二节 实施公共关系传播

公共关系传播的过程就是能够巧妙而有效地运用各类传播手段、渠道，将公共关系活动实施方案付诸现实。实施公共关系传播可以从以下三个方面着手：①策划新闻事件，吸引新闻媒介；②准备传播材料，传播活动信息；③选择传播媒介，优化传播效果。

一、策划新闻事件、吸引新闻媒介

策划新闻事件是指社会组织的公关人员运用谋略，设计既有利于组织又有利于社会和公众的行为来吸引新闻媒介的关注，并争取新闻媒介传播，达到提高组织知名度、扩大组织影响的公关活动。简而言之就是“制造新闻”。其作用表现为：①社会组织通过一系列具有新闻价值的公关活动，可以教育、诱导、启发目标公众，增强公众对组织的认同感；②社会组织策划的新闻事件真实性强、可信度高、感召力强，可以拉近公众与组织的心理距离，提高组织与公众的和谐度；③新闻传播影响面广、时效性强，可以产生轰动效应，增强组织的外张力；④社会组织经常以新闻消息、专访等方式将组织推向目标公众，可以提高组织的知名度和美誉度，事半功倍地塑造组织的整体形象或特殊形象。

（一）策划新闻事件的一般原则

社会组织进行新闻策划时应该注意以下几项基本原则：

1．真实性原则

公关人员在进行公关新闻事件策划时，必须符合新闻传播“真实性”的原则。从信息论的角度出发，信息的真实、可信，也是正常社会生活的必要前提和基础。信息论指出：错误的、混乱的信息，还不如没有信息。因为错误的信息可能导致人们做出错误的决策及行为，混乱的信息则将使人们无所适从，导致其行为混乱，其结果对社会生活的影响是不可预料的。因此，在策划新闻事件时真实是生命，不可以“诈”为用，只可以“诚”为本，在事件的真实性的基础上挖掘新闻价值，力争引起新闻媒介的兴趣和关注，吸引其主动发布有关的新闻报道。

2. 新颖性原则

策划新闻事件必须有创造性，要避免“似曾相识”的面孔，要抓住新闻事件的“新”“奇”“特”之处策划出形式新颖、内容新鲜的事件，这样引起公众的高度关注，被人强烈记忆。

3. 时机性原则

杜甫诗云：“好雨知时节，当春乃发生。”策划新闻事件要想取得良好的效果，把握时机是很重要的。新闻策划必须重视新闻推出的时机，同样一个新闻事件放在不同的时间，也就是不同的社会大背景下，会产生不同的新闻效应。善于选择适当时机，寻觅并抓住机会“制造”新闻事件，可以提高和发挥新闻价值，有效地宣传组织形象，产生事半功倍的效果。

4. 周密性原则

策划新闻事件要对方案进行充分的可行性论证，对活动进行周密细致的安排，同时要做好应急、突发情况的处理准备，确保成功实施。

小案例 7-2

1993 年 10 月 28 日，上海展览中心喷泉广场上，赫然矗立着鲜花彩台，中间簇拥着一颗用红花镶成的“爱心”，上空高悬着“今生今世——超天婚礼”八个大字，超天集团和上海市公共关系协会联合主办的一场新颖别致、格调高雅的盛大婚礼正在举行。9 对新郎新娘中，有 5 位来自美国、加拿大、瑞士和我国香港特别行政区。

广场上空，证婚人——著名电影表演艺术家白杨郑重宣布证婚词的声音响起；而后，新人互换戒指；一只上下五层、直径 1 米多的特大蛋糕由 9 对新人分切；广场上响起洪亮的钟声……

——首次在中国举行涉外集体婚礼。

——首次在上海展览中心喷泉广场举行大型婚礼。

——首次由一家企业和公共关系协会联合主办的公益型婚典活动。

……

“首次”，自然成为新闻的热点。超天集团的这次公共关系新闻策划产生了轰动效应，获得了极大的成功。据这次公共关系新闻的策划者介绍，他们由最初的创意萌生到整个策划的形成，经历了一个由浅入深、由粗到细、逐步成熟的过程，从“超天婚礼——超凡脱俗”的主题确定、上海展览中心喷泉广场这一地点的落实、白杨等名流的邀请、新闻记者的邀请、新郎新娘的选择，以及格调与程序的安排等，无不经过慎重周密的考虑才确定下来。

5．曲折性原则

通常一个好的新闻策划，应该有很强的发展性，能够不断“产生”出新的事件和新的角度，紧紧围绕主题层层推进，以“组合拳”的方式进行“新闻轰炸”，从而更好地达到策划目标。

（二）策划新闻事件的技巧

策划新闻事件是一种技巧性、艺术性很强的公共关系活动，需要充分发挥策划人员的创造性和智慧，有时更需要策划人员的偶然灵感和直觉，并无固定的模式。但这并不代表新闻策划无规律可循，事实上，通过系统地分析大量公共关系案例，我们还是可以找出一些带有普遍意义的技巧和方法。

1．抓住热点

“热点”，即指社会上新颖的、被人们普遍关注的事物或现象。它既具有认知度大的特点，同时又具有社会性的特点。如果公共关系策划者能抓住“热点”，必然能产生绝佳的策划创意，策划出“四两拨千斤”的公共关系活动。每一时期都会有每一时期的热点问题。例如：奥运会的举行牵动着亿万体育迷的心；到了春节、中秋、端午等传统节日，与家人、朋友团聚，叙亲情、讲友情又成为人们首选话题。农夫山泉就抓住了奥运会的热点来宣传。2000 年悉尼奥运会，农夫山泉成为中国体育代表团训练、比赛专用水。2001 年，农夫山泉争取到北京 2008 奥申委热心赞助商、中国奥委会合作伙伴等称号。更为经典的是农夫山泉的“一分钱事业”，为支持北京申奥，开展“一分钱一个心愿，一分钱一份力量”的公益性活动。“再小的力量也是一种支持，从现在起，你买一瓶农夫山泉，你就为申奥捐出一分钱”的广告词至今在人们心中还有深刻的印象。因此，组织如果能把自己的活动与这些热点有机地结合起来，就会对一大批公众产生影响，从而引起新闻媒介的关注。

2．借势发挥

新闻策划的借势就是借助具有相当影响力的事件、人物、产品、故事、传说、影视作品、社会潮流等，策划出对自己有利的新闻事件，以引起新闻媒介和公众的关注，从而实现新闻事件策划的自身目的。采用借势法时要注意四个原则：①关联性原则，即所借之势，必须与新闻策划的目标和整个策划活动有着紧密的内在联系；②有效性原则，即所借之势必须自身有较大的影响力、辐射力；③经济性原则，即借势之举本为少花钱多办事，花小钱办大事，“以小搏大”，如果借之亦要付出高成本，则可排除在借势之外；④趋向性原则，即要对所借之势的发展趋势、发展走向仔细考察，如果随着趋势的演进，所借之势可能会朝着反方向发展，朝着不利于企业的方向发展，那么借势是很危险的。

下面介绍几种借势的方法：

（1）借“行业演进”之势。行业成长阶段与发展趋势、技术创新等都是企业可以借的势。

（2）借名人影响之势。请名人作产品“形象代言人”，实际上就是一种向名人“借势”的方法。社会名流、明星、权威人士往往是媒体的宠儿，他们的一举一动都会成为媒体追逐的对象。因此，如果能把组织策划的新闻事件和名流、明星、权威联系起来，被报道的机会就会大增。例如，请名人题词作序，请名人剪彩参加庆典等，借名人之势，是快速提升知名度的办法。但要注意名人的知名范围也有所不同，有不同的等级，影响力也有时期性。不同的名人拥有不同的认知对象，关键还要分析组织所要传播的目标对象与他（她）的拥戴者重合部分的多少，在组织目标公众中能否引起共鸣。

（3）借舆论导向之势。舆论导向是指在一定时期内，大众和新闻舆论有它特定的强调重点，特定的关注焦点、热点、倾向和走向。新闻策划借用舆论导向之势，其原因在于，舆论导向有着引起人们心理共鸣的特征，而且参与的公众广泛，对深入地、广泛地传播组织有关信息或形象有益。

（4）借政策倾向之势。借政策之势要对政策理解、把握、熟悉和运用，政策不是一成不变的，要敏锐地观察政策在不同时期的变化。

（5）借事件之势。引人注目的新闻事件是非常值得借助的力量。借势的办法很多，还有借文化之势、借节日（如黄金周）之势、借气候之势（如空调行业）等。

小案例 7-3

1987 年，天津自行车厂听说美国总统布什和夫人即将访问中国，经调查了解，1974 年到 1975 年间，布什担任美国驻中国联络处主任时，和夫人芭芭拉经常骑着自行车穿行于北京的大街小巷，从他们在金水桥拍摄的照片中看，布什骑的是凤凰男车，而其夫人骑的那辆女车就是天津自行车厂生产的飞鸽牌自行车。于是该厂向有关部门建议，策划了一个向布什夫妇赠送飞鸽自行车的奇招，为此，该厂职工抓紧时间，特意加工装配了一辆绿白色的 83 型男车和一辆红白过渡色的 84 型女车。这种车是刚研制出来的新品种，造型美、重量轻、骑行轻便。

1989 年 3 月 25 日下午，在钓鱼台国宾馆 18 号楼大厅里，两辆色彩明快的轻便飞鸽车作为国礼赠送给了布什总统和夫人。布什夫妇非常高兴，仔细看着车子，连着说："好极了，好极了。"布什总统还兴致勃勃地跨上车子，在众多记者面前做出试骑的样子。在场的中外记者对此进行广泛报道。世界各大通讯社和一些著名的报刊对这一新闻极为重视，用十几种文字，以《美国总统布什和夫人喜得飞鸽车》《飞鸽——和平的使者》《飞鸽——架起友谊的桥梁》《布什总统将在白宫骑上飞鸽》等标题进行报道，新华社也向国内外发了消息和通讯，使飞鸽自行车名扬世界。

3．制造悬念或气氛

在媒体竞争激烈的今天，要想成为新闻并不容易。因此，很多组织在制造新闻时，会有意识地制造一些悬念以吸引公众和媒体的注意力，或者事先就制造一些热烈气氛，使公众有一种先入为主的感觉。

小案例 7-4

某出版商为了推销一本书，在书还没有上市前，就广为宣传，并且煞费苦心地编了以下一段宣传词："该书在排版时，书稿已为工人传阅；装订时，厂长三令五申：私拿一本，罚款百元！"广告一出，果然读者议论纷纷。等到此书推出后，其翻阅率自然很高。感兴趣的，立即购买；犹豫不决的人则会想，那么多人议论，也许是好书，买一本吧！即使那些最后不买书的，也忍不住要翻翻，因为大家都在议论，连翻都不翻一下，好像有一些说不过去。

4．放大感情

在激烈的市场竞争中，任何社会组织都选择了向公众提供优质的产品及服务。而优质服务的真谛就是向公众传递真情。在真情服务中以情感人、以情动人，必然会获得公众真情的回报，而新闻媒介自然就会予以传播。

小案例 7-5

广州松林宾馆依靠真情服务，赢得了公众的好评，自然也就得到新闻媒介的报道介绍。任何一位顾客，只要一踏进松林宾馆，服务员立即就把一杯热茶端上，并有一块香帕递来，让顾客感受到了家人般的问候。服务员通过身份证将每一位顾客的生日记录下来，如果顾客住店恰巧是生日当天，就会有服务员送上鲜花、唱生日歌。对顾客如此讲究感情，松林宾馆自然就会得到公众的回报。

（三）策划新闻事件的步骤

新闻策划从实施的角度来说，主要有以下七个步骤：

（1）受众分析。首先对策划对象所在行业及相关情况有深入的了解，从而分析公共关系活动的目标公众。

（2）确定宣传目标。重点要确定的是宣传的范围和宣传的目标人群。

（3）策划"新闻点"。从组织的新奇产品、特殊人物、成功经验、行业动态和社会活动中能够找到新闻点，但还必须学会"借势"和"造势"方法。策划新闻点要善于进行事件营销，即通过把握新闻的规律，利用或制造具有新闻价值的事件，并通过具体的操作让事件得以传播，从而达到传播的目的。

（4）选择媒体。根据信息的特性和宣传目标来选择媒体。

（5）编制预算。编制预算主要是指预算策划新闻事件的实施费用。

（6）策划的实施和控制。策划人有很强的媒体运作和控制能力。

（7）策划效果评估。通过对策划活动的分析、评价及效果反馈，以检验活动是否取得了预期效果。

策划新闻事件的公共关系活动案例：

小案例 7-6

泸州老窖的金奖宣传活动

1987 年 9 月 13 日，泸州老窖特曲在泰国曼谷第二届国际饮料食品展览会上荣获该会设立的唯一金奖——金鹰奖杯，这是其继 1915 年获国际巴拿马金奖 70 年后的再次获奖。该厂接到由泰国发回的获奖电文后，充分认识到如果金奖捧回厂就算完事，那就没有发挥它应有的价值。于是，公关部立即组织策划，提出了要让中央电视台、电台及全国性各主要报刊播发此消息，让公众知道泸州老窖又获国际金奖，为国再度争光。为方便公众记忆，他们拟定了一条简练的口号："四百年泸州老窖飘香，七十年国际金牌不倒。"

按照拟定目标，该厂决定分三步展开公关活动。

第一步：扎彩车组织游行队伍，按时到火车站迎接金鹰奖杯，尔后在全市举行大游行，引起轰动效应，使全厂职工增强荣誉感，使企业增强凝聚力，使广大市民受到感染。

第二步：向省、市领导报喜，以取得政府的支持，扩展获奖的涵盖，争取以市政府的名义专门召开全市大会表彰酒厂为市、为国争光。

第三步：在征得省政府、商业部的同意后，以四川省人民政府、中华人民共和国商务部的名义在人民大会堂举行隆重庆祝大会。

这次公关活动三部曲获得了圆满成功，1987 年 11 月 3 日下午 5:00～7:00，由四川省人民政府、中华人民共和国商务部联合举办的获奖庆祝大会在人民大会堂隆重举行。中央电视台、北京电视台播发了庆祝会实况；庆祝会后，该厂收集到全国主要媒体刊发这次获奖消息的新闻稿 90 余篇。

二、准备传播材料、传播活动信息

为了取得良好的传播效果，公关人员必须编制出有利于传播的宣传材料，更好地传播活动信息。

（一）准备传播材料应注意的问题

1．突出信息的相关性以吸引公众注意

编制公共关系活动传播材料时，要使这些材料所传播的信息具有相关性，即这些材料所传播的信息应有利于表现某一公关主题，有利于实现某一具体公关目标，使公众通过接收信息了解组织，进而形成或改变对组织的态度。

2．突出信息的显著性以加深公众印象

编制公共关系活动传播材料时，要使这些材料所传播的信息具有显著性，以突出某些事实，便于公众从众多信息中选择、注意和接收这些信息，更好地加深对这些信息的记忆。

3．突出信息的一致性以引导公众理解

编制公共关系活动传播材料时，要使这些材料所传播的信息具有利益诱导性，使公众能够通过接收信息找到某些需要的方式和方法，以此提高组织信息传播的效益。

小案例 7-7

1985 年，广州一家街道小厂——佳丽日用化工厂向市场投放了一种叫"神奇药笔"

的产品，是一种形似粉笔的灭蟑螂药。为了打开销路，该厂在报纸、电视上都做了广告，但收效甚微。其原因很显然：在顾客看来，一家从未听说的工厂生产的这么一种粉笔一样的东西，真有厂家在广告上所宣传的神奇效果吗？花 4 角钱左右买 1 盒（2 支）虽然不算破费，但那种上当受骗的心情并不好受啊。为了打开新局面，该厂想到了新闻宣传这一招。他们派出专人带上产品，专门拜访了《羊城晚报》编辑部，请该报加以宣传。可以想见，编辑和记者们初时也难以相信该产品的效用。然而，该厂人员却早有准备，他们马上当着众人，在屋内放出一群蟑螂，用笔画了一个包围圈。结果，不过几小时，这些害虫尽数死亡，更令人称绝的是，它们没有死在柜底等角落，全都躺在光亮处死去！如此产品，如此效果，本身就是一篇好新闻，怎能不激起编辑、记者们的报道欲望！第二天，该报在头版以上千字的篇幅刊登了一篇有关该厂及其产品的新闻特写，并冠以一个令人惊奇而又切合该产品神奇效果的标题："死给你看！"这样的新闻宣传有多大的效果，读者可想而知。这篇报道除了极大地提高了该产品的国内销量外，还帮助它打开了国际市场。

读了这则小案例后，你对编制公共关系活动传播材料是否有了更深刻的认识呢？

（二）编写印刷各种传播材料

实施公共关系活动时，常用的传播材料有：

1．请柬

请柬在语言上除要求简洁、明确外，还要措辞文雅、大方和热情。一般请柬书写格式比较简单：①在封面上写"请柬"（请帖）二字；②抬头写被邀请者（个人的姓名或单位）名称；③交代活动内容，如开座谈会、联欢晚会、新闻发布会、产品展销会等；④交代举行活动的时间和地点，如果是请看戏或其他表演还应将入场券附上；⑤结尾，如"致以——敬礼""顺致——崇高的敬意"等；⑥署明邀请者（个人、单位）的名称和发出请柬的时间。公关人员在准备请柬时，要考虑请柬是亲自编写好还是直接使用现成通用的格式好，签名打印好还是自己书写好。

2．宣传手册

社会组织的宣传手册，不仅是将文字和图片并列组合在一起，更应该考虑如何使宣传册与企业文化理念相吻合，并注入创意和创新，使之区别于其他社会组织常规样本，并具有很强的宣传作用。

3．新闻报道通稿

公关人员向新闻媒体进行信息交流最主要的工具就是新闻通稿。新闻通稿能最有效地传递信息，并最大限度地帮助记者。在编写新闻通稿时，要注意满足不同媒体要从不同角度报道的需求。

4．标志系统

标志系统包括徽章、标记、宣传资料袋、导向标志、信笺、信封、明信片、商业日历等。

5．广告类

广告类包括招贴、启事、新闻媒体广告传单、商业说明书、征求意见表等。

三、选择传播媒介、优化传播效果

实施公共关系活动要根据沟通的目的，选择传播渠道（人际传播、组织传播、大众传播），在此基础上配合传播媒介，充分考虑信息传播要素（信源、信宿、编码、译码、信道）中每一个环节，使他们互相配合，优化传播效果，共同服务于公关目标。

小案例 7-8

20 世纪 50 年代，好莱坞影片《后窗》曾风靡我国香港地区，该片描写了一个脑部受伤的新闻记者，在家养伤时闲极无聊，便买来一架望远镜，每日坐在屋子里从对面楼层的后窗窥视住户的家庭隐私，从而卷入了一场谋杀案。影片上映后，香港人竞相观看，形成了“后窗热”。这时，香港一家生产百叶窗的企业抓住“后窗热”，充分利用大众传播，在报上连续刊登题目为“请留心你家的后窗”的广告，并多次大量地报道这一事件，从而使社会中的公众突出地议论这一话题，使其生意很快兴隆起来。

在公共关系实施过程中，不同的传播媒介各有长短，公关人员要充分了解各种传播媒介的优缺点，选择最符合活动要求的传播媒介，达到最佳的传播效果。

选择传播媒介的基本原则是：

1．根据公关目标选择传播媒介

每一种传播媒介都有其特定的功能，能够为公共关系的某一目的服务，选择媒介首先要考虑本组织的目标与目的。如果社会组织的目标是提高知名度，则可以选择大众传媒媒介；如果社会组织的目标是缓和内部紧张关系，则应该选择人际传播、组织传播媒介。

2．根据公众对象选择传播媒介

公共关系活动实质上是针对目标公众而进行的信息传播活动，如果要使这种传播活动取得最大的效果，就必须使发出的信息全部或大部分为目标公众所接收。公众由于他们的经济状况、受教育程度、职业习惯、生活方式以及通常接受信息的习惯等，接近不同的媒介，要想将信息有效地传递给目标公众，就要根据具体情况去选择适当的传播媒介。

公关人员在设计制作信息时，一定要充分考虑在调查研究过程中了解到的目标公众的文化、社会和心理等各方面的特点，制作编写适合公众胃口的新闻稿件、广告稿、展览说明和小册子，从而引发公众的兴趣，这样才能使传播活动达到最优化的效果。例如：对经常流动的出租汽车司机最好采用广播的形式；要引起儿童的关注最好是制作电视节目与动画片；对喜欢阅读思考的知识分子则应采用报纸、杂志等媒介。

3．根据传播内容选择传播媒介

各种传播媒介都要有鲜明的特点和一定的适用范围。选择媒介时应将信息内容的特点和各种传媒媒介的优缺点结合起来综合考虑。例如：内容精简的快讯可选择广播，它覆盖面广，传播速度快；内容比较复杂、需要反复思索的报告等，最好选择报纸、图书、杂志等，可以从容研读，细细品味；大型公共关系专题活动的盛况，采用电视则效果最佳，生动、逼真、能引人入胜。

4．根据经济条件选择传播媒介

要根据具体的经济能力和经济条件选择适用的传播媒介，即在组织公关预算和传播投资能力允许的条件下，量力而行，争取取得尽可能最大的传播效果。

在此基础上，按照公关目标、公众特点和信息特性等将媒介进行组合，整合传播媒介，设计传播过程，以达到整合传播的效果。

第三节 调控公共关系活动

在公共关系活动实施过程中可能会出现各种矛盾和问题，公关人员要及时防止各种偏差的出现，做好协调工作，防患于未然，处理好活动中的突发事件，使公共关系活动得以顺利实施。

一、防止公共关系活动出现偏差

公共关系实施过程中，由于种种原因会与预定计划产生偏差，从而妨碍公共关系活动的正常进行，公关人员必须了解出现偏差的原因，防止偏差对活动实施带来的不利因素。一般来说，出现偏差的原因有以下几个方面：

（一）方案目标障碍

目标障碍是指公共关系活动方案中由于目标定位不明确甚至不正确，缺乏可操作性或由于方案制订的活动偏离目标而给实施所带来的困难。在公共关系活动实施的过程中，无论实施的动态性多么突出，实施的原则基本上是根据方案所规定的内容进行，否则，它就不是公共关系活动方案的实施了。因此，公共关系活动的实施必然要受到方案多方面的影响。如果方案目标不明确或不正确，那么尽管实施人员尽心尽力，也会给实施带来种种障碍。

排除目标障碍的根本途径是要求方案的策划者尽量使方案目标具有明确性、正确性和具体性。实施人员在开展实施工作前要检查五个方面：①检查目标是否切合实际并可以达到；②检查目标是否可以比较和衡量；③检查目标是否指出了所期望的结果；④检查目标的完成是否是计划实施者职权范围内所能完成的；⑤检查目标是否规定了完成的期限。

（二）传播沟通障碍

公共关系活动实施的过程实际上是传播沟通的过程。实施过程中的传播沟通并不是一帆风顺的，其主要的障碍是，信息无法被原原本本地接受。造成障碍的原因可能包括：授受双方的背景各异、教育上存在差异、对特定信息的兴趣不同、缺乏相互尊重、授受技巧的欠缺以及年龄、性别、种族和阶层的差异等。在实施活动中，常见的沟通障碍大致有以下几种：

1．语言障碍

语言是以语音为物质外壳，以词汇为建筑材料，以语法为结构条理而构成的符号体系。公共关系传播和沟通只有借助语言才能表达情感、交流思想、协调关系。因而，语言是人类最重要的沟通工具。但是语言是一种极复杂的工具，准确有效地使用语言并非易事。不同国家、不同民族有不同的语言、文字，而在同一国家、同一民族中，由于地区的不同，又有着各种不同的方言，这些都会造成语言障碍。社会组织在公共关系实施过程中，应该聘用通晓本地语言文字或在本地生活的人员开展相应的工作，尽量避免语言文字障碍对公共关系活动造成负面影响。

2．文化习俗障碍

文化习俗是在一定文化历史背景下形成的具有固定特点的调整人际关系的社会因素，如道德习惯、礼节、审美传统等。国家、民族、宗教信仰不同，会形成各种不同的风俗习惯，这些习俗通过家族、邻里、亲朋和舆论约束，往往迫使人们入乡随俗，有时比法律更具强制力。在公共关系传播沟通中如果忽视文化习俗因素，违反社会风俗习惯，就可能会导致失败。

3．观念障碍

观念属于思想范畴，是由一定的经验和知识积淀而成的，在一定的条件下人们接受、信奉这种观念并用以指导自己的行动。因为年龄、性别、教育、经济收入以及其他社会因素的影响，不同的目标公众对待社会事务有不同的看法。多数情况下，他们乐于接受与其原有观念相一致的信息，而回避或不接受与其观念相矛盾的信息。因此，在公共关系实施过程中，一定要认真研究目标公众的观念，研究他们在各自观念指导下形成的生活方式、价值标准以及利用大众传播媒介的习惯等，及时调整公共关系活动的实施策略。

4．心理障碍

心理障碍是指人的认识、情感、态度等心理因素对沟通过程的障碍。例如，在谈判过程中，常常由于一方或双方误解了另一方的意图或没弄清事实真相而浪费了大量的时间，因此，在沟通过程中，时时注意检查自己各种假设的真假，并对对方的假设做出预测是十分必要的。除了认识方面的障碍以外，情感的失控也会导致沟通受阻，与此同时，态度欠妥也不能取得理想的沟通效果。

（三）环境障碍

公共关系环境障碍是指实施环境中的各种制约因素，如政治环境因素、社会环境因素、经济环境因素、科学技术环境因素等。

（四）组织障碍

组织在这里指由若干系统所组成的、开放的社会系统，合理的组织机构能够有效地进行内外沟通，加速信息传播；反之，不合理的组织机构则会束缚沟通，导致沟通障碍。具体表现为：

（1）传递层次过多导致信息失真。信息在传递过程中，中间环节越多，正确率越低，甚至有时最后的信息与原来的信息相比已面目全非，因此，在组织机构上尽量减少层次，减少信息传播环节，是保证沟通准确无误的有效措施。

（2）机构臃肿导致沟通缓慢。机构臃肿不仅表现为组织层次多，还表现在每一层次的构成单位也很多。一条信息经历如此多的层次和单位，必然要消耗大量的时间。

（3）条块分割造成信息沟通“断路”。条块分割的组织机构，使信息很难畅通无阻，有时只要一个工作环节出了问题，就很难实现有效沟通。

（4）渠道单一造成信息量不足。这种沟通中的组织障碍，主要是指信息的传递基本上是单向的上情下达，而没有双向的反馈系统，忽视了由下往上的信息传递，因而送达到决策层的信息量明显不足。

二、做好公共关系活动协调工作

在公共关系实施过程中，要使工作的各个方面达到和谐、互补、配合、协调的状态。公共关系实施是一项系统工程，各项工作只有相互有机配合才会达到整体最佳。各自为政，相互矛盾，只能增加内耗，严重时必然导致公共关系实施的失败。因此，一旦出现矛盾，实施机构就要及时协调，这样才能提高工作效率，减少或杜绝人力、物力和财力的浪费，保证公共关系目标的实现。

公共关系活动涉及面广，协调工作显得十分重要，具体包括：①要与新闻界建立良好的合作关系。制造新闻能不能成功，其标志是能不能引起新闻界注意并加以报道，新闻媒体是最后的“把关人”。为此，一方面组织的公关人员要了解新闻媒介的宗旨、风格、报道重点和工作方式，以便有的放矢地策划新闻；另一方面组织要注意与新闻机构联合举办活动，在活动中增进与新闻媒体的关系，从而增加被新闻媒体报道的机会。②要协调好各个部门间的关系，特别是宣传、供销、广告等部门与团体之间的关系，避免互相脱节、互相牵扯甚至互相矛盾的现象产生，否则各部门间会产生抵消作用，影响公共关系的实施进程。③要协调好各个项目之间的联系。各个项目在实施过程中既相互区别又相互关联，要做到有机过渡，有机衔接，必须精心协调。④要协调好人员、物资的运转关系，大型公共关系活动人员的调用、物资运输是一门技术，可以用图表形式将人员、物资运转之间的相互关系明确地呈现出来。

三、处理公共关系活动中的突发事件

对公共关系活动实施的最大干扰，莫过于突发事件。突发事件是公共关系实施中由于工作的疏忽或其他原因而产生的一些特殊情况，主要包括两大类：一类是人为的纠纷危机，如公众投诉、新闻媒介的批评、不利舆论的冲击等事件；另一类是不以人的意志为转移的灾变危机，如地震、水灾、火灾、空难等。这些重大的突发事件对公共关系活动的实施干扰极大。因为突发事件一般具有以下四个特征：①发生突然，常常令人始料不及；②来势迅猛，常常令人措手不及；③后果严重，危害极大；④影响范围大，易给整个社会带来恐慌和混乱。一个社会组织如果不善于处理突发事件，那么不但会使整个公共关系活动难以实施，甚至会影响到本组织的生死存亡。

面临突发事件应当保持头脑冷静，防止感情用事，认真剖析原因，正确选择对策。据一位日本公共关系专家介绍，面临突发事件时，在传播沟通方面应注意以下六个问题：

（1）实事求是地发布消息，不清楚的地方不要轻率地告诉对方，不要把主观臆测混在其中。

（2）发表的时机很重要。不能因过于慎重而贻误时机，以致使流言、谣言产生，引起混乱。

（3）发表消息时尽量统一形成文字，因为口头讲话容易被误传。

（4）为防止外界误传，宣传中要统一口径，不能随便发表言论。

（5）有些社会影响大的问题发表消息越早越好。

（6）一旦事故出现，应有专人联络新闻界，把情报工作抓起来，尽快平息混乱。

小　结

1. 公共关系活动实施非常重要也极为艰巨。为了保证公共关系活动实施取得预期的效果，必须在公共关系策划的基础上设计公共关系活动实施方案。设计公共关系活动实施方案要注意抓好六个环节的工作：分解活动项目、明确实施方法、制定实施流程、分配预算经费、组建实施机构、培训实施人员。

2. 公共关系传播是将公共关系活动实施方案付诸现实的过程。在这一过程中，要着重做好三个方面的工作：策划新闻事件，吸引新闻媒介；准备传播材料，传播活动信息；选择传播媒介，优化传播效果。

3. 在公共关系活动实施过程中可能会出现各种矛盾和问题，公关人员要切实做好公共关系活动的调控工作，使公共关系活动得以顺利实施。

4. 公共关系实施过程中，由于种种原因会与预定计划产生偏差，从而妨碍公共关系活动的正常进行，公关人员必须具备纠偏能力，防止偏差对活动实施带来不利影响。

5. 公共关系实施是一项系统工程，各项工作只有相互有机配合才会达到整体最佳，否则，可能导致公共关系实施的失败。公关人员要努力做好公共关系活动实施中的各项协调工作：一要协调好与新闻媒介的合作关系；二要协调好组织内部各个部门间的关系；三要协调好各个项目之间的关系；四要协调好人员、物资的运转关系。

6. 对公共关系活动实施最大的干扰，莫过于突发事件。当面临突发事件时，公关人员应当保持头脑冷静，防止感情用事，要认真剖析原因，正确选择对策，处理公共关系活动中的突发事件。

知 识 考 核

1．公共关系活动实施具有哪些特点？
2．公共关系活动实施的原则有哪些？
3．如何设计公共关系活动实施方案？
4．如何策划新闻事件？
5．准备传播材料要注意哪些问题？
6．选择公共关系传播媒介的原则是什么？
7．调控公共关系活动要注意哪些问题？

技 能 训 练

1．阅读下面的案例，分析公关人员是如何“制造新闻”的，制造新闻应注意哪些问题？

1988 年 2 月，上海华亭宾馆的公关人员针对企业急需提高知名度的实际情况，策划推出了题为“美国食品周”的公关专题活动。“食品周”期间，中外宾客同当地市民一起品尝了火鸡、小羊肉、开胃菜、小甜饼等美国风味小吃，还兴致勃勃地观看了同时展出的好莱坞西部片中那种老式吉普车、汽油灯、马鞍、竹筐等，情趣盎然的异国情调吸引着一批又一批的公众流连忘返。一时间“美国食品周”成了大众传媒报道的热点新闻，与此同时，华亭宾馆也成了上海公众津津乐道的热门话题。

2．运用公共关系实施的相关知识分析下面的案例（例如，从公共关系实施管理、环境障碍等方面分析）。

1999 年 6 月，在春江市“阳歌杯”全民健身周长跑竞赛中，不幸多人中暑，两人死亡。当日上午，春江市骄阳似火，天气暴热。9 时整，3 000 多名运动员参加了 1.5 千米长的群众性长跑活动。随后，其中的 350 名运动员移师江滨路进行长跑竞赛。其中，中年男、女组和青年组赛程为 8 千米，少年组为 3.6 千米。由于在烈日下激烈的奔跑，有不少运动员先后出现程度不一的中暑反应。8 名中暑较严重的运动员被迅速送往市急救医疗中心抢救。伍某在途中中暑摔倒，头部被摔伤，待送达急救中心时，伍某心跳已停止。夺得中年女子组竞赛第 2 名的春江市第一机床厂的申某也因中暑不治，于次日凌晨死亡。

3．根据小案例 7-6《泸州老窖的金奖宣传活动》，撰写一份详细的公共关系活动实施方案。

第八章

公共关系评估

学习目标

1．熟悉公共关系准备工作、实施过程和活动效果评估的基本内容，能够制订具体的评估标准。

2．熟悉自我评估、公众评估、专家评估等公共关系评估方法，能够运用特定的评估方法开展评估活动。

3．熟悉公关评估报告的内容要素和撰写方法，能撰写规范的公共关系评估报告。

1950年6月25日朝鲜内战爆发后，美军于7月2日介入战争，9月15日在仁川登陆，继而北上鸭绿江。在美国当局为军事上的胜利得意之时，一些头脑冷静的政府官员和战略思想家都担心中国政府会出兵朝鲜。在政府外，一些了解、研究中国问题的学者也对这一关乎美国战略胜败的问题展开了研究。兰德公司（RAND）在朝鲜战争刚开始，就投入大量人力对该问题进行研究。兰德公司的专家们通过对朝鲜战争的综合分析，结合对中国民族性和中国内政、外交形势的研究，最后写出了一份重要的研究预测报告，该报告可用七个字概括："中国将进入朝鲜。"兰德公司的这一报告向五角大楼开价200万美元，但五角大楼认为兰德公司的研究报告要价太高，且美国最高决策层和军界的高级官员都认为中国军队绝不会进入朝鲜与以美国为首的"联合国军"作战，于是没有理睬。10月25日，中国军队进入朝鲜参战，五角大楼看到兰德公司的预测变成现实，追悔莫及，朝野一片哗然。1953年朝鲜战争结束后，五角大楼为了全面检讨在朝鲜战争中的决策失误，最后还是以200万美元的价钱买回了那份早已过时的报告。

像兰德公司这样的社会咨询研究机构在国外被称为"思想库"。现代意义上的思想库以公共政策研究及影响决策为其首要发展目标，以政府部门、各类社会集团组织或企业等机构为主要服务对象，对涉及政治、经济、外交、军事、科技、社会等各个领域、各个层面的决策和开发进行调查研究、出谋划策，提供各类咨询及建设性的参考意见或政策报告，其研究的最终目的是解决各种现实问题。公共关系评估与这种咨询研究具有异曲同工之妙。

公共关系评估是指评估者根据特定的标准和方法，对公共关系的整体策划、准备工作、实施过程以及实施效果进行测量、检查和判断的一种活动。公共关系评估的目的是取得关于公共关系工作过程、工作效率和工作效益的信息，作为决定开展公共关系工作、改进公共关系工作和制订公共关系计划的依据，调整组织的公共关系目标、公共关系政策和公共关系行为，使组织的公共关系成为有计划的持续性工作。

公共关系评估是改进公共关系工作的重要环节，是开展后续公共关系工作的必要前提，是鼓舞士气、激励内部公众的重要形式，它能使组织领导人看到公共关系工作的效果，从而重视公共关系工作。

美国公共关系经典教科书《有效的公共关系》将公共关系评估的过程概括为10个基本步骤：①对评估的用途和目的达成一致；②确保组织对评估的承诺并使研究成为项目的基础；③在部门内取得对评估研究的共识；④用可以观察和测定的术语写出项目目标；⑤选择最合适的标准；⑥确定获取证据的最佳途径；⑦保持完整的项目记录；⑧运用评估结果；⑨向管理层报告研究结果；⑩丰富专业知识。

在本章里，我们着重研究如何制订公共关系评估标准、实施公共关系评估活动、撰写公共关系评估报告，来帮助你掌握公共关系评估的程序和方法。

第一节 制订公共关系评估标准

公共关系评估在公共关系专业领域一直是一件非常困难的工作，即使在现代公共关系的发源地美国也是如此。1977 年，在美国电报电话公司（AT&T）的资助下，美国公共关系效果测量联合会（The National Conference on Measuring the Effectiveness of Public Relations）在马里兰大学成立。随后，美国公共关系协会要求申请加入这一协会的组织，提供对其公共关系活动进行详细评估的具体方案。然而，美国公共关系协会于 1980 年调查发现，申请加入该协会的组织 70%都不符合这一要求。1982 年，美国《财富》杂志对 1 000 家企业进行调查，发现其中只有 48%运用了公共关系评估的方法，而其余的 52%则没有运用这一方法。究其原因，是因为公共关系活动难以产生即时的、直接的和非常明显的效果，它的影响是深远的、间接的和持续的。量化的数字不足以全面衡量公共关系活动效果，但凭感觉来判断又与现代科学管理的精神相违背。公共关系评估应该在理性与感性，数字与数字以外的空间寻找一个最佳结合点，确定科学合理的评估方法，让公关主体与公关从业人员都可以判断公共关系活动的服务效果和服务价值。

开展公共关系评估，我们首先要明确评估的内容是什么，由谁来进行评估以及用什么标准评估。

一、公共关系评估面临的困难

公共关系评估在现实中遇到的困难主要有下述六个方面：

（一）评估内容不同

评估内容不同，即公关主体与公关从业人员对评估结果的识别方法不同，很多工商企业认为识别公共关系项目是否成功主要是看销售量提升与否，而公关从业人员则认为应该是公众态度、公众观念与公众行为的变化程度。

（二）评估标准不一致

即使公关主体与公关从业人员使用同一种识别方法，但在标准上很难统一。例如，同是使用品牌形象的提升作为识别方法，而提升的幅度多大可视为成功？没有一个固定的标准可以衡量。

（三）评估标准难以量化

大多数公共关系活动的效果都是难以量化的，这既是另一个难题又是标准难以统一的原因。

（四）评估缺乏连贯性

由于评估的种种困难，使公关主体与公关从业人员对评估只是偶然为之，结果导致无法通过对历史的总结而形成一套针对公关主体行之有效且被双方相互认可的评估方法。

（五）内在因素的影响

一个公共关系目标的实现，被很多因素制约和影响。例如，公共关系活动提升了品牌的知名度和美誉度，但由于产品质量和服务质量在活动期间是下降的，所以两者抵消，公共关系的效果就得不到体现。

（六）外在因素的影响

外在因素的影响也给公共关系活动客观效果的评估带来困难。一种常见的情况就是来自同期竞争对手公共关系活动的影响。公共关系效果不够理想，有可能是公关从业人员的问题，也有可能是因为公共关系投入不足，属于公关主体的原因。

小案例 8-1

某公司总裁听完销售经理关于上月销售绩效的汇报后，让秘书通知公关经理来汇报公关工作。

公关经理：我们这个月发了创纪录的 15 万字，超出华强公司三分之一，这是传播简报！（等待总裁的夸奖）

公司总裁：哦，辛苦了！但华强公司上月的销售势头很猛，销售部门反映，从经销商和用户端得到的印象是，他们的声音比我们强。这是怎么回事？（显得有些烦躁）

二、公共关系评估工作的主体

（一）公共关系评估的主要内容

公共关系应该如何证明自身的服务价值，这是公关从业人员迫切想要解决的问题。根据公共关系的工作原理，我们把公共关系评估的内容分为三大类：公关输入、公关输出和公关效果。

1. 公关输入

公关输入即按照公共关系策划方案，公关从业人员在项目实施期间需要完成的各类公共关系工作。对公关输入的评估即对公关从业人员在工作中所形成的一系列材料进行评估，这些材料包括项目策划书、项目实施方案、现场效果图、活动参与人员名单、媒体名单、新闻报道、现场反馈测评以及项目所形成的知识产权文件（文字资料、图片资料和影像资料）等。对公关输入的评估操作相对比较容易，评估结果也可一目了然，但这种评估仅仅可以看出公关从业人员对规定工作的完成情况，而难以判断其工作质量和是否达到了相应的效果。

2．公关输出

公关输出是指公共关系活动对目标公众的覆盖范围和信息到达率。对公关输出的评估就是对公共关系活动实施过程的评估，它包括现场反馈测评（现场效果是否积极，是否富有成效，由参与人员评价）和媒体监测统计（报道落地率、报道准确度、报道覆盖范围等是否达到预期目标，由媒体监测数据反映）。一般而言，出席媒体数量、发稿媒体、报道数量和新闻报道所相当的广告价都是评估公关输出的主要标准。对公关输出的评估操作，相对容易地解决了评估内容、指标和标准的问题，但它不能把公关输出的结果与最终的公关目标和服务价值有效地联系起来。

3．公关效果

公关效果是公共关系评估的核心部分，也是难点所在。对公关效果的评估就是通过考察与衡量公共关系工作对实现公关主体特定公共关系目标的贡献程度，来判断公关从业人员工作质量的高低和公关主体投入产出的性价比。公共关系目标有多种形式，比如提高产品销量、提升品牌形象、改善公众关系等，我们可以将它们简化为目标公众的信息知晓率、态度改变程度和行为改变程度。这三个方面基本上可以涵盖所有的公共关系目标。

除了上述的三种评估内容外，公共关系评估还包括对公共关系工作过程的评估，如是否采用了科学合理的工作方法，是否使用了合理的技术工具，项目策划书和实施方案是否产生了预期效果，资源调动和使用是否合理，现场活动参与人员的到位情况以及工作流程是否科学严谨等。

（二）公共关系评估的评估者

不管评估的内容是什么，最终都需要解决的一个问题是到底是由谁来评估？评估者决定了评估的公正性、可靠性和评估成本。根据公共关系评估工作的操作实践，我们把评估者分成下列三种：

1．公共关系活动的主办者

公共关系活动的主办者是公共关系活动的组织者、策划者或实施人员。他们是从当事人自我的角度总结自己的工作做得怎么样。

2．公共关系活动中的公众

公共关系活动中的公众是公共关系活动的影响对象，也是公共关系活动的参与者。他们是从活动参与者的角度评价公共关系活动的效果。他们的评价往往是一种体验式的评价。

3．公共关系专家

公共关系专家主要来自专业公共关系公司、公共关系协会，或科研院所的公共关系专家、学者。他们是专业的公共关系评估师。他们往往从公共关系的角度，科学、理性地评价公共关系活动本身的效果。

（三）公共关系评估人员的选择

就像体育竞赛一样，我们一方面需要完全由裁判员组成的评委会来打分，给众多选手的表现评出高低上下，另一方面是对于达成这个结果的过程的评估，它有赖于运动员和教练员自身，这是裁判员无法代替的工作。从成本和效率方面考虑，自我评估是必要的，从公正性和客观性的角度考虑，则必须借助第三方的评估结果。当选择第三方评估时，专家的专业性、公信力以及在行业里的影响力尤为重要。有效地把自我评估和第三方评估相结合，可以大大增强公共关系评估的说服力。

三、公共关系评估标准的制订

不管由谁来评估公共关系效果，首先要做的就是制订公共关系评估标准。公共关系评估标准是检验公关工作的参照系，有了参照系才能通过比较来检验公关计划与实施结果。即使这一评估标准是定性的而非定量的，仍需制订出一个明确的评估标准。这就需要评估人员将有关问题，如评估重点形成书面材料，以保证评估工作的顺利进行。如果评估标准不明确，则会在调查中收集许多无用的材料，影响评估的效率与效果。

公共关系专家学者在对公共关系评估工作进行研究的基础上，根据公共关系过程的不同阶段，提出了公共关系评估的标准。

（一）公共关系准备工作评估标准

公共关系准备工作评估主要考察公关准备工作的情况是否已经按照要求通过一定的形式表现出来，具体有以下三条评估标准：

1．针对设计项目的背景信息的充分性

这一环节评估的主要任务是检验是否遗漏了对项目有影响的因素。例如，在确定公关目标公众时，是否遗漏了关键的公众？哪些信息和资料还需要改进？所需材料是否都准备充分？所有关键因素和各项工作是否都已经确定？这些都需要给予正确的评估，以保证实施阶段公关工作的正常进行。

2．信息和活动内容的适应性

这一环节评估的主要任务是检验公共关系活动是否适应形势要求，公共关系活动中准备的信息资料是否符合问题本身、是否符合目标公众及媒介的要求？沟通活动是否在时间、地点、方式上符合目标公众及媒介的要求？有没有对沟通信息与活动的对抗行为？有没有策划媒介事件或其他行动配合这次公共关系活动？活动人员与预算资金是否充分？

3．信息和活动表现形式的有效性

这一环节是准备过程评估的最后一个环节，其重点是考量信息和活动表现形式的有效性。例如，项目设计的创意有无水平？活动主题的设计是否新颖？有关信息传递资料及宣传品设计是否运用得当？图表、图片及展示方式的选择是否合理等。

总之，公共关系准备工作的评估必须对资料的充分性、合理性、有效性进行认真的分析，确保策划方案与组织目标相吻合，为下一阶段有效地实施策划方案奠定基础。

小案例 8-2

丰田霸道广告风波

丰田汽车在杂志上刊登出三款新车广告——陆地巡洋舰、霸道、特锐平面广告，意欲在中国传统节日春节期间取得销售佳绩。出乎意料的是，其中两则广告引发了中国公众的极大不满，雄心勃勃的广告推广活动最后演变成了公关危机事件，大多数网友把抨击的矛头指向了丰田公司、广告制作公司和刊登广告的杂志，要求他们赔礼道歉。

惹祸的是“霸道”和“陆地巡洋舰”的两则广告。其一为“丰田霸道”广告：一辆“霸道”汽车停在两只石狮子之前，一只石狮子抬起右爪做敬礼状，另一只石狮子向下俯首，背景为高楼大厦，配图广告语为“霸道，你不得不尊敬”。其二为“丰田陆地巡洋舰”广告：该汽车在雪山高原上以钢索拖拉一辆绿色国产大卡车，拍摄地址在可可西里。

这两则广告一出，引起了轩然大波。很多网友认为，石狮子有象征中国的意味，“丰田霸道”广告却让它们向一辆日本品牌的汽车“敬礼”“鞠躬”，“考虑到卢沟桥、石狮子、抗日三者之间的关系，更加让人愤恨”。对于拖拽卡车的“丰田陆地巡洋舰”广告，很多人则认为，广告图中的卡车系“国产东风汽车，绿色的东风卡车与我国的军车非常相像”。为此，众多网友在新浪等网站发表言论，认为丰田公司的两则广告侮辱了中国人的感情，伤害了中国人的自尊，这是带有侮辱和侵略性的广告，读者的民族情结高涨，甚至提升到政治的高度。网友开始全面反击，制作丰田负面广告，最有代表性的有两则：两尊威风凛凛的石狮把夹在中间的“霸道”车翻了个面；一辆长东风汽车装载着一辆丰田“陆地巡洋舰”，广告语为“东风汽车为丰田陆地巡洋舰指定施救车。”

（二）公共关系实施过程评估标准

公共关系实施过程评估阶段中通常有四个不同层次的评估标准。

1．发送信息的数量

这一评估环节需要了解所有信息资料的制作情况和宣传活动的进行情况，包括公关活动实施中所进行的广告、广播、宣传活动、讲话次数、开会次数、信息发布数量，以及其他宣传材料以及新闻发布的数量。

2．接受信息的公众数量

这一环节将收到信息的各类公众进行分类统计，从中找出目标公众的数量。在这里，接受传单信息的人数、参与某项事件的人数、出席会议和展览的人数，都可以作为这种评估的参考数据。

3．关注信息的公众数量

从收到信息的各类公众中统计出真正关注信息的公众数量，考察他们对信息知道多少，接受到什么程度，以此评估信息传播的实际效果。

4. 媒介关注的程度

可以根据媒介关注的程度，来判断公关活动的有效度。根据公关活动的新闻性和社会意义，将媒介的关注程度分为不报道、一句话新闻、消息报道、人物专访、事件报道、公关专题报道、深度访谈等级别，以此来判断媒介关注的程度。

小案例 8-3

欢迎试坐

第四届北京国际汽车展览会，国内外近千家厂商参展，气氛火爆异常。展厅里，一辆辆靓车光彩夺目，引得满场人潮涌动。更为精彩的是，各参展厂商公关高招迭出：法拉利跑车旁，有“法拉利小姐”的狂歌劲舞和歌星签名；绅宝车前，有异国淑女迷人的微笑；福特公司则让金发碧眼的姑娘，与活泼可爱的中国儿童同台演出；而奥迪厂家破天荒地使出绝招——所有奥迪展车，欢迎观众试坐。只见一个个试坐的观众喜形于色，乐不可支：打方向，踩刹车，点油门，踩离合，俨然就是车主，实实在在地过了一把车瘾。更多的围观者则看得眼热心跳，跃跃欲试。一时间，观众对奥迪厂家的做法赞美有加，纷纷前去试坐，奥迪车展台前成了展览的新闻特点，各路记者纷至沓来，奥迪车随之声誉鹊起。

（三）公共关系实施效果评估标准

实施效果的评估是一种总结性评估，主要检查公关活动对公众的影响和所取得的效果。其评估标准有以下五点：

1. 了解信息内容的公众数量

要看目标公众通过公关活动对活动内容有什么了解，了解的程度是否加深，了解的内容是否全面，从而比较公关活动前后公众对组织信息的容量。为了检测出公关活动的效果，可以采取区域公众比较的方法。根据地域和管理单位，可以先将公关活动有意识地限制在一定区域范围内，然后逐渐推广到另外一个区域，比较这个区域范围内的公众对信息内容了解的人数差异和程度差异，测定该项活动在何种广度和深度上增进了公众对组织及有关信息的了解，以评估促进公共关系活动的有效开展。

2. 改变观点、态度的公众数量

运用舆论调查方法，检查了解信息内容的公众在观点、态度方面发生的变化。

3. 发生期望行为和重复期望行为的公众数量

行为发生变化的人们在行为改变之前，肯定接受了某些信息或在某些方面的观点发生了变化。在掌握了发生期望行为的公众数量之后，应注意了解重复期望行为的公众数量。例如，为了响应政府的号召组织社区舞会，我们不能单纯计算在开展这一活动的第一天内参加舞会人数的总数，因为这并不能充分说明这一运动的影响效果。对这些运动的实施效果的评估要根据运动开展后一段时间或一个、几个周期的持续观察数据。评估一项公共关系活动在改变人们长期的行为方面所取得的效果，需要较长期的观察，并取得足以说明人们行为调整后不断重复与维持期望行为的有力证据。

4．达到的目标与解决的问题

这是公关活动效果评估的最高标准，主要是看公关工作的决策是否达到了预期的目标。不过有时候，公关活动产生的结果并非与计划目标一致，但是这些结果同样是积极的，可以认为是达到计划目标的其他表现方式。例如，组织群众参加社区舞会活动，其目标是为了响应政府锻炼身体的号召，营造和谐的社会环境；可在活动进行了一段时间后，社区舞会参与的人数并不多，甚至越来越少，但群众也不再老待在家里，而是按年龄、兴趣组织成了各种兴趣小组。从表面看来，这次活动结果与既定的目标不完全吻合，但是结果也足以说明，这次活动是成功的，因为它同样陶冶了情操，加强了群众之间的交流和团结，社区的和谐气氛得到了进一步改善。

5．对社会产生的影响

有的公共关系活动会对社会政治、经济、文化和社会风尚、社会心理产生一定的作用和影响，这种影响同其他各种因素共同作用，并在较长时间里以复杂的、综合的形式表现出来 。因此，公共关系活动在优化社会政治环境、社会经济环境、社会心理环境等方面的作用，也应是评估公共关系活动实施效果的一个重要标准。

在实施效果的评估过程中，要结合工作的特点和作用，通过自我评估，注重社会评估，注重公众反应，注重社会舆论的态度和意见，以及既定的目标是否实现等一系列不同的标准和方法，相对客观、准确、科学地对公关活动的效果进行测评。

小案例 8-4

丽江的文化之旅

世界文化遗产丽江古城不仅以神奇壮丽的自然景观吸引着来自世界各地的旅游者，富于特色的民族文化风情也在旅游业发展过程中扮演着越来越重要的角色。丽江旅游文化公关活动通过主题仪式、主题典故和主题活动等形式，分别以大型民族风情舞蹈《丽水金沙》、东巴文化、纳西古乐和木府古城博物馆等要素，展现其独特的地方文化，强化文化旅游活动的历史悠久感，提升活动的文化品位，满足了大众的求知心理，增强了景点的吸引力，提升了景点的知名度，以纳西古乐、东巴文化、文化遗址保护为核心的“文化旅游”，成为丽江整体形象中的标志性品牌。

以大研古乐会和东巴宫为代表的纳西古乐队，依靠洞经音乐博大深邃的文化底蕴，从组建之初就与市场紧紧相连，走出了一条成功的经营之道。古乐队出访世界20多个国家和地区，所到之处，无不引起人们的惊叹称赞。目前，丽江拥有20多个古乐演奏团体，整个古乐产业的年收入达到近500万。

东巴文化是纳西族最引以为自豪的民族文化精髓，丽江市东巴文化博物馆，充分利用白沙壁画景点、文物收藏品，先后举办了50多次专题展览；组织各种东巴歌舞表演、东巴宗教仪式，积极开发工艺品和富于民族地方特色的旅游商品。整个东巴文化产业年产值达1 000多万元。古老神秘的民族文化在为地方经济创造财富的同时，也培养了一大批文化传承人。

投资 800 万元的大型民族风情舞蹈《丽水金沙》，自正式公演以来，观众已达到数万人次。在民营企业的加盟下，重新组建的演艺公司，歌舞团50多名演职人员每月收入至少2 000元。整台晚会年产值达1 000万元。

以纳西古乐、东巴文化、民营文化、文化遗址保护四大部分组成的文化产业，每年为地方创造1亿多元的产值。

对于公关主体而言，公共关系评估是对公共关系活动最终结果的评估，一般应该发生在项目结束以后，用以衡量公共关系投入的价值以及考查公共关系从业人员的能力，并最终决定是否继续投入；而对于公共关系从业人员而言，公共关系评估一开始就纳入计划和实施的过程中，避免过程偏离最终目标。所以对计划和过程中的每一个步骤进行及时的评估与纠偏，并最终取得公关主体希望达到的目标，是公共关系从业人员使用评估这一工具的根本目的所在。

制订公共关系评估标准是公共关系评估准备阶段的核心工作。公共关系评估者根据公共关系策划目标选择适度的评估指标，制订公共关系评估标准后，必须取得公关主体最高管理者的认可并将评估过程纳入公共关系工作计划之中，而且必须在公共关系部门内部取得对评估的一致意见。只有这样，才能保障公共关系评估工作顺利展开。

第二节 实施公共关系评估活动

公关主体欲让公共关系带来更大的价值，公关从业人员欲得到更多的支持，甚至公共关系这个行业欲得到更大的发展，公共关系评估必须走向前台并且落到实处。正如公关专家Linda Childers Hon所言："在一个精简机构和零基预算编制法的组织环境中，没有可测定的结果做依据，公共关系很难信服地说明这一功能是有效的。"实施公共关系评估活动，是让公共关系评估走向前台的必由之路。

公共关系评估实施阶段的主要工作包括确定收集资料的最佳途径、根据评估标准进行有效评估、整理分析评估资料。

一、确定收集资料的最佳途径

公共关系评估资料收集的途径和渠道非常广泛，如何快速有效地选择收集资料的最佳途径，是公共关系评估实施阶段需要解决的首要问题。在收集有关评估资料方面，没有绝对的唯一最佳途径，方法选择取决于评估的目的和已经确定的评估标准。

1．观察反馈法

观察反馈法是由评估人员直接参与实施过程，进行实地考察，记录各个环节实施的状况和顺序以及进展情况。

2．舆论和态度调查法

舆论和态度调查法是在公共关系活动的前后分别进行一次舆论调查，检查公共关系活动对公众的态度、动机、心理、舆论等方面的影响。通过舆论与态度调查，借助“组织形象地位图”，检查组织知名度和美誉度的改善情况；运用“组织形象要素调查表”，检查组织形象要素的具体构成有了哪些进步；通过“形象要素差距图”，检查组织实际形象与期望形象之间的形象差距有多少改善。

与公共关系策划之前的公共关系调查相比，公共关系评估阶段的调查在目的和侧重上略有不同。评估阶段的调查必须以在前面所做的调查及其结果作为参照，从而使自己的目标、对象更明确、具体，也使自己的调查结果更具有前后可比性，更加可信。评估阶段的调查完全可以作为下一步公共关系工作开始之前所做调查的有机组成部分，为后面的工作创造条件，奠定基础。

3．新闻报道分析法

新闻报道分析法是指根据组织在新闻媒体的见报情况来评估公共关系效果的方法。新闻舆论的敏感度很高，是反映组织形象的一面镜子。根据新闻传播的数量、传播的质量、传播的时间、传播媒介的影响力、新闻资料的使用等方法来进行评估，可获知本组织形象的状态。

4．实验法

实验法的实质是利用事物、现象间客观存在的相互关系，通过调节某个变量（如公共关系活动前后、某个企业的声誉）测定另一量（如产品销售量、订货量）的增减。在有些情况下，小范围的实验也是十分有效的。

实验法可以在经历和未经历公共关系活动的两组公众之间展开。例如，一家化妆品公司，在报上连载宣传夏季正确使用化妆品的方法，旨在向公众传授在不同季节正确选用适宜化妆品的知识。我们采用实验法对该项活动的效果进行评估：先测验一组报纸订户（实验组）的有关知识，再对另一组未接触过该报的公众（控制组）进行有关知识测验，将两次测验结果做比较，就很容易得出评估结论。实验法的关键在于，在确保实验对象代表性的同时，尽可能缩小实验范围。

二、根据评估标准进行有效评估

有效地开展公共关系评估工作，要注意以下六个方面的问题：

1．评估标准、评估指标体系与公共关系目标相统一

公共关系目标是评估公共关系活动效果的标尺。我们必须根据这把尺子，制订与之相对应的评估指标体系和评估标准，来检查公共关系目标是否实现了。在评估时既不要抬高标准，也不要降低标准。在实施公共关系评估时，我们一定要重温公共关系目标，必须紧紧围绕公关目标开展评估。因为公共关系目标不同，评估的方法和指标有着天壤之别。比方说同是一个射箭运动员，如果他今天是参加射箭比赛，那准确度是关键，评估其能力水平是看射了多少环；如果他今天是参加打猎，那评估就要看猎获了多少猎物，至于射中了心脏还是腿是无关紧要的。

小案例 8-5

APC 是一家销售不间断电源的专业化 IT 公司，其公关部门设在市场部下面，部门的工作目标是维护品牌在客户中的形象。在这样的目标下，APC 选择了年终问卷调查的方式来评估一年的工作，评估的标准是看不间断电源的用户群中，APC 的品牌形象在所有竞争厂商中所处的位置。

索爱的公共关系部门相对独立，管辖着媒介传播和市场活动，公关的职能聚焦在支持销售，因此，有多少顾客是因为在媒体上看到有关索爱的报道而选择购买了索爱的产品，是评估公关效果的重要指标。索爱公关部通过问卷调查了解到，因在媒体上看到有关索爱的报道而选择购买该公司产品的顾客高达 40%，远远高于广告的影响力。

2. 评估整体效果与局部效果相结合

我们要从局部到整体两个角度同时来评估公共关系活动的效果。首先要评估整体的效果，没有整体，局部再美也是枉然。其次也要看局部，整体效果是若干局部效果累积而成的。公关策划方案中的新闻发布、事件策划、活动管理等每一项是否都做得很出色；信息表达清晰准确，项目执行到位，才有可能带来整体的传播效果；同时还要考查项目之间的关联性和配合。对局部的有效评估，目的是要规避整体效果还受到公关以外因素影响的问题。

小案例 8-6

在类似“最受尊敬的企业”“最佳社会声誉”评选中，IBM 都会榜上有名。由此可见 IBM 公关部的整体目标是实现得很完美的。但是 IBM 依然非常注重每一个传播活动的效果评估，细到一篇文章和一个采访，都会有完备的评估方法，测评信息的准确性和目标公众的覆盖率。从项目之间的关联性和配合上，IBM 提出了 “One Voice”和 “One Image” 原则，强调局部服务整体的观念。

3. 评估结果与过程相结合

毫无疑问，公关主体最关心的是结果。但没有成功的过程就不可能有成功的结果；或者虽然过程很成功但结果却差强人意。如果最终结果输出的是企业的良好形象，那么这个结果的达到是有一个过程的，过程中每一个策划、每一个传播效果的积累或者彼此抵消，最终得到社会的一个综合评价。没有最后结果的评价不行，但没有对过程的评估也不行，毕竟只有不断地纠正过程中的方向才能达到最终结果。

4．定性评估与定量评估相结合

举办了多少次活动、现场来了多少人、获得了多少媒体报道、事后有多少反馈电话，写了多少篇公关文章、发到了多少家媒体、收集到多少篇剪报等，这些都是可以定量来计算出数字的；对于关键信息提炼得是否准确、表达得是否新颖、到会媒体是否有效覆盖目标受众、参加活动的人是否匹配传播目的、活动策划的创意如何等则只能通过定性的方式来评估。

5．纵向评估与横向评估相结合

对公共关系活动效果的评估，一是为了看到效益，二是为了未来做得更好。效益如何，只有纵向比较才能得以显现；但有没有必要更好，或者要好到什么程度则需要进行横向的评估，因为并不是做得无限好就是对的，更好一定意味着更高的成本。

6．选择适当的评估方法

评估方法决定了评估的公正性、可靠性、评估成本和评估效率。下述各种评估方法都有自己的特点，不同组织可根据自身的实际情况具体选择和应用这些方法。也可以综合运用，通过几种方法相互比较、相互引证，得到一个全面的、综合性的评估结论。

公共关系评估常用的评估方法有如下三种：

（1）自我评估法。自我评估法即由主办公共关系活动的公关人员对公共关系活动进行评价和检查。采用这种方法的前提是公关人员在公共关系活动的全过程中，或者在组织的日常活动中坚持记录有关指标和数据的变化。例如，通过公共关系活动前后企业的销售额数据、企业的知名度和美誉度的量化指标的记录，对比就可比较准确地评估出本次公共关系活动的效果。不仅如此，全面、准确的活动记录还可以帮助公关人员以时间为周期，如按年度评估公共关系活动的整体效应。此外，值得一提的是公共关系活动总是处于一定的社会环境和自然环境中，组织形象及产品销售量的变化可能是公共关系活动本身引起的，也可能是因同时期其他社会因素或自然因素引起的。所以理想的公共关系评估应排除各种干扰因素，准确地显示出公共关系的真正魅力。

（2）公众评估法。公众评估法即通过问卷调查，与公众代表的对话、座谈等多种方式，广泛征询公众的意见和反映，由公众对公共关系活动的效果进行评判。这种方法包括公众意见征询法和公众问卷调查法。所谓公众意见征询法，是在公共关系活动过程中和活动结束后，通过对公众的访问和举行公众代表座谈会，以电话或口头交谈的方式来征求公众的意见。而公众问卷调查法则是在公共关系活动的准备阶段、结束阶段与结束后向目标公众发放问卷，通过对问卷的整理、统计、分析来评估本次公共关系活动的效果。

（3）专家评估法。专家评估法就是邀请一些公共关系知识丰富并有公共关系实践经验的专家和相关学科、领域的专家组成评估小组，由公关人员详细介绍、汇报公共关系活动的情况，提供有关资料和公众反馈的信息，专家们面对面提出质询，进行讨论，然后以匿名的方式就各项内容发表意见，由公关人员将第一轮的全体专家意见汇集整理，反馈给每一位专家，请他们再次发表意见，直至意见趋于一致。最后对专家们的意见进行归纳、整理，形成相对统一的权威性的评估结论。

上述公共关系评估需要关注的六个方面问题，实践中需要做到的不是简单地选择甲还是选择乙的问题，而是需要针对不同的评估目的和评估内容找到侧重点，然后在不同情境中一一找到对应。公共关系评估的难度也就产生于此。

小案例 8-7

老字号，新辉煌——全聚德 135 周年店庆

公关目标：发扬“全而无缺，聚而不散，仁德至上”的企业精神，（对外）弘扬全聚德民族品牌，树立全聚德老字号的崭新形象，以店庆造市场，以文化兴市场，（对内）强化全聚德烤鸭美食精品意识，丰富全聚德企业文化内涵，激励全聚德集团的全体员工以百倍的信心迎接新世纪的挑战。

策划与实施：全聚德 135 周年店庆系列公关活动分为三个阶段。①在含有元旦、寒假、春节、元宵节等节假日的第一季度与《北京晚报》、北京楹联研究会联合举办“全聚德杯”新春有奖征集对联活动；面向全社会（包括集团员工）开展《我与全聚德》征文，征集店史文物活动；着手整理资料，编辑、出版《全聚德今昔》一书。②在农历六月初六，即全聚德创建日的 7 月 18 日举办“全聚德建店 135 周年店庆暨首届全聚德烤鸭美食文化节开幕式”。③金秋 10 月，在新中国 50 华诞之际举办全聚德品牌战略研讨会。

项目评估：全聚德集团企业形象公关活动达到了预期的公关目的。

（1）“全聚德杯”新春有奖征联活动，历时两个月，公众参与热情高，共收到应征楹联作品 3 954.5 副，它们来自北京、河北、辽宁、内蒙古、山东、江苏、安徽、江西、湖南、贵州、广东、海南 12 个省市自治区，使全聚德的品牌遍及大江南北，长城内外。作者中年龄最小的为 14 岁的初中生，最大的为 82 岁的老人。还有的老者率领全家老少三代参与撰写，甚至还有几位福利工厂的盲人请同事代笔。此次活动把迎春与商业宣传融合为一，把树立全聚德品牌形象与中国传统楹联文化有机地结合起来，营造了“以文化树品牌”“以文化促经营”的新闻热点，弘扬了全聚德饮食文化、品牌文化，在社会上引起较大反响。

（2）提高了全聚德品牌的知名度和美誉度。众多新闻媒体都对“全聚德建店 135 周年暨美食文化节”做了全面报道。报道的形式有新闻、照片、侧记、专访。从新闻媒介及宣传报道次数的统计表上可以看出，这次活动的媒体报道率相当高，不仅在国内形成一股全聚德企业形象的冲击波，而且通过一些海外媒体把全聚德 135 周年庆典活动的新闻消息传出北京，飞向世界。“全聚德”成为人们普遍谈论和关注的话题，使“全聚德”品牌的知名度和美誉度进一步提升，强化了“全聚德”品牌形象。

（3）全聚德集团通过 135 周年店庆活动取得了良好的经济效益。由于全聚德 135 周年店庆暨首届全聚德烤鸭美食文化节活动的拉动作用，国庆节期间（10 月 1～7 日）集团公司 10 家直营店共完成营业收入 703.5 万元，接待宾客 76 325 人次，日平均营业额达 100.5 万元。到 11 月底集团公司营业收入、利润均已提前完成全年的计划任务。其中利润达到全年计划指标的 110%。该年下半年和平门店、前门店日均营业额均比上年同期增长了 20%左右。

（4）全聚德品牌发展战略研讨会明确了全聚德品牌战略目标，即以全聚德烤鸭为龙头、以精品餐饮为基业，通过有效的资本运营，积极审慎地向相关产业领域延伸，创造具有中国文化底蕴、实力雄厚、品质超凡、市场表现卓越、享誉全球的餐饮业世界级名牌。

（5）全聚德的战略研讨引发了首都专家、学者对以全聚德为代表的京城老字号发展的内在规律的探索与研究。参加过"全聚德品牌战略研讨会"和曾经参与全聚德有关活动的专家学者就"老字号怎样迈向新世纪"为主题多次开展大讨论，将全聚德这一典型的经营管理实践作为案例上升为对京城老字号发展的一般规律的理论探讨。

三、整理分析评估资料

（一）统计汇总评估资料

评估工作实施到一定程度后，需要对取得的各项评估资料进行统计汇总。在统计汇总评估资料时，必须坚持客观准确、实事求是的原则，去粗取精，去伪存真，筛选出有效资料。

（二）归纳分析评估资料

在整理分析环节，应对照评估指标体系和评估标准，对归档的各种资料进行分析比较，评价既定公共关系目标是否达到，测评预算执行情况与效果，总结公共关系活动取得的成绩，提出公共关系活动实施中存在的问题或新发现的问题，并分析产生这些问题的原因。

（三）形成评估成果报告

在对评估资料进行统计汇总、整理分析之后，根据评估指标体系和评估标准对评估调查结果进行深入分析，形成评估报告。评估报告应以评估调研的结果为依据，广泛征求公关人员和有关专家的意见，对此次公共关系活动从策划到实施的全过程进行系统分析，肯定成绩、找出不足、总结经验教训，并对此次活动是否达到了预期的目标，在哪些方面改变了组织的公共关系状态，解决了哪些公共关系问题等做出具体说明，客观、科学地评价公共关系活动的成败得失。评估报告还应分析尚未解决的问题，提出以后应努力的方向、必须采取的措施等，为公关主体再次决策提供必要的信息。

评估报告既是评估者评估工作的最终成果，也是对评估对象工作业绩的集中评价。对于公关主体而言，评估报告是开展后续公共关系工作的重要依据；对于公共关系从业人员而言，可以通过总结公共关系活动的经验教训，丰富公共关系专业知识，提高对公共关系工作的理性认识。

第三节 撰写公共关系评估报告

公共关系评估报告是由公共关系评估者撰写完毕，提供给公关主体阅读和保存的一种正式文本。它是通过文字、图表等形式来体现公共关系活动的成绩、经验、问题、建议等评估工作的成果形式，是对整个公共关系评估工作的总结报告。

一、撰写公共关系评估报告的基本原则与基本要求

（一）撰写公共关系评估报告的基本原则

公共关系评估报告是对已经实施完毕的公共关系活动的书面总结和评价，因此评估报告的撰写除了要遵循公共关系调查报告所要求的科学性、真实性、公正性的要求之外，还应遵循以下五项基本原则。

1．针对性原则

公共关系评估报告要紧紧围绕公共关系方案目标是否已经实现及实现的程度、公共关系问题是否已经解决及解决的程度、公共关系信息传播的实际效果如何等来撰写。也就是说，公共关系评估报告一定要针对公共关系评估指标体系及评估标准来撰写。

2．客观性原则

撰写评估报告一定要客观公正，实事求是地分析公共关系问题是否得以解决，科学地阐述公共关系活动的经验教训和对今后工作的建议等。只有如此，才能真实地评价公共关系活动的实际效果。

3．完整性原则

评估工作的全面性是评估报告具有完整性的基础。评估报告的内容要全面，结构要完整。评估报告要对评估工作的目的、对象、标准、方法、过程和结果进行全面的概括。

4．独立性原则

评估报告必须反映评估者的独立结论。在撰写公共关系评估报告的过程中，评估者要做到客观观察、独立评判，避免受到外界的干预和影响。

5．及时性原则

公共关系评估工作具有时效性，因而评估报告的时效性很强。在公共关系评估工作结束后，要及时撰写和提交评估报告，否则就失去了评估本身的意义。

（二）撰写公共关系评估报告的基本要求

1．以公共关系目标为参照

公共关系评估报告应将评估结果与公共关系目标有机联系起来，分析公共关系活动结果是否实现了公共关系方案目标，指出公共关系活动结果对于公共关系目标实现所发挥的作用，以及给公关主体带来的近期和远期影响。

2．以评估调研事实为依据

公共关系评估报告应将评估调研与评估结果有机联系起来，用活动效果的事实材料论

证评估结果，总结成功经验，分析不足之处。

3．以公关评估结果为主体

公共关系评估报告应将公关评估结果作为主体内容，浓墨重彩、条分缕析地加以表述。

4．以调研统计图表为辅助

在公共关系评估过程中，我们常常根据评估内容的特点选择一些有效的评估工具来汇总统计结果，如组织形象地位图、组织形象要素表、组织形象差距图、公众舆论模型图、媒体覆盖率、千人成本等，运用统计汇总形成的这些图表来辅助体现评估结果，评估报告将更加生动、形象、直观。

二、撰写公共关系评估报告的基本方法

公共关系评估报告可以由公共关系活动主办单位撰写，也可委托专业评估机构编制。

（一）标题

公共关系评估报告的标题一般由“关于+事由+的+文种”或“事由+文种”组成，如《关于全聚德 135 周年店庆活动的评估报告》《2010 年北京车展公关效果评估报告》。

（二）署名及成文日期

署名一般置于标题之下，居中排列。成文日期一般置于署名之下，居中排列。

一般情况下，公共关系评估工作量大，是由一个团队完成的。因此，评估报告的署名往往是完成评估报告的机构名称，如公共关系部、公共关系公司、第三方专业评估机构。通常情况下，评估报告的作者一般包括评估负责人和评估组成员。为了方便与读者交流，往往需要将他们的姓名、职业、职务、职称、通信方式等写出来。这些内容可置于评估报告末尾。

（三）开头

开头是公共关系评估报告的前言或导语。它往往以精炼、简短的文字概括性地介绍公共关系评估的目的、依据、范围、标准、方法、评估过程等内容，或者简要介绍评估项目的基本情况，为评估报告正文的写作奠定基础。如果报告撰写者是受委托的专业评估机构，则还要对评估的由来或受委托进行该项评估的具体原因加以说明。

例如，《2010 年北京车展公关效果评估报告》㊀，其开头部分便简要介绍了评估的由来、评估的目的、研究范围、调查背景及调查方法和公关效果评估体系。

（四）正文

正文是评估报告的主体和精华，具体表述评估报告的各项指标和结果。表述方法既

㊀《2010 年北京车展公关效果评估报告》详见 http://blog.163.com/hcdb_auto/blog/static/18101155320113204531994。

可对应各项评估标准列出评估结果的各项数据，也可以采用各种形式的图表，辅以文字说明，将预期数、实际数和以往的数据加以对比。要求做到数据准确，材料与观点统一，语言简练。

例如，《2010 年北京车展公关效果评估报告》，其主体部分用翔实的数据，从 2010 年北京车展的地位及行业环境分析、媒体沟通绩效、公关效果评价、公关传播效果整体表现四个方面，具体论述了 2010 年北京车展的公共关系活动效果。

（五）结尾

用简洁明晰的语言概括总结评估结果，阐明评估结果说明了什么问题，对实现公共关系目标有何贡献，还可针对评估结论，提出改进公共关系工作的意见和建议。

《2010 年北京车展公关效果评估报告》，其结尾部分以“2010 年北京车展公关传播启示”为标题，简明扼要地阐述了公共关系活动在新闻传播、区域影响、受众影响等方面的成功经验。

（六）附件

有的评估报告将说明性图表或资料作为附件，但必须在正文下方依次标注附件的名称。

三、公共关系评估报告的功能

（一）评价激励功能

公共关系评估报告可以说明公共关系活动在实现组织目标中的重要作用，证明公共关系工作的服务价值。它一方面可以帮助公关主体进一步增强公共关系意识，从而更加重视公共关系工作；另一方面可以鼓舞公共关系从业人员的士气，更加努力地开展公共关系工作。

（二）实践促进功能

对公共关系评估结果的使用，可以促进公关主体改进决策，为公共关系实践活动奠定更坚实的基础；可以促进公共关系从业人员改进公共关系工作，不断提高公共关系实践的水平。

（三）理论提升功能

公共关系评估不仅仅对公共关系活动具有现实指导意义，而且也是对公共关系理性认识的提升。科学的公共关系评估报告，既能帮助人们对公共关系活动及其效果有更多的理解与认识，也能进一步丰富公共关系专业知识。通过对具体项目效果评估所得到的资料，经过抽象概括后，可以得到具有普遍意义的公共关系思想、方法和原则。

小 结

1．公共关系评估是指评估者根据特定的标准和方法，对公共关系的整体策划、准备工作、实施过程以及实施效果进行测量、检查和判断的一种活动。它是改进公共关系工作的重要环节，是开展后续公共关系工作的必要前提，是鼓舞士气、激励内部公众的重要形式，也是使组织领导人重视公共关系工作的一种重要手段。

2．对于公关主体而言，公共关系评估是对公共关系活动最终结果的评估，一般应该发生在项目结束以后，用以衡量公共关系投入的价值以及考查公共关系从业人员的能力；而对于公共关系从业人员而言，对计划和过程中的每一个步骤进行及时的评估与纠偏，并最终取得公关主体希望达到的目标，是使用评估这一工具的根本目的所在。

3．公共关系评估准备阶段的核心工作是制订公共关系评估标准。公共关系评估者根据公共关系策划目标选择适度的评估指标，制订公共关系评估标准后，必须取得公关主体最高管理者的认可并将评估过程纳入公共关系工作计划之中，而且必须在公共关系部门内部取得对评估的一致意见。

4．公共关系评估实施阶段主要有确定收集资料的最佳途径、根据评估标准进行有效评估和整理分析评估资料等工作环节。

5．撰写公共关系评估报告应遵循针对性原则、客观性原则、完整性原则、独立性原则和及时性原则；要以公共关系目标为参照、以评估调研事实为依据、以公关评估结果为主体、以调研统计图表为辅助。

6．公共关系评估报告具有评价激励功能、实践促进功能和理论提升功能。

知识考核

1．什么是公共关系评估？公共关系评估有什么作用？

2．评估公共关系实施效果有哪些标准？

3．有效开展公共关系评估工作要注意哪些问题？

4．公共关系评估有哪些常用的评估方法？

5．撰写公共关系评估报告有哪些基本要求？

技能训练

1．假若你是江汉分公司公关部部长，阅读集团公司公关部撰写的《“瑞奇巧克力”促销活动评估报告》后，请你组织部门人员讨论反思本次促销活动准备工作中的不足之处，修订、完善策划方案，制订一份《“瑞奇巧克力”促销活动实施方案》。

"瑞奇巧克力"促销活动评估报告

公司公关部

2014年9月28日

为进一步提升"瑞奇巧克力"的知名度，巩固并扩大在江汉地区的市场份额，江汉分公司经集团公司批准，于2014年9月26日在江汉商厦举办了"凭《江汉日报》瑞奇巧克力广告可兑换一盒瑞奇牌巧克力"的活动。为全面掌握本次促销活动的情况，及时总结经验、发现问题，为今后开展同类活动提供借鉴，我部派出2名工作人员在活动现场进行了实地观察，活动结束后，又查阅了相关资料，与有关人员进行了座谈，在此基础上对本次活动的准备工作、执行情况、经费使用和活动效果进行了评估。

一、活动准备工作评估

（一）活动的准备情况

1. 人员落实情况

（1）活动责任人：分公司总经理。

（2）活动执行人：分公司销售总监任总执行人，销售部6名工作人员分成3组具体负责每个兑换点的活动，另聘用12名在校大学生协助现场接待、分发调查问卷、兑换、搬运和维持秩序工作。

2. 事项落实情况

（1）与商厦协商，在商厦内人流较多的地方分别安排3个兑换点。

（2）制作宣传横幅3条，广告展板3张，分别布置在3个兑换点。制作宣传绶带18条，供现场执行人佩戴。每处兑换点配备长桌一张，椅子3把，台布一块。

（3）安排送货车1辆，驾驶员和装卸工各1名。

（4）兑换用巧克力（80克10粒装）10 000盒。

（5）大学生招聘和培训由分公司人力资源部负责。

（6）活动广告设计与发布与报社广告部联系，于9月18日和9月25日在《江汉日报》刊出。

（7）现场调查问卷由分公司公关部负责设计，印制10 000张。

（二）准备工作评估

整个活动的前期准备工作基本上按照事先的策划方案实施。提前一个月与江汉商厦沟通协商，确定了3处兑换活动用地，且能满足活动的要求。

人员落实，分工明确。大学生招聘工作顺利，培训期为1天，培训效果良好，基本达到要求。

活动宣传广告按时发布，社会反响较热烈。活动开始前一周，共接到咨询电话518次。

各项物品及时准备到位，未发生任何问题。

二、活动执行过程评估

（一）活动基本情况

活动从上午9时30分开始，至下午8时结束。在整个活动过程中，全体工作人精神饱满、态度热情、不厌其烦、分工合作，表现出良好的团队意识，体现了公司的整体形象。

尽管有时兑换的人数较为集中，但整个活动基本上比较顺利，秩序比较良好。

每个兑换点由 2 名大学生负责向前来兑换的消费者发放调查问卷，然后由销售部 1 名工作人员负责收取调查问卷和报纸广告并登记人数，再由另一名工作人员负责兑换，流程安排比较合理。

分公司销售总监负责现场 3 处兑换点的巡视、检查、协调、调度，及时处理临时发生的问题。分公司总经理中午专程前来慰问全体工作人员，极大地鼓舞了大家的工作热情。

（二）活动执行中存在的问题

由于江汉商厦较大，入口处较多，事先没有对 3 处兑换点的人流情况进行分析、预测，现场的人力和兑换品都是平均分配的，结果导致其中设在正门入口处的兑换点因兑换人数多而集中，造成忙乱和拥挤，还发生几次临时断货，不得不到另外两处临时调运而让消费者等待。对此，部分消费者有一些怨言。

工作人员对一些较挑剔的消费者缺乏沟通技巧，对一些拿了较多的报纸前来兑换的消费者语气上不太尊重，造成了一些小小的语言冲突。

三、活动费用评估

本次活动预算为××万元，实际支出××万元，具体情况见下表（略）。

四、活动效果评估

（一）成效方面

1. 影响人数

（1）直接影响人数。根据现场调查登记表的统计，此次活动持《江汉日报》的广告前来兑换的消费者共计 7 834 人，其中男性 3 649 人，占 46.6%；女性 4 185 人，占 53.4%。以每位消费者影响 3 个家人计，此次活动直接影响人数为 23 502 人。

（2）间接影响人数。《江汉日报》的发行量为 10.5 万份，另据现场观察，驻足观看和询问活动性质的消费者约 3 500 人次，一个消费者至少能影响 3 个家人。上述两项因素综合起来，预计本次活动的间接影响人数超过 10 万人。

2. 促进销售

我公司瑞奇牌巧克力在江汉地区原来就有较好的市场声誉，但近年来其他品牌的同类产品纷纷打入江汉地区，对瑞奇牌巧克力构成较大的竞争压力。通过此次活动，进一步提高了瑞奇牌巧克力的声誉，扩大了消费群体，能起到巩固和进一步扩大市场份额的作用。

3. 提升形象

本次活动组织有序，工作人员态度热情、服务到位，显示了公司良好的形象。持广告的消费者怀着期待而来，高兴满意而归，许多在场的其他消费者都对他们表示羡慕，纷纷向工作人员打听今后是否还会推出这类活动。这说明公司和“瑞奇”品牌的形象已经为广大消费者所接受。

此外，由于活动影响面广，前来兑换的消费者人数较多，也提升了当日江汉商厦的人气，该商厦表示非常高兴，愿意与江汉分公司进一步加强合作。

（二）不足之处

（1）宣传展板的图案未能体现公司的形象，面积太小，色彩比较沉闷，与周边摊位的广告相比，缺乏吸引力。

（2）现场工作人员的服饰未经统一设计，尽管佩戴绶带，但还是显得较为凌乱。

（3）江汉商厦未配合本次活动做现场宣传，现场没有任何有关这次活动的海报，也没有做广播宣传。经我们在商场内了解，在活动的当天有很多消费者说他们不知道有这样的活动，这在很大程度上限制了此次活动影响力的扩大。

（4）调查登记表的信息过于简单，只有性别、年龄等简单的项目，因此，无法获得关于消费者更多的信息，也无法对公司品牌形象以及本次活动的效果展开更深入的分析。

五、几点建议

今后如举办同类活动，可从以下几方面加以改进：

（1）活动之前对举办活动的场地要进行实地考察，了解不同区域的人流信息，并据此确定活动的重点区域，并配强人力，配足货源。

（2）举办活动前对参与活动的对象要做具体分析，特别是对一些比较挑剔甚至比较蛮横的消费者要有应对办法，学会与之沟通，化解矛盾，避免在现场发生不愉快，影响活动的气氛。

（3）要对活动的宣传进行整体策划和设计。例如，媒体广告的版面大小、发布的频率和时机、现场布置的效果、工作人员的服饰、活动地点的指示牌等，应当通盘考虑，努力突出公司品牌形象。

（4）与场馆方加强沟通，做好场馆内外的宣传，如张贴海报、广播宣传等。

（5）调查登记表的设计要更科学严谨，有助于对消费者以及活动效果的分析研究，如增加对“瑞奇巧克力”的了解程度、购买次数、口味、口感、价格等方面的调查数据。

2. 阅读下面的案例，运用网络收集评估资料，撰写一份公共关系评估报告。

会理悬浮照事件

2011年6月26日晚上之前，会理县全县的头等大事是一项拳击比赛——中国·会理“昆鹏杯”WBC（世界拳击理事会）洲际拳王金腰带争霸赛。如果不出意外，这场声势浩大的比赛，将是这座边陲小城在未来几天里最有可能见诸媒体的新闻。然而，当晚20点56分，天涯社区一则《太假了，我县的宣传图片》的爆料帖，使会理县这个知名度并不高的小县城顿时成为全国网民和新闻媒体关注的焦点。

这则帖子曝出会理县人民政府公共信息网上一条题为“会理县高标准建设通乡路”（2011.06.16）的新闻中，配图为人为PS将领导放到了公路上面，并附上了合成照片的新闻页面以及会理县政府官网截图。照片中的三位县领导悬浮在公路上，PS痕迹十分明显。照片下方的图片说明称这几位领导正在当地某乡镇检查新建成的通乡公路。该帖发出后，广大网友纷纷跟帖，并通过微博转载，更有网友在短期内创作了上百张PS照片，瞬间在网络上引发了对会理县领导的PS狂潮，一个网络危机事件就此形成。

会理县政府应对悬浮照网络危机事件大体可以分为三个阶段。

第一阶段：事件始发期，事件曝光、网民围观。天涯爆料帖出现后，当日跟帖量就达到近500条，并通过网友转发在微博等互动媒体上快速传播，网民们的PS热情被点燃，众多兴奋的网民各施所能，欢快地将会理县领导PS到世界各地。会理县政府官方网站也由于访问量突增而瘫痪，虽然当地舆情监测系统当晚就注意到这一舆情，但并未当即做出回应，只是删除了爆料帖所称新闻。网站无端无法访问引发诸多猜测，县领导是否真的到了现场视察？网站无法访问是不是有意回避关闭了网站？这些问题网民都不得而知。在次日的新闻采访中，当地政府部门直言不讳“网友的质疑是对的，我们的工作存在问题”。对新闻媒体的这种一对一的单向问答，加上媒体发布的时间差，显然无法在短时间内平息汹涌的民意。

第二阶段：舆论高潮期，主动回应网民、控制危机事态。在意识到事件可能会恶化后，会理县政府在舆论主要扩散地开帖和发微博解释事件。27日17点左右，金腰带争霸赛的准备工作忙得差不多了，会理县在其官方网站上挂出了《向网络媒体、各位网友致歉信》，17点22分，天涯论坛上出现了该事件的致歉帖，称检查工作确有其事，但“由于照片效果不佳”，便对照片做了“拼接、修改，造成照片失真，带来了不良反应和影响……向有关网络媒体和广大网友表示深深的歉意，恳请谅解，并保证在今后的工作中绝不再发生类似情况。”致歉帖中还贴出了原图和经过PS后的图片。致歉信的署名是PS照片的当事人孙正东。随后，会理县政府在新浪开通官方认证微博，从18点24分开始连发3条道歉微博并贴出照片原图。“希望对此事道歉，并澄清”，并且表示会“以此为鉴，更为谨慎努力地工作”，多数网友对会理县的迅速反应及诚恳道歉表示肯定。与此同时，“会理县孙正东”的微博账号也开通了，从18点55分开始，“会理县孙正东”共发布了7条相关微博，不仅在微博上道歉，承认是“自身工作态度问题”，而且不回避网友创作的PS照片，主动转发并进行点评调侃，其戏谑的语言和坦诚开放的态度赢得了网友的好感。真相浮现，因为态度诚恳，没有推诿，网民的指责声渐渐平息，悬浮照危机事态得到控制。

第三阶段：舆论回落期，引导网友舆论、重塑会理形象。6月28日，悬浮照网络危机事态得到基本控制后，当事人孙正东又开始“感谢全国热心网友，让会理县领导有机会在短短的时间内免费‘周游世界’，‘旅行’归来后，领导已回到正常的工作轨道，也希望网友把关注的焦点，转移到会理这座古城上来。会理是座有着两千多年历史文化的古城，也是古南方丝绸之路的重镇，看看@阿卓志鸿镜头下的美丽的会理吧，绝对没有PS哦。”其幽默的话语和开放的态度再次得到网友的支持。6月29日，会理县官方微博也开始用图文并茂的方式转发会理风光、介绍会理旅游资源。这些信息很快便有了上万次的转发评论，而且几乎是一边倒的褒扬之声，大多数网友不仅对会理县政府的做法表示赞赏，并表示有机会要去会理旅游。与此同时，传统新闻媒体的舆论走向亦是如此，在悬浮照网络危机事件高潮期，主要是对事件过程的客观描述，其舆论倾向以负面为主；随着会理县政府开通微博向网民真诚致歉并且借机推介会理旅游资源，负面言论持续减少，肯定态度明显增长。到了6月30日，正面言论与负面言论基本持平，甚至赞赏略多于批评。

第九章

公共关系危机管理

学习目标

1．能够通过公共关系问题管理，监测媒体负面报道、应对日常公众投诉、监测公众关系中的消极信息，防患于未然，将可能出现的公共关系危机消弭于萌芽状态。

2．能够判断引起公共关系危机的原因，有针对性地为危机公关做准备。

3．能准备危机传播材料，配合组织主管做好相关公众的沟通工作。

1982 年 9 月，美国芝加哥地区发生了 7 人服用含氰化物的泰诺药片中毒死亡的严重事故。事件发生后，在首席执行官吉姆·博克（Jim Burke）的领导下，强生公司迅速采取了一系列有效措施。首先，该公司立即抽调大批人马对所有药片进行检验。经过公司各部门的联合调查，在全部 800 万片药剂的检验中，发现所有受污染的药片只源于一批药，总计不超过 75 片，并且全部在芝加哥地区，不会对全美其他地区有丝毫影响，但公司仍然不惜花巨资在最短时间内向各大药店收回了所有的数百万瓶泰诺药片，并花 50 万美元向有关的医生、医院和经销商发出警报。

事故发生前，泰诺在美国成人止痛药市场中占有 35%的份额，年销售额高达 4.5 亿美元，占强生公司总利润的 15%。事故发生后，泰诺的市场份额曾一度下降。当强生公司得知事态已稳定，并且向药片投毒的疯子已被拘留时，并没有马上将产品投入市场。当时美国政府和芝加哥等地的地方政府正在制定新的药品安全法，要求药品生产企业采用“无污染包装”。强生公司看准了这一机会，立即率先响应新规定，仅用 5 个月的时间就夺回了原市场份额的 70%。

强生公司处理这一危机事件的做法成功地向公众传达了企业的社会责任感，受到了消费者的欢迎和认可。对此《华尔街日报》报道说：“强生公司选择了一种自己承担巨大损失而使他人免受伤害的做法。如果昧着良心干，强生将会遇到很大的麻烦。”强生因此获得了美国公关协会颁发的银钻奖，奇迹般地为强生公司赢得了更高的声誉，这归功于强生公司在危机管理中的正确决策和高超技巧。

危机事件是指那些突然发生的、影响或严重影响社会组织正常运作的事件。社会组织在生存发展的过程中，不可能一帆风顺。美国《危机管理》一书的作者 Robert Health 曾经对《财富》杂志前 500 强的大企业的董事长和总经理进行过一项专门调查，结果显示 98%的被调查者认为，现代企业面对危机，就像人们必须面对死亡一样，已成为不可避免的事情，每个企业都可能遭遇危机。危机事件可能是事故，也可能是灾祸，引起的原因或是自然的，或是人为的。只要正确认真地对待，大多数危机事件是完全可以制止的。如果问题已被处理，并争取到社会舆论，使其较同情组织方面，危机即可消除。反之，不管是一个并不复杂的问题还是一次事故、一场灾难，都不可避免地会给组织带来严重的公共关系危机。

公共关系危机是指组织与其公众之间因某种非常性因素引起的表现出某种危险的非常态关系状态，它是组织公共关系状态严重失常的反映。公关危机不仅给组织造成人、财、物的损失，而且会严重损坏组织形象，使组织陷入困境。因此，任何社会组织都必须高度重视公共关系危机管理，做好危机公关工作。

危机公关是指社会组织对危机事件进行预测与防范、发现与处理，以及修复与完善组织形象的一系列公关活动过程。一个社会组织，平时多一些危机意识，设想种种危机可能，制定种种危机策略，提高危机管理水平，在危机来临时能够镇定从容，就赢得了第一步。危机事件一旦发生，就必须运用相关的经验和专业技巧，或释冰为水，或化险为夷。危机公关是公共关系的一项专门活动，是公共关系实务方法的全面运用，是社会组织获得成功不可缺少的一部分。

我国的社会组织普遍存在对公关危机的忽视，很多情况下，面对危机，处理不理想。在本章中，我们将探讨如何预防、识别和处理公共关系危机。

第一节 预防公共关系危机

虽然社会组织不可避免地要遭遇公共关系危机，但我们仍然可以在危机到来之前，运用敏锐的眼光，提前发现可能会出现的危机苗头，采取一系列有效的手段，把危机制止在萌芽状态中，或是减轻危机带来的危害程度。能实现这样结果的前提是我们必须预防公共关系危机。

一、树立全员公关意识

公共关系危机预防的前提，是在组织内部树立全员公关意识。在危机管理中树立全员公关意识，就是要树立居安思危、未雨绸缪、防患于未然的思想。要让全体员工都有公共关系观念，时刻感受着危机的存在，并时刻提防着危机发生。只有这样，才能有效地防止危机发生，或者危机一旦来临也能从容应对。在组织生产经营管理中，要经常性地开展危机管理培训。危机管理培训的目的与危机管理教育不同，它不仅在于进一步强化员工的危机意识，更重要的是让员工掌握危机管理知识，提高危机处理技能和面对危机的心理素质，从而提高整个组织的危机管理水平。

组织中的任何一员都应该具有公关意识，对目前组织的公关目标有确切的了解。组织的领导也应该将全员公关当成预防公关危机的第一要务，不仅要求全体成员贯彻统一的公关理念，更要让大家知道，每一个岗位都是展示组织形象的阵地，都是组织公关战略不可缺少的重要组成部分。请看长城饭店的三个公关事件：

小案例 9-1

1984 年长城饭店刚落成时，为了扩大宣传，提高知名度，将里根总统的答谢宴会争取到了长城饭店，在几百名记者对答谢宴会的采访报道中，长城饭店名扬全球，这可说是一次公关的大手笔。

1985 年圣诞节前夕，长城饭店邀请各国驻华大使馆的小朋友到长城饭店装饰圣诞树。当这些小朋友在受到了长城饭店热情的款待后回到使馆时，他们必定也将对长城饭店的良好印象带回去了，长城饭店的形象就树立起来了。

一名客房服务员在收拾房间时发现有位客人的书摊放在桌上，她收拾好房间后将一张小纸片插进了摊开的地方作为记号，客人见了非常感动。

长城饭店公关部经理曾就这第三件事大发感慨，认为第三件事才是真正意义上的公关，虽然客房服务员不是公关人员，这种岗位十分普通，但是在长城饭店美好形象的塑造上，起了巨大的推动作用。服务如果能周到至如此程度——无需规范、信手做来、体贴入微、宾至如归，这样的服务类企业，何愁公关形象难以塑造。而如果组织中每个人都能做到具有公关意识，就会避免很多公关危机。

全员公关意识的培训，也是在唤醒全体员工时刻警惕，积极关注从各方面传递出的组织潜在危机的信号，多加防范，以避免危机的发生。

树立全员公关意识，就是要求全体员工都要有高度的主人翁责任感和警惕性，从自身做起，从小事做起，努力维护组织的形象，增强质量意识、服务意识、创新意识，不满足于现状，积极进取，并留心观察潜伏的危机，将危机消灭于萌芽状态，做好危机的预防工作。

二、建立漏洞审查制度

一个危机事件的出现，往往是发挥不良作用的因素由量变到质变的结果。因为我们平时疏于注意，危机在我们不经意的情况下出现，给我们的印象就是突然爆发，这让我们感到意外。事实上，一次偶然出现的恶意中伤对组织形象、信誉造成的伤害，是组织平时对公众关系疏于沟通造成的；一次偶然的食物中毒，往往是平时不注意严格把握生产经营管理细节造成的；一次偶然的毒气泄漏，可能是由于器具性能缺陷造成的……太多的偶然，其实都有它的必然性。

建立漏洞审查制度，即在组织经营管理中，加强问题管理，及时解决小问题，堵住漏洞，防患于未然。由于组织管理方面的责任所引起的危机事件，如工伤事故、生产事故、环境污染事件、监管疏漏等，都会引发组织的公共关系危机。因而在日常经营管理过程中，要加强对小问题的监管，发现问题及时解决，发现漏洞及时填堵，注意从组织内部的管理入手，让危机没有可乘之机。

小案例 9-2

2003 年 2 月 18 日，有媒体报道称，南京一女士在她新买的某品牌手机屏幕上竟发现了带有侮辱性质的英语问候语，是设置在新手机之中的。于是消费者群情激愤，纷纷声讨该手机品牌。

事件发生当日，生产该品牌手机的公司即派公司市场部总监飞往南京与该名顾客沟通，并迅即就该事件发表声明，声明中表示该手机产品的问候语原意为“你好，可爱的宠物狗”，是该款手机人性化的开机界面。对由于公司没有顾全到该问候语的所有含义而给消费者带来的不便，公司表示诚挚的歉意，并宣布，本着对国内购买者负责的原则，购机用户如果不喜欢该界面，公司可提供免费软件升级服务。

该品牌手机的人性化开机界面创意却带来了一场不大不小的危机。如果该品牌手机的公司在日常的工作中能建立完善的“漏洞审查制度”，对各工作环节进行监管，在此创意出炉的时候，就会发现该创意存在的漏洞，进而更改或是取消可能会出现令人误解的开机界面。

建立了漏洞审查制度，我们就可以清楚明了组织的哪些环节可能会面临危机，组织的各相关部门就能制订出预防危机发生的措施，以避免危机事件的发生。“35 次紧急电话”这一案例，足以启迪我们认识建立漏洞审查制度的意义和价值。

小案例 9-3

一位美国记者来到东京著名的奥达克余百货公司，打算买一件见面礼送给住在东京的婆婆。售货员用日本人特有的微笑和礼节为她服务，细致地介绍产品，热心地帮她参谋，最后，她选购了一台 VCD 机，愉快地回到住处。但当她开机试用时，却意外发现该机根本没有装内件，因而无法使用。这使她非常恼火，准备第二天去奥达克余百货公司交涉，并出于职业习惯，迅速写好了一篇新闻稿，题目是《笑脸背后的真面目》。

第二天一早，在她动身之前，忽然接到了奥达克余百货公司打来的道歉电话。50 分钟以后，一辆汽车赶到她的住所。从车上下来的是奥达克余百货公司的副经理和提着大皮箱的职员。两人一进客厅便俯首鞠躬，表示此行是特地来请罪的。除了送来一台新的合格的 VCD 机外，又加送蛋糕一盒、毛巾一套和著名唱片一张。接着，副经理又打开记事簿，宣读了一份备忘录，上面记载着公司通宵达旦地纠正这一失误的全部经过。

原来，在这名美国记者购买 VCD 机的当天下午 4 点 30 分，奥达克余百货公司在例行每天的清点商品工作时，售货员发现错将一个空心货样卖给了顾客，她立即报告公司迅速寻找，但为时已晚。经理接到报告后，马上召集有关人员商议。当时只有两条线索可循，即顾客的名字和她留下的一张“美国快递公司”的名片。据此，奥达克余公司连夜打了 35 次紧急电话，终于弄清了这位顾客在东京期间的住址和电话。这一切使美国记者深受感动，她立即重新写了新闻稿，题目叫作《35 次紧急电话》。

三、保持良好的媒介关系

媒介公众是组织外部公众中非常特殊、十分重要的一个组成部分。在现代社会中，新闻媒介的影响力越来越大，它已经深入社会生活的各个层面，形成一股谁也无法忽视的力量。新闻界是影响社会舆论的权威性机构，具有舆论导向性。在现代信息社会，各种新闻媒介的传播速度如闪电般迅捷。危机发生，最容易引起各方面公众特别是新闻界的关注。无论在平时，在危机中，还是危机解决后，组织都应该尽量争取主要媒体的记者和编辑的支持与信任，获得新闻媒介公正对待的机会，这将有利于引导舆论并弱化负面舆论的不利影响。

建立起与媒介长久的、融洽的、互信的关系，对危机管理非常重要。如果平时缺乏与媒介真诚有效的沟通，在危机到来时就会很仓促，在危机公关过程中就很难得到媒介的支持与配合。

面对危机事件，没有一个组织可以企图与那些会引起公众关注、影响关键性支持者及唤起情感之类的事件脱开关系。无论什么问题都会引起严重的传播挑战，任何掩盖都是徒劳的。所以，危机传播是现代公关中最新的项目，有效的传播战略和行动计划在整个危机管理中具有非常重要的作用。由于公众受媒体舆论影响较大，所以危机公关在很大程度上就是要考虑如何向媒体进行公关。只有把握舆论的主动权，才可能变不利因素为有利因素，尽快恢复组织的社会声誉。

小案例 9-4

由于受到三聚氰胺事件的影响，自 2008 年 9 月中旬以来，中国乳业经受着有史以来最大的震荡。震荡之后的乳品企业最期待得到的认可便是“放心”二字，并为此纷纷出台新举措。伊利集团为此开展了“放心奶工程”，为了让公众了解自己的用心与努力，从 10 月 16 日起至 10 月 30 日，先后邀请了世界各国及我国港澳台驻京媒体和新华社、人民日报海外版、央视海外中心、中国日报等 32 家权威媒体走进伊利，聚焦伊利“放心奶工程”。在参观采访过程中，中外媒体记者亲眼看到伊利在国内首创的“奶牛合作社”，还看到了伊利拥有的国际先进的现代化全自动挤奶机和原奶质量检测分析系统，见证了伊利从源头保证最安全、最放心的原奶供应生产线。

伊利集团的新闻宣传活动给了我们很好的启示，与媒介沟通策略最终成效如何，主要体现在以下两个方面：

（1）组织被作为主要消息来源的程度。这是指组织在危机事件发生时对媒介的议题设置效果。有研究指出，重大危机事件由于具有突发、威胁、决策时间短等特性，因此通常没有充裕的时间针对消息来源进行媒体议题的建构。

（2）新闻媒介的报道给予组织的评价。这种评价是指媒介对组织处理危机事件做法的评论报道，也是社会各界的受访对象接受访谈时所做的正面或负面评论。

四、建立危机预警系统

事后处理不如事中控制，事中控制不如事前预防，可惜不少组织未能认识到这一点，等到危机造成了重大的损失，才想到用公关去弥补，很多时候，为时已晚。在危机来临之时，正确、及时、妥当地处理固然很重要，将危机隐患消除于萌芽之时更为重要。组织应建立一套危机预警机制，组建危机管理小组，将危机预防工作落到日常工作的实处。建立危机预警机制，及时寻找危机根源、本质及表现形式，弄清危机的类型及特征，并分析它们所造成的冲击，应针对具体问题，随时修正和充实危机处理对策，通过降低风险和缓冲管理来更好地进行危机管理，是组织生存和发展的重要内容。

小案例 9-5

2006 年 11 月 16 日，国家药品监督管理局发布了一则《关于暂停使用和销售含苯丙醇胺的药品制剂的通知》，中美史克的感冒药康泰克与康得被停止销售。年销售额达七亿元的市场瞬间化为乌有了。

当天，中美史克公司立即成立危机管理小组，并发布了危机公关纲领：坚决执行政府暂停令，暂停生产和销售此两种药品；通知经销商和客户立即停止康泰克和康得的销售，取消相关合同；停止广告宣传和市场推广活动。

11月17日中午，中美史克在全国各地的50多位销售经理被召回总部召开全体大会。中美史克总经理杨伟强向员工通报了事情的来龙去脉，并宣布公司不会裁员。

11月18日，50多名销售经理带着中美史克《给医院的信》和《给客户的信》奔赴全国各地。经销商们得到了中美史克公司明确的允诺，没有返款的不用再返款，已经返款的以100%的比例退款。中美史克在关键时刻以自身的损失换来了经销商的忠诚。

11月20日，中美史克在北京召开了新闻媒体恳谈会，会议邀请了多家中央及地方媒体。这也是中美史克总经理杨伟强首次在“康泰克事件”后在媒体前露面，他强调“维护广大群众的健康是中美史克自始至终坚持的原则”，并表示“不停止投资”的决心。

11月21日，15条消费者热线全面开通。

此后，面对部分新闻媒体的不客观报道及同行的借机炒作和攻击行为，中美史克保持了应有的冷静，并没有过多追究，只是尽力争取媒体做出正面和客观报道。

与此同时，公司高层把股东请到了生产地点，以事实为依据，恢复股东对公司的信心，促使其继续投资。

2001年9月3日，中美史克对外宣布，新康泰克获得国家药品监督管理局通过，并于即日起上市，打响了中美史克大规模收复失地的战役。

案例中，中美史克面对危机的表现，可以说是很完美的。然而，在这次危机中，中美史克也暴露出了它在建立危机预警系统中的缺陷。因为早在国家药监局做出禁售决定的前一个月，我国媒体便报道了美国耶鲁大学关于苯丙醇胺的研究报告。而在美国耶鲁大学的研究报告被披露出来之后，很多国家都开始禁售含有PPA成分的感冒药。而作为曾被评为“中国最大的500家外商投资工业企业”和“中国最受赞赏的外资企业”之一的中美史克错误地存在了侥幸心理，希望政府会看在自己占有巨大市场份额的情况下，对自己网开一面。这种心理，导致中美史克没有采取任何预警措施，在危机降临的时候，显得非常的被动。

组织常态运营过程中，发生变化就像生一场病，只有预警与防范机制强大的组织才能成功地应对。所以，为有效防范突发性事件的发生，社会组织必须对危机事件发生的全过程进行全面的系统分析和预警研究。

建立危机预警系统，及时捕捉危机的前兆，主要应做好的工作有：①建立起高度灵敏、准确的信息监控系统。加强信息收集和分析工作，及时掌握公众对组织的评价，了解外部环境的变化，并根据捕捉到的危机征兆制定对策，调整组织行为。②定期或不定期开展自我诊断，客观评价组织形象，找出薄弱环节，采取必要的补救措施。③重视与各类公众的信息沟通，积极妥善处理与公众之间的纠纷，无论纠纷大小都应予以高度重视。④进行危机预案演习。把危机管理纳入组织战略管理的核心内容，建立专门的危机预警机构，定期开展潜在危机预测和分类工作，分析预计危机情景，制定各种危机预防措施，根据危机处理预案进行定期或临时的演习，之后再检讨演习过程中有无疏漏。危机预案演习可以使员工在面临危机时，有经验可循，做到临危不乱，从容应变。

第二节 识别公共关系危机

美国危机管理专家诺曼·奥古斯丁认为：“危机就像普通的感冒病毒一样，种类繁多，难以一一列举。”弄清楚组织公共关系危机的种类和引起组织公共关系危机的原因，对于组织确定正确的防御和处理政策具有重要的意义。

一、公共关系危机的类型与特点

（一）公共关系危机的类型

按照不同的分类标准，可以将组织的公关危机分为多种类型。但是在公关工作中，关于危机的根本分类标准就是按危机的内容和形式两个方面来划分。这是因为任何事物的基本组成部分是内容和形式两个方面。从内容方面来看，公关危机可以分为信誉危机、效益危机和综合危机。从形式方面来看，公关危机包括点式危机、线性危机、周期性危机和综合性危机。

1．信誉危机、效益危机和综合危机

（1）信誉危机。信誉危机是指组织由于在经营理念、组织形象、管理手段、服务态度、组织宗旨、传播方式等方面出现失误造成的社会公众对组织的不信任，甚至怨愤的情绪。信誉危机也称为形象危机，这种危机尽管看上去是软性的、人气方面的，但是它直接影响组织的经济效益和可以量化的其他收益。因此，信誉危机是真正意义上的公关危机，它是组织形象在公众心目中的倒塌，是公关工作的重大失误，如不及时想办法挽救，很快就会波及组织的其他领域，带来灾难性的损失。

（2）效益危机。效益危机是指组织在直接的经济收益方面面临的困境。例如，出现了同行业产品价格下调，原材料价格上涨；出现了行业的恶性竞争，或者是该产品市场疲软，产品过剩；或者是组织的投资出现了偏差等。这方面的危机出现后，也是很棘手的，因为效益是一个组织存在的生命，所以当面临直接的、单纯的经济效益灾难时，要想办法、想策略及时补救，做到统筹全局，使亏损降到最小。

（3）综合危机。综合危机是指兼有信誉危机和效益危机在内的整体危机。这种危机的爆发往往是出现了影响重大的突发性事件，而且情况总是从信誉危机引起，由于处理不及时，或者事态发展太快而造成经济利润的全面下降，促成互相联系的连锁损失。在这种情况下，就需要组织公关部门刻不容缓地竭尽全力，尽快找到问题的突破口，迅速果断地控制事态的发展，有效地解决面临的问题，使组织尽快走出困境。

2．点式危机、线性危机、周期性危机和综合性危机

（1）点式危机。点式危机事件的出现是独立的、短暂的，和其他方面联系不大，产生的影响比较有限，它往往是产生在一定范围内的局部性危机，这也是一种程度较轻的危机状况。在实际的公关工作中，这种危机常属于一般性危机的范围，大部分情况下，处在隐性危机状态。它可能是组织内部某些局部和一些具体因素由于控制不严造成的具体方面的失控和混乱。但是这种危机是大危机到来的征兆，如不及时将问题消灭在萌芽状态，就会酿成大祸。

（2）线性危机。线性危机指由某一项危机出现的影响而造成的事物沿着发展方向出现的一系列接二连三的危机连锁现象。这种状况往往会造成一个危机流，如不及时控制事态发展的势头，就会造成大的灾难。线性危机的根本原因在于事物之间的联系。当组织在公关的某一方面工作中出了问题，面临危机时，一定要措施得当，力度适当。如果在某一环节上出现偏差不及时处理，造成失控，那么困难的局面就会像多米诺骨牌一样发生连锁反应，最终由一次危机，演变成一系列的危机。

（3）周期性危机。周期性危机是一种按规律出现的危机现象，是由于事物的性质和发展规律造成了某些公关工作在经过一段时期后，有规律地出现困难现象的危机状态。例如，某些产品的销售，有旺季，也有淡季。当进入淡季后，就要有相应的处理措施，以应付不利的局面。这种周期性困难是一种可以预测、能够预防的危机。也就是说，公关人员经过几次危机的锻炼后，就会找到危机出现的规律。当积累了一定经验后，就能够把握其规律，控制这种危机的出现，避免危害的发生。

（4）综合性危机。综合性危机是指在一个社会组织中，突然出现了兼有以上几种危机汇成的爆炸性危机。它是一种迅速蔓延、向四面发展的危机状态，也是一种最严重的危机状况。它一般是先由点式危机处理不得力造成了线性危机，再加上其他因素的作用，使危机的事态急剧恶化，短期内迅速发展成一种重度危机局面。这种危机的程度最深，挽救和扭转相当困难。一般而言，必须组织内部群众群策群力，上下同心去面对。必要时聘请相关方面的专家，提供专业的意见和建议，或者汇集公关专业人士协同组织的管理和决策者对危机事态进行紧急会诊，及时找到解决的突破口，不然就会彻底葬送已经建立的事业。

除了以上的几类危机情况外，根据公关危机危害程度的不同，可以将危机分为一般型公关危机和重大型公关危机。前者程度较轻，是局部性的，危害小；后者情况严重，是整体性的，危机深重。另外，根据公关危机事件呈现的状态，还可以分为隐性公关危机（即某些局部要素上的隐患）和显性公关危机（即已经形成事实的整体性危机事件）。

（二）公共关系危机的特点

1．必然性与偶然性

组织的公共关系危机是必然会发生的，这是公共关系存在的必然结果，当然，危机的破坏程度不一定都是致命的，可能仅仅是组织发展道路上的一块绊脚石，但危机是时刻存在的，即便人们不希望它到来。诱发危机产生的原因，却是偶然性的。一次小小的失误、一个突发的意外、一场误会、不期而至的偶然事件，都可能使平静发展的组织公共关系突然失衡，导致公共关系危机的出现。

小案例 9-6

1999 年 6 月 9 日，比利时 120 人（其中学生 40 人）在饮用某品牌的饮料之后发生呕吐、头昏、头痛等状况，法国也有 80 人出现同样的症状。一时舆论哗然，对该公司的抨击和质疑充斥了各大媒体。该公司立即着手调查中毒原因、中毒人数，同时部分收回该公司某些品牌的饮料产品。一周后中毒原因基本查清，比利时的中毒事件是在工厂发现包装瓶内有过量二氧化碳，法国的中毒事件是因为工厂的杀真菌剂洒在了储藏室的木托盘上而造成的污染。

由于疏于管理，偶然的工作失误使该公司爆发了危机。这次偶然事件，让该公司损失巨大。所有人都知道危机终将发生，但没有人能预料到它是这样发生的。

2．渐进性与突发性

公共关系危机的爆发，是一个从量变到质变的过程。酿成危机的因素有一个出现、积累、膨胀到爆发的过程。看似偶然的突发事件，其实是在一定的隐藏期之后才显现出来的结果。一个组织突然爆发了公关危机，其实是不会没有任何潜在因素的。管理的漏洞、不严格把握细节、疏于人际关系的处理等，往往使组织走进危机的深渊。

小案例 9-7

2008 年 9 月，甘肃等地报告多例婴幼儿泌尿系统结石病例，患儿多有食用三鹿牌婴幼儿配方奶粉的历史。经相关部门调查，石家庄三鹿集团股份有限公司生产的三鹿牌婴幼儿配方奶粉受到三聚氰胺污染。三聚氰胺中含有大量氮元素（用普通的全氮测定法测饲料和食品中的蛋白质数值时，根本不会区分这种伪蛋白氮），添加在食品中，可以提高检测时食品中蛋白质检测数值。为了提高蛋白质检测数值，不法分子长期将含有三聚氰胺成分的非食用化学物质掺杂在鲜奶中，销售给三鹿集团。由于奶源收购把关不严，三鹿牌婴幼儿配方奶粉中三聚氰胺严重超标，致使长期食用该奶粉的婴儿身体受到极大伤害，爆发了重大危机事件。

3．破坏性与建设性

公关危机一旦出现，是具有破坏性的。对组织而言，公关危机会严重损害组织形象，使几年、十几年甚至几十年的努力付之一炬。公关危机会破坏组织已经成型的内部结构。1999 年可口可乐的中毒事件，使得可口可乐全球共裁员 5 200 人，董事会主席兼首席执行官道格拉斯·伊维斯特被迫辞职。公关危机会带来巨大的经济损失。可口可乐公司 1999 年底宣布利润减少 31%，竞争对手抓住这一机会填补了可口可乐此时货架的空白，并向可口可乐公司 49%的市场份额挑战。

但是，我们也要看到，危机的另一半——机遇。“危机=危险+机遇”。普林斯顿大学的诺曼 R. 奥古斯丁教授认为，每一次危机本身既包含导致失败的根源，也孕育着成功的种子。发现、培育，以便收获这个潜在的成功机会，就是危机管理的精髓。危机具有破坏性的同时，也具有难得的建设性机遇。意识到危机的建设性机遇，在组织发生危机时，采取主动姿态，沉着冷静地应对，积极并满怀信心地面对危机，为组织建立富有竞争力的声誉和形象。

小案例 9-8

有一年，墨西哥一旅游胜地附近的火山爆发，引发地震。因为这座火山与该旅游胜地同名，新闻报道了这次地震之后，当晚该旅游地的饭店就接到了很多游客的电话，要求取消到该地的旅游计划，退掉原来预订的房间。旅游业是该地的主要经济来源，如此一来，该地的经济损失就会很大。

当地人马上请美国著名的公关公司为其出谋划策。公关专家到当地考察，发现那座与旅游地同名的火山，实际距离旅游地较远，旅游地根本没有受到火山爆发的影响。同时发现，火山爆发的景观，颇有吸引力。于是，专家们策划拍摄了一部电视纪录片：一边是完好无损的旅游区，一边是正喷出熔岩的火山。他们还组织了一些有探险精神的旅行者，专程来观看火山爆发的奇景。电视片播出后，原来由火山爆发而给游客带来的恐惧心理，被渴望亲眼看到火山爆发奇景的好奇心理所取代。该旅游地不光保留了已有的游客，还吸引了更多专程来观看火山爆发的游客。

4．急迫性与关注性

组织公共关系危机的爆发就像爆炸一样，短时间内发生，影响迅速扩大，同时带来社会公众对其高度的关注。此时，组织的一举一动都成为媒体、公众及政府密切关注的焦点。在传媒高度发达的今天，组织的一个小小事件，如果处理不当，都可能被公众舆论推成“大雪球”。

危机处理专家建议，一旦爆发严重的危机，组织的高层领导所要做的是在 24 小时内及时处理危机，不要错过了处理危机最重要的这 24 小时。在事态还没有恶化时，在公众正高度关注事件进程时，必须当机立断、快速反应、果断采取对策。

小案例 9-9

几名小学生因喝了某食品公司生产的果汁饮料产生呕吐、腹泻的中毒反应，住院接受治疗。此事被媒体在报刊上曝光，一时引起公众的广泛关注，公众纷纷要求该公司出面解释饮料使学生中毒的原因，并承担相应的责任，媒体记者在医院跟踪报道此事。两天过去了，仍然没有该公司的人员出面。拨打该公司的电话，被告知老板不在本市。第三天，终于该公司的一名员工前来医院，但却是来询问学生家属究竟要怎么样才能罢休。这引起了媒体和公众的愤怒。记者到公司门口等到了经理，问经理为什么不出面承担责任，经理刚开始还能客气地回答，解释问题饮料是在灌装过程中被污染了，饮用其他的饮料是不会出现中毒事故的。后来经理被追问的急了，打算一走了之但被记者围住，经理便很气愤地大吼:“你们有完没完，不是没有死人吗？”记者闻言很震惊，反问经理:“如果你家的孩子也中毒了，你还会说出这样的话吗？”

虽然中毒事故没有带来致命的危险，可关系到食品安全的问题是不容忽视的。“民以食为天”，公众对于食品安全的关注度要远远大于其他的问题。三天的时间，是大众产生首因效应的关键时期，关注度足以让这个坏消息传得众所周知。组织应该尽早、尽快地采取主动措施，积极树立起组织诚信、勇于承担责任的形象，避免事态进一步恶化。

二、公共关系危机发生的原因

引起组织公关危机的原因很多，大体可以分为组织内部原因和组织外部原因。

(一)组织内部原因

1. 缺乏危机意识

危机意识是一种对环境时刻保持警觉并随时做出反应的意识，它建立在这样一个基础认识上：随着时间的推移，今天的优势可能会在明天消失甚至变为劣势，环境中任何一点变化都可能在未来的某个时刻对组织产生重大影响，因此必须随时准备对可能发生的变化做出反应。有些组织在事业蒸蒸日上的时候，得意忘形，只看到眼前的成功，看不到前路的风险，失去了警惕意识，造成不可挽救的危机。

对缺乏危机意识这一现象，2001 年时任联想总裁的杨元庆说:“我们的员工看到的是联想每个月、每个季度、每年都在持续地高速增长，听到的是一次又一次提前超额完成任务的捷报。在我们的成绩被别人津津乐道的今天，我们的员工是否还能想到如果有一天，公司没有完成任务怎么办？公司的增长速度放慢甚至停滞了怎么办？公司不再保有现在的优势怎么办？我们的年轻员工是否有这样的危机意识，是否具备了危机到来之后的心理素质？我们能坦然地面对裁员、减少开支、降低薪酬吗？盲目乐观，看不清我们面临的压力和挑战，将成为来自我们自身的最大危机！”

2. 经营决策失误

组织将走什么路线，向哪个方向发展，领导者的经营决策对组织的存亡兴衰有决定性的作用。领导者在制定经营决策的时候，要自觉考虑社会环境、组织自身条件、公众利益要求等重要因素；否则，会因经营决策失误而造成公关危机。例如，中央电视台黄金时间段广告权的两届“标王”连任者某酒厂，没有考虑到自身条件，盲目地对广告进行超负荷投入，结果无法完成超出能力所及的订单，只好选择走勾兑的“捷径”，最终事发，被公众遗弃。

3. 成员素质低下

一个人的素质，包括思想素质、道德素质、心理素质、业务素质等方面的能力和修养，组织的成员上自领导层，下至普通员工，修养不够，素质低下，不能尽到岗位职责，不能摆正自己与公众之间的位置，甚至对公众极为不礼貌，都会影响组织的形象，带来公关危机。

4．法制观念淡薄

现代社会是法制社会，法律对社会起到监管和保护的作用。组织在社会上立足，必须知法、懂法、守法，才会被社会容纳。如果组织狂妄自大、践踏法律、侵害公众利益，必然难逃法律制裁，给组织的形象和生存发展带来严重危机。法律不容亵渎，公众权益不能侵犯，组织要恪守这条原则。

5．公关行为失策

组织形象是依靠积累才得以树立的，可形象的倒塌却可能是瞬间的。因此，组织面对公众时的一言一行都必须小心谨慎，深思熟虑，切不可图一时痛快，损害了组织形象。例如，2000 年某汽车公司没有处理好与某森林野生动物园的维修、退车纠纷，某森林野生动物园工作人员将车砸毁。某汽车行业协会副理事长认为：该汽车公司在整个事件中，难逃“店大欺客”之嫌。之后，该汽车中国有限公司总裁对他的失败公关做出检讨，认为公司与客户沟通缺乏技巧。不恰当的公关行为使汽车公司形象大跌。

6．活动组织不力

组织开展各项活动都应正确策划与充分准备，策划要以保证社会和公众的利益为前提，准备工作要扎实充分，这样活动才会成功，取得预期效果；反之，不仅活动可能失败，组织形象也可能严重受损，带来公关危机。

7．纠纷处理不当

组织必然要与公众打交道，因而与公众之间发生纠纷摩擦是不可避免的，对纠纷的处理要以公关意识为指导，正确看待公众利益与组织利益的关系；反之，将会使小纠纷演变成大纠纷，小摩擦升级为大危机。

除了以上的几点内部原因以外，还有诸如不重视公关调研、股东对组织丧失信心、组织内部成员贪污腐化等引发组织危机的原因，这些内部原因都应该引起组织领导者的高度重视。

（二）组织外部原因

1．外界恶性竞争

恶性竞争即不正当竞争，是指在市场经济活动中，违反国家政策法令，采取弄虚作假，投机倒把，坑蒙诈骗等手段牟取利益，损害国家、生产经营者和消费者的利益，扰乱社会经济秩序的不良竞争行为。

一些为牟取利益不择手段的不正当竞争者，经常采取一些手段：散布谣言，诋毁竞争对手形象；盗用竞争对手的商标生产假冒伪劣产品；进行比较性广告宣传贬低竞争对手的能力；采取恶劣行径严重扰乱竞争对手的经营秩序等。一个组织受到外部其他组织的不正当竞争，使该组织面临严重的经营危机和信用危机，是组织发生公关危机的原因之一。

2．外部公众误解

信息从信源出发，经过编码，通过信道，再被公众译码理解的过程中，很多环节都会造成信息的失真。因为组织编排信息的形式不当，或公众对信息接收的不够完整，或公众偏听偏信不实传言，而造成对组织的误解，也可能带来组织的公关危机。

3．政策体制不利

在制约组织生存发展的诸多因素中，国家经济政策和管理体制是组织无法控制的外部因素。组织希望国家的政策体制会对组织的发展有利，但在很多特殊的环境中或是特定的条件下，组织的希望难以实现。特别是受传统经济体制的约束、传统思想观念的制约、地方产品保护主义的排挤等影响，组织可能会遭遇极大的打击，带来避免不掉的危机。例如，因地方保护主义的阻挠，某品牌的异地推广之路艰辛难行。这是客观存在的社会因素带给组织的危机。

4．科技负面影响

科技的进步，可以推动组织技术力量的壮大，同样也会带来组织技术水平的落后和技术价值的贬值。因为科技进步而导致的组织形象危机，原因有两个：①新技术本身的危险性所致，例如，被人们看成“诺亚方舟”和“潘多拉魔盒”的核电能源，既会造福人类，又可能因为泄漏或爆炸事故而带来巨大灾难；②因技术进步带来技术标准变化，而组织一时很难达到标准要求所致。例如，海尔集团将防电墙列入电热水器国家标准，标志着在产品中使用该技术的电热水器生产企业的产品将受到市场的青睐。

5．公众自我保护

随着现代科技的发展和保护消费者法律的不断完善，消费者的自我保护意识正在觉醒，开始学会用法律的武器来保护自己的合法权利。这使组织原来认为合理的、正常的做法，在消费者思想中已经变成需要改变的不合理的做法。消费者对组织的抗议使组织面临危机。例如，2004 年上海一名消费者一纸诉状将上海雀巢有限公司告上法庭，要求雀巢公司摒弃双重标准，承诺在中国销售的产品不使用转基因原料事件。

除了以上几点外部原因外，还有诸如具有敌意的兼并、大众传媒泄露组织秘密、恐怖破坏活动等其他外部原因。

了解公关危机产生的原因，对预防与处理危机具有非常重要的意义。

三、识别公共关系危机的方法

公共关系危机的种类繁多，而且诸多内外部因素都可能引发公共关系危机。那么，我们应如何识别公共关系危机呢？

识别公关危机是指公关工作者在日常的公关工作中，通过一些事物的现象和自己长期的工作经验，对危机事件出现时的及时发现和判断。具备识别公关危机的能力相当重要，它可以使组织的损失在及早发现的情况下得到降低。公关危机的识别包括两个方面：一种是隐性状态下的察觉；另一种是显性状态下的发现。

1．察觉隐性状态下的公关危机

组织出现隐性状态下的公关危机时，公关工作还处在表面正常的状态，但是隐患已经在某些因素和环节中存在。例如：组织内部干群关系、部门关系、上下级关系不和；或者是组织内部管理出现了混乱，效益停滞不前；或者是时代进步了，组织发展的脚步却越来越慢，跟不上形势；或者是出现了组织和公众之间的不协调；或者是组织与政府、社区、同行业产生了摩擦等，在这种情况下，有经验的公关人员就会发现这些不和谐因素，目前的发展状态只是萌芽，随着事物的进程和发展规律，就会由量变到质变。特别是会由局部发展到全局。因此，当一些细小的环节或因素上呈现问题时，就要及时发现，马上处理。这种发现问题的能力需要学习和长期经验的积累。它不仅是理论学习的结果，也是社会经验和工作经验的体现。

小案例 9-10

2008 年 3 月 31 日到 4 月 1 日，D 航空 Y 分公司的 21 架客机都在快到达目的地时离奇返航，至少 1 500 名乘客出行受影响。4 月 2 日，D 航 Y 分公司总经理杨某对媒体表示，3 月 31 日 Y 分公司执行航班 295 个，其中 18 个航班因低空扰流等天气原因先后返航，并影响到后续运力安排，造成较大面积航班延误，千余名旅客滞留机场。然而事情没有如杨某期望的简单结束，尔后发生的戏剧性变化，证明这位总经理的话是谎言。

D 航 Y 分公司前身为“中国 Y 航空公司”，直属中国民用航空总局。1992 年 7 月 28 日正式成立。2001 年，Y 航共安全飞行 34 449 班次，运输总周转量近 41 236 万千米，盈利 9 221 万元，在业内名列前茅，成为国内众多航空公司中赢利的三家之一。2002 年 10 月，D 航空、Y 航空和 X 航空被重组合并成一家公司，以 D 航空的名称来命名新公司。在新组建的 D 航空公司的领导班子里，原来的 Y 航空公司的人任职的很少，加上当初合并的时候，D 航空方面曾经对 Y 航的人承诺“待遇不会下降”“可以根据自己的效益来发放收入”。但情况并不是这样，在 Y 分公司一直保持效益良好的同时，人员的待遇却在下降，地面工作人员的工作收入下降了近一半。这样，大家的怨言就自然而生了。除了平日里大家的各种牢骚、议论，甚至在内部互联网上也是骂声一直不断。但这些“民间呼声”并没有引起 Y 分公司和 D 航总部的注意，也没有具体措施改变现状。时间久了，积怨深了，危机就不可避免地爆发了。因这次危机，D 航的两条航线被停航，损失达 4 亿多元。

量变的积累转变为组织公共关系的质变，这次 D 航的危机事件起源于其内部，“冰冻三尺，非一日之寒”。如果 D 航能早点发现来自不满者的声音，及时解决矛盾，相信不会酿成如此严重的后果。

2. 发现显性状态下的公关危机

比起隐性状态，显性状态下的公关危机比较容易被发现。稍有一些公关经验，或者是任何一个人都可以判断显性公关危机。因为它是既成事实的危机状态，而且多是影响较大的突发性危机，常常以重大的损失作为标志，容易为人所重视，但是对于重大显性危机危害程度的认识和判断却需要很多的公关经验和很高的判断水平，因为它涉及对危机处理的决策和处理手段的制定，以及处理措施的实施。

已经造成组织信誉损害和效益损失的危机，由点性危机带来的线性危机和综合性危机，都是显性危机。

小案例 9-11

1997 年 8 月 5 日，王洪在北京安特明科技有限责任公司（以下简称“安特明公司”）购买恒升笔记本电脑一台，恒升的保修证书中标明“对所售产品实行 3 年保修，其中 1 年之内按规定使用发生故障时，本公司负责免费维修或更换损害部件”。1998 年 4 月，王洪的笔记本电脑显示屏出现质量问题。6 月 1 日，王洪与安特明公司联系维修事宜，次日将笔记本电脑送至安特明公司进行维修，被告知如无保修卡，维修应交纳 7 300 元。王洪对处理方式不满，认为笔记本电脑在保修期内，公司应无条件免费维修，遂又多次与安特明公司沟通，未果。

6 月 9 日，王洪在网络上发表《请看我买恒升上大当的过程》一文，并向消协投诉。7 月 2 日，恒升与王洪取得联系，同意免费为王洪修理笔记本电脑，但要求王洪在互联网上发布至歉函，否则不予修理。王洪感到备受愚弄，决定放弃维修。7 月 3 日，王洪又写了《誓不低头》一文在互联网上发表，文中将恒升笔记本电脑比作垃圾。7 月 25 日，王洪收到律师事务所发来的邮件，要求王洪停止“损害恒升的名誉”，并威胁要诉之法律。随后，王洪在国际互联网上设立名称为“声讨恒升，维护消费者权益”的个人主页，社会反响强烈，王洪因此被恒升公司以侵犯名誉为名推上被告席。

通过两审，王洪最后被判向恒升公开致歉，并赔偿北京恒升远东电子计算机集团经济损失人民币 9 万元。二审宣判当天下午，恒升公司的网站主页遭到黑客攻击，页面被黑客肆意更改成“赢了官司，输了世界”。

王洪状告恒升事件，是一场因纠纷处理不当而导致摩擦升级的典型的显性危机，这种危机很容易被发现，但是恒升对这场危机危害程度的认识和判断却出现了偏差，很武断地将消费者告上法庭，危机处理决策的失误和处理手段的极端，最终导致了恒升“赢了官司，输了世界”的结局。

第三节 处理公共关系危机

并不是只要组织有完善的运行机制就不会出现危机了，危机是一种客观存在的现象，它是不速之客，会经常与组织打“恐怖”的招呼。面对危机进行妥善处理是组织迫切需要的一种公关工作。

危机一旦发生，不可避免的麻烦就到来了。社会组织如何才能正确地应对危机呢？

危机公关是公共关系工作的一种特殊形态，是组织的公共关系工作水平的综合显示。有效的危机公关不仅有助于避免组织不希望的事情发生，而且是组织自我保护、维护自身形象的客观要求，它对于防止组织形象的下降，保卫已有的公共关系工作成果有着不可替代的作用。危机公关的一般程序有别于常规公共关系工作的程序，它包括五个环节：采取措施，控制事态；坦诚告知，表明诚意；调查情况，收集信息；确定策略，有效沟通；评价总结，改进工作。

一、采取措施、控制事态

危机事件一旦爆发，消息便会像病毒一样以裂变方式高速度地传播，组织必须当机立断，在最短的时间内做出最快的反应，迅速表达自己的立场，采取果断措施控制事态，掌握主动权，防止事态扩大。反之，逃避、推脱、心存侥幸，都会使事态扩大、升级，使局势难以控制。因而，在危机发生的第一时间，有效控制事态是处理危机的关键。

小案例 9-12

2007 年 2 月，国家质检总局接到美国食品药品管理局通报，卫生部亦接到了世界卫生组织通报，2006 年 5 月后生产的 Peter Pan 和 Great Value 两款花生酱被怀疑遭受沙门氏杆菌污染，两种产品已向中国出口。2007 年 2 月 23 日晚，卫生部发出通告，要求消费者和食品经营机构要停止食用和销售上述两种美国花生酱。仅仅在我国卫生部发布“问题花生酱”通告后的一个工作日，2 月 25 日 9 时，美国 ConAgra 食品有限公司就通过财经资讯平台“中国商业电讯”（http://www.prnews.cn）发布了召回新闻。ConAgra 食品有限公司发言人 Chris Kircher 表示：“尽管我们的广泛产品测试并未说明沙门氏菌的存在，但我们仍采取防范措施，因为消费者的健康和安全是最重要的。”

该召回新闻对消费者如何获得全额退款进行了详细说明：“拥有该产品的消费者应丢弃该产品，但请保留产品的盖子。为了获得全额退款，中国的消费者必须退还 PeterPan 花生酱产品的盖子并且连同消费者的姓名和邮寄地址发送到以下地址：Goodwell China Company Limited，中国上海凯旋路 3131 号××室，邮编：200030。消费者如有任何关于产品召回的疑问，请拨打电话 86-21-6487-××××联系 Goodwell China Company Limited.”

美国 ConAgra 食品有限公司对于此次危机事件快速响应，通过电子化的新闻传递，可在几分钟内将企业新闻推送到中国成百上千家新闻媒体供记者选用，传播速度较传统媒介数倍提升，令高效的危机公关成为可能。

该召回新闻发布后，已被国内十几家网站转载，包括新浪财经、搜狐财经、QQ、北青网、南方都市网、环球财经、天下财经等。搜狐财经发布时间显示为 2007 年 2 月 25 日 10 时，来源为中国商业电讯，距 ConAgra 食品公司发布时间仅为 1 个小时。

因为反应及时，事态被控制住了，美国 ConAgra 食品有限公司在坏消息还没有蔓延之前，就利用传播速度最快的网络媒介发出了回收声明，给危机处理开了一个好头。

二、坦诚告知、表明诚意

危机事件已经发生，面对媒介、受害者、政府部门及社会公众，我们究竟应该表达些什么？

处理危机事件的公关宗旨是“真实传播，挽回影响”。当事件发生后，与该事件有关的人们出于趋利避害的本能，强烈要求了解事件的状况及与自身的关系，如果缺乏可靠的信任，则往往做出最坏的设想来作为自己行动的根据。只有真实、准确地传播，才能获取公众的信任，争取公众的谅解与配合。

小案例 9-13

SOHO 中国有限公司是一家为注重生活品位的人群提供创新生活空间以及引领时尚生活方式的房地产开发公司。它在市场竞争中非常成功，自 1999 年以来，连续多年在北京乃至全国稳居项目销售冠军。1999 年 8 月，SOHO 总裁潘石屹为“寻找灵感”，到成都、拉萨、珠穆朗玛峰旅游。回到总部后，听到一个惊天的消息，负责销售的总经理向他汇报，正在进行“现代城”销售的 50 多名销售精英被 SOHO 的竞争对手——“中国第一商城”的邓智仁“挖”走了。得知消息的当晚，潘石屹便给跳槽的人开会，苦口婆心地做工作：目前公司前景光明，希望大家不要离开，与第一商城签订的合同，公司可以找律师处理。但是，仍然有 23 个人，被高薪“挖”走了。SOHO 陷入了“跳槽事件”的危机。一些朋友告诉潘石屹：家丑不要外扬了，20 多个人，不会产生什么大影响。经过一番思想斗争，潘石屹还是写了一封题为《现代城的四名副总监被高薪挖跑了》的信，并在第二天买了《北京青年报》《北京晨报》《北京晚报》和《精品购物指南》这几家北京最有影响力的报纸半个版面，发了这封信。信的最后，有这样一段话：“现代城的员工们，无论我们是成功还是失败，无论我们受到竞争对手什么样的打击，千万不要忘记我们做人的准则，不要忘记我们的使命，也不要忘记客户对我们的期盼。”

中央电视台《经济半小时》节目和北京电视台的《北京特快》节目都对此做了报道，《北京特快》节目一共做了 4 期，其中有两期节目还获了奖。这次危机给“现代城”带来的最大收获是，“现代城”一下子出名了，形象凸显出来了。1999 年全年销售额达到 18.9 亿元。

在 SOHO 的发展过程中，曾经历“邓智仁挖墙脚”以及“任志强炮轰”等危机事件，总裁潘石屹悟出了危机公关的真谛。他表示：“我们所有人都已经进入了一个信息时代，这个信息时代就是一个媒体时代。在这个时代，我们对许多事情都应该有一个新的定位，跟我们在工业时代思考问题的方法应该有所不同。对媒体最重要的一个原则，我认为是要坦诚，你想什么事情，你就说什么事情；你做了什么事情，你就承认什么事情。只要你拿出足够的坦诚，媒体和社会公众就会理解你，如果你去躲躲藏藏，反而会出现一发不可收拾的情况。”

危机公关专家指出，危机沟通有“两要两不要”原则：

（1）要诚实。建立信任，是与公众进行危机沟通的最重要的基础。信任是来自很多方面的，最重要的是诚实。“9·11 事件”后，纽约市长朱利安尼向公众承认他也害怕，他也不知道下一步会发生什么事，他的痛苦是诚实的，也是真实的。他没有试图控制公众的情绪，也没有试图保持完全的冷静。这样反而使公众更信任他，使他能更有效地帮助公众消除过分的忧虑。诚实和公开有助于建立信任，使危机沟通更有效。

（2）要尊重公众的感受。公众的恐惧是真实的，公众的怀疑是有理由的，公众的愤怒是来自内心的，这是事实。我们永远不要埋怨公众太不理智，永远不要忽略和漠视公众的真实感受。否则，不仅不会使他们平静下来，还会丧失他们对你的信任。通常危机沟通失败的几个原因是：①批评人们对于危机本能的反应；②不接受恐惧的感情基础；③只注重事实，不注重人们的感受。

（3）不要过度反应，过犹不及。在危机发生后要镇定。让自己在对事实了解后，做出适当的反应。在与公众或媒体沟通的过程中，一定要确定自己的"反应度"，而不要过度反应。否则可能会人为地把事情闹大。

（4）不要过度承诺。由于危机的突发性和不可预期性，决策者必须在得到专家意见后尽快与公众和员工沟通。但是往往很多信息是有局限性的和不准确的，因此，作为决策者，要面对这种后果。必须及时告诉公众，告诉员工，事情并没有预期那么顺利。如果没有把这些坦率地公布出来，就会威胁到那些认为事情进行得很顺利的人的安全。决策者需要对公众公开，但同时也需要谨慎。尤其讲话要慎重，不然会显得不够专业，使承诺失去了可信度。这里不仅仅是过分承诺的问题，更是尊重公众的智力和判断力的问题。

三、调查情况、收集信息

组织对于突发性公关危机的处理，最终是建立在针对事件真相，采取相应、得体的公关措施的基础之上，因此，调查危机事件的真相就显得非常重要。也就是说，在灾难得到遏止、危机得到初步控制后，组织就要立即展开对危机的范围、原因和后果的全面调查，查明原因是为危机处理决策提供依据，也是成功处理危机的关键所在。

只有在调查研究的基础上，对信息进行分类、整理，向各个有关部门提供客观、真实、重要的信息，上报决策层，才能开展有效、严密的公关活动。同时加强与公众之间的协商对话，建立起组织与公众之间新的信任与合作关系，进而使危机的处理更加顺利。

小案例 9-14

N 市一户人家使用的某品牌电冰箱发生爆炸，当地媒体随即报道了该事件。电冰箱的生产厂家得知消息后，马上组织人员火速赶往 N 市，了解事故原因。

厂家的调查人员到达 N 市，马上到发生爆炸事故的用户家实地了解情况。结果发现爆炸只是炸飞了冰箱门，接通电源后，压缩机仍能正常工作。并且，在调查人员到来之前，冰箱内被收拾得很干净。对事故原因的调查变得很艰难。于是厂方决定，一方面继续调查事故原因，另一方面请求公安机关介入，进行专业的现场勘察。

他们在与用户交谈了解情况的过程中，反复向用户说明，无论多么困难，事故原因一定要调查清楚，并且承诺可以提供赔偿。他们的坚定、耐心与真诚终于使用户说出了事故的真相：他在冰箱里存放了易爆品丁烷气瓶！真相大白，厂方代表马上通过当晚的电视节目宣布了事故原因，解开了爆炸之谜，挽回了工厂的声誉，树立了良好的企业形象。

四、确定策略、有效沟通

在对危机事件真相调查分析的基础上，组织就可以针对不同的对象确定恰当的沟通策略，有效地与公众进行沟通。

危机沟通的作用是：帮助公众理解影响他们的生命、感觉和价值观的事实，让他们更好地理解危机，并做出理智的决定。危机沟通不仅是告诉人们你想要他们做的事，更重要的是告诉他们你理解他们的感受。

小案例 9-15

一大型跨国公司因投资失败而破产，贷款给它的美国S银行某分行因此无法收回贷款，面临危机。一时间该分行即将倒闭的传言在大街小巷飞速传开，几乎所有在该银行存款的储户都赶到银行来提现，生怕在银行倒闭前无法取出现金。前来提现的人群排了延伸几个街区的队伍，场面很混乱。S银行总行接到消息，马上派出运钞车从各分行紧急调拨1 000万美金运送至该分行，并派出了一位解决危机的高手——总行副行长阿里克斯。

阿里克斯火速赶往现场，到达时距银行下班时间还有不到一个小时。现场场面混乱，上千人挤在银行门口，甚至有激动的储户已经开始要砸银行的玻璃，情况非常危急。阿里克斯站在一处高台上，手中拿着扩音器宣布："我是总行副行长阿里克斯。我知道大家急于提现，担心快到下班时间了。现在我宣布，今天银行在办理完所有的业务后，再下班。"人群中议论了一小会儿，接着稍稍安静。阿里克斯接着说："今天是周末，大家取出了大量的现金，带在身上或放在家里，都是不安全的。现在我的助手就在为大家联系就近的其他银行，希望他们能延时下班，方便大家存款。"这一席话换来了人群中的掌声。接着阿里克斯的助手宣布了几家已经谈妥延时营业的银行。

一对老夫妻提着一个装了大量现金的袋子，从银行中走出来。阿里克斯看到了，忙迎上去，询问两位老人是否有人陪同。老人红着脸对阿里克斯说："我们夫妻俩在这存款有30多年了。这袋子里是我们所有的积蓄，要用来养老的。要不是这次出了这样的事，我是不会把钱都取出来的。"阿里克斯真诚地说："老人家，看来我们是30年的老朋友了，感谢您一直的信任。为了您的安全，我派人开车把您送到就近的银行去存钱。"说完回身找来自己的司机。两位老人商量了一下，打断了阿里克斯的安排，问道："小伙子，你能向我保证，这银行不会倒闭吗？"阿里克斯沉思两秒，郑重地点了点头："我向您保证，它不会倒闭的。"两位老人手拉着手，转身又走进了银行。此时，挤在银行门口的人群也开始一点点地散开了，人们渐渐地离去。

结果，该分行办理完最后一笔业务，只比平时下班时间晚了10分钟。

该案例充分地说明了危机公关中有效沟通的作用和价值。在调查研究，了解危机发生的范围、原因及后果以后，我们必须分别针对组织内部公众、新闻媒介公众、受害者、政府主管部门、业务往来单位及其他公众开展卓有成效的沟通工作。

五、评价总结、改进工作

在危机事件平息后，组织需要成立一个评估小组，对整个危机管理活动进行评估，总结经验和教训。这里的总结工作包括两个方面：一方面要注意从社会效应、经济效应、心理效应和形象效应等方面，检查组织在应对危机的过程中所做的决策与所采取的行动，评估消除危机有关措施的合理性和有效性，实事求是地写出总结报告，以便进一步完善组织的危机管理工作，也为以后处理类似事件提供依据；另一方面是对所发生危机本身的总结，认真分析事件发生的深刻原因，收集公众对组织的看法、意见和议论，总结经验教训，以便改进组织工作，从根本上杜绝类似事件再度发生。

小　结

1．社会组织进行公共关系危机管理不只是对危机的处理，还要争取防患于未然。树立全员公关意识，保持良好的媒介关系，建立漏洞审查制度和危机预警系统，是预防公共关系危机的基本方法。

2．引起组织公共关系危机的原因有很多，组织应注意发现显性公关危机，更要目光敏锐地察觉隐性公关危机，尽量减少危机爆发的频率，减轻危机的危害程度。

3．组织处理公关危机要遵循的一般程序是：采取措施，控制事态；坦诚告知，表明诚意；调查情况，收集信息；确定策略，有效沟通；评价总结，改进工作。

知识考核

1．什么是危机事件？什么是公关危机？什么是危机公关？

2．公共关系危机有哪些类型？

3．如何做好公共关系危机的预防工作？

4．公共关系危机有哪些特点？

5．公共关系危机产生的原因有哪些？

6．处理公共关系危机的一般程序是什么？

技能训练

1．分析下面的案例，说说案例中体现出的处理公关危机的原则与策略。

1997年6月12日晚11点左右，杭州未来食品有限公司总经理蒋敏德被一阵急促的电话铃声吵醒。电话是从四川省内江市打来的，当地一位该厂产品推销员杨彬在电话中说，内江市有一个出生仅 3 个月的婴儿因中毒身亡，死亡前该婴儿曾食用过 4 个厂家生产的婴儿食品，其中就有未来公司生产的未来牌营养米粉。婴儿的父母怀疑与这些食品有关，已投诉至内江市卫生防疫站。

接到如此内容的电话，蒋敏德的确感到震惊，他略做思考后，对这位推销员做了指示，让他赶快把产品送至内江市卫生防疫站检测，并代自己向死者家属表示慰问，同时说明自己会尽快赶到内江处理此事。

6 月 13 日，蒋敏德在管理层中通报了此事，研究了对策后，当晚，蒋敏德便到达上海，并于第二天早晨 7 时登上了飞往四川成都的飞机。6 月 14 日中午，蒋敏德在推销员杨彬的陪同下，跨进了内江市卫生防疫站大门。在 4 个涉嫌生产厂家中，蒋敏德是最早赶到出事地点的。当时，婴儿中毒身亡的消息早已在内江市民中不胫而走。厂家的一言一行自然已成为市民关注的焦点。蒋敏德希望卫生防疫站的同志能尽快检测未来公司的产品，并表明态度：第一，如果公司的产品真有质量问题，公司决不推卸责任；第二，即使公司的产品没有质量问题，但是死者家属曾购买过公司的产品，信任公司的产品，公司也有责任帮助他们。蒋敏德希望市防疫站的同志能带他去死者家中。

1 小时后，蒋敏德和内江市卫生防疫站产品卫生监督科的吴小川以及杨彬一起来到死者家中。

中毒身亡婴儿的父母正深深地陷入悲伤之中，蒋敏德表明自己的身份后，对他们说："虽然我们公司的产品现在还在检测之中，但是，你们买了我们公司的产品，信任我们公司，信任我们的产品，我们就有责任帮助你们。今天，你们家出了这么大的事，靠你们自己承受很艰难，让我们也分担一点！"他边说边将 4 000 元慰问金递给了孩子的母亲。

当孩子的奶奶哭诉失去孙子的悲痛心情时，蒋敏德劝导她多保重自己的身体，同时也递上 2 000 元慰问金。

临走前，蒋敏德再次许下诺言，他对孩子父母承诺："节哀保重，早得贵子，我们公司将承担把你们的子女培养成大学生的责任。"

蒋敏德的言行不仅感动了孩子的父母、亲友，也使一旁的吴小川和推销员杨彬感动不已。吴小川说："在产品质量检测结果还没有出来之前，一个企业能如此承担责任，我还是第一次看到。"

3 天后，蒋敏德离开内江返回杭州，但是他在内江的一言一行早已在市民中广为传颂，杭州未来食品有限公司的知名度、美誉度以前所未见的程度在当地大幅提高。

几天后，蒋敏德接到内江市卫生防疫站电话，证实 4 家企业生产的婴儿食品经检测均没有质量问题，婴儿中毒事件与厂家的食品质量无关。至此，杭州未来食品有限公司遭遇的这场突发危机事件应该画上句号了。

近年来，杭州未来食品有限公司在拓展四川市场方面取得了可喜成绩。但是，每年数千万元的产品从杭州运往四川耗费了大量的运输费用。因此，早在两年前，蒋敏德便有到四川设分厂的意愿。而地处成都、重庆两大城市之间的内江，更为蒋敏德所看好，一旦能在内江设立分厂，就可以就近向成都、重庆供货。但是两年多来，由于种种原因这个愿望始终未能实现。蒋敏德决定把握住这次契机。他召集营销、公关人员座谈此次危机事件。

有人提议为内江市的精神文明建设事业做些贡献。经过酝酿，公司决策层做出决定：向内江市捐赠10万元人民币，赞助内江市的精神文明建设事业。

7月下旬，公司派出一位副总经理赶赴内江洽谈赠款之事。不久未来公司赠款10万元资助内江精神文明建设事业的消息见诸报端。一时间，杭州未来食品有限公司的大名在内江市家喻户晓，公司的产品销量也在当地直线上升。与此同时，公司把希望在内江建立分厂的信息也传递给了内江市的有关部门。

未来公司的赠款举动和设厂信息受到内江市委、市政府的高度重视。

在内江市委、市政府以及社会各方面的关注下，未来公司与内江市市中区一家工厂签订了合作意向书。在内江期间，蒋敏德不仅受到了热情的欢迎，而且得到真诚的对待。对他将在内江开设分厂，当地地税部门表示要给予优惠的政策。在这场婴儿中毒身亡的突发危机事件中，“未来”人没有受到任何损害；相反，他们凭借公共关系的原理在危机事件中树起了闪光的形象，实现了多年的夙愿。蒋敏德说：“吹牛拍马以及花瓶式的公关小姐，都不是公关的真谛，公关的真谛是扎扎实实地塑造好自己企业的形象，时时不忘把公众的利益放在首位。”蒋敏德还坦率地说：“说句心里话，在这次危机事件中，我们花10万多元钱所产生的效果，是花100万元钱打广告也难以达到的。”

2．分析下面案例在危机传播中有哪些不足，谈谈在危机出现后应怎样做好与公众的沟通。

1986年2月5日，英国核燃料公司塞勒菲尔德核反应厂液态钚储藏罐的压缩空气受到重压，一些雾状钚从罐中泄漏出来。工厂亮起了琥珀色的警报，大约300多名非必要人员撤离了危险区，当时只留下40人来处理泄漏事故。

泄漏事故发生在中午10时45分至11时45分之间。媒体很快就报道了所发生的事故，因为从工厂蜂拥出来的工人和琥珀色的警报，人们一眼就能看出工厂出了问题，事故的消息随后就传开了。英国广播公司的电视记者在中午给工厂打电话时，工厂的新闻办公室还没有做好发布事故消息的准备，所得到的回答只是些站不住脚的许愿，即工厂将发表一个声明。直到下午4时人们才看到这个声明，而这期间记者们一直提心吊胆地等待着。

英国核燃料公司在宣布泄漏事故时，暴露了公司危机状态下的困境。一方面他们表示，要最大可能地让公众了解事实真相；另一方面每天又像挤牙膏一样一点一点地报出消息，这更加剧了人们的恐惧。

公司没有足够的新闻发布人来应付外界打来的询问电话。记者们发现他们要排队等候消息。于是不确定的因素大大滋生了人们的不安情绪，政府为此也十分焦虑。英国核燃料公司的新闻办公室在正常工作时间后停止办公。当探听消息的人在晚间给公司打去电话时，电话总机告之，请留下电话号码，等新闻发布人上班后再回电。

最后，英国核燃料公司不得不开始收集有关信息，也因此而付出了巨大的代价。他们花费200万英镑进行广告宣传活动，邀请公众参观塞勒菲尔德展览中心。

综 合 案 例

综合案例一 “诺佳”分区管理起风波

一、风波始末

2001年元月初，刚迎来新世纪的武汉诺佳药业集团股份有限公司职工被一则通知打懵了。

这则通知的大致内容是：根据药品生产质量管理的通用准则（GMP）达标要求，以及企业安全管理及保护企业知识产权的需要，公司将试行现代企业的基本管理方法——分区管理。所有生产车间将集中在生产区，而所有机关办公室将集中于办公区。办公区与生产区将被完全隔开，工人只能通过位于解放大道上的后门进入厂区，而机关干部则通过设在古田路的正门进入办公区。生产人员未经批准，不得进入办公区。同时，公司的食堂也被分为干部区与工人区。

此规定一经公布，立即在公司内引起了轩然大波，许多职工不断向公司有关部门打进电话并直接给总经理和上级主管部门写信，表示强烈反对。同时，由此而引发的纠纷也层出不穷，职工与经警之间的冲突在推行初期成了“家常便饭”。一次，该公司原总经理办公室帅主任在推行这一规定时，竟与职工们发生肢体冲突。

为缓解矛盾，公司随即在厂正门左侧的院墙上新开了一个1米余宽的小门，供工人临时出入。在“诺佳”2001年元月初出版的一份内部刊物上，可以看到这样的字样：“公司领导多次深入车间，就职工在实施分区管理上的‘不理解’做解释工作。”

为保证分区管理的顺利实施，公司特地在正门、后门安装了电子报警系统，职工进入各门时均要刷卡。若职工未从分区管理规定指定的门（包括侧门）进出，电子报警器将会自动报警。与此同时，公司的保安力量也得到了充实，经警队由原来的20余人增加到86人，以便于迅速处理可能出现的冲突。

一切准备就绪后，元月31日，也就是春节后上班的第一天，该规定开始试运行。工人宋某称，由于当时正值公司减员期，职工尚未与公司签订劳动合同，所以反对者“大多忍气吞声”，以免因被视为“反对派”而落聘。

当然，也有工人赞同分区管理。他们认为，“诺佳”作为一家改制后的现代企业，规范管理是理所当然的事，实行分区管理也未尝不可。

表面的平静并非表明反对者“屈服”了。此后的一件事情就充分地反映出职工对这一规定的反对程度。2月初，公司召开职代会选举法人代表，由于不少代表对分区管理规定心存不满，便有意对原来的法人代表、新法人代表候选人谢某投了反对票，使得他与另一候选人陈某同获103票，险些在第一轮选举中落选。

尽管分区管理争议不断，但该公司仍决定，从10月8日，即国庆长假后第一天正式实行这项制度，这无异于向本来就不平静的湖面又扔了一块大石头。

8日当天，前来上班的工人们发现，幼儿园旁边用于临时应急的小门已被封上了，正门口竖起了一块醒目的牌子：“生产区人员请走北门”（注：北门即后门）。见此情景，职工们的反对之情再次被点燃，公司工会的电话整个上午都在响个不停，职工们纷纷表达了自己的不满。一名工会工作人员回忆说：“当时，很多职工在电话里骂娘。”

二、正反观点

反方：干群本应打成一片，分门走岂不是丢了老传统

黄某，30岁，工人，自称“反对者中跳得最欢的人”：分区管理后，工人只能走后门，而干部则可走豪华气派的正门，此举无疑是将工人与干部划成“三六九等”，让工人有低人一等的感觉。同时，分区管理无形中在工人与干部之间制造了鸿沟，不利于公司内部的整体团结和沟通。“分区就是分心”。

王某，近40岁，工人：在国有企业里，工人干部“打成一片”是上辈流传下来的优良传统，这样可以提高广大职工的积极性，尽可能地发挥大家的聪明才智。实行分区管理岂不是将工人与干部人为地隔开了？同时，在国有企业里，工人是企业的主人翁。实行分区管理后，工人连正门和办公楼都进不了，主人翁一说岂不成了空话？

李某，车间保管员，30岁左右：分区管理给我的工作带来极大的不便。我因工作需要，经常要往办公区送一些资料，由于无权进入办公区，每次只能将资料交给有权进入办公区的人带进去，分区管理完全不合理。

吴某，住在公司正门口生活区内的职工：分区管理后，我每天都要多走20多分钟的路，与原来相比，现在太不方便了。分区管理完全不合理。

正方：外资企业流行的东西，国有企业为何不能用

杨某，40岁，公司机关干部：在市场经济条件下，无论是国企还是外资企业，都有共同点。能在外资企业里实行的管理方法，也应该适用于国有企业。同时，工人主人翁的地位也不是走什么门来决定的，主要还应靠利益的分配来决定。

魏某，32岁，公司机关干部：应该允许公司的当家人进行改革尝试。何况只要工资能有保证，自身经济利益不受损失，公司推行什么管理方式都可以。

三、效果如何

“诺佳”实行分区管理后，效果如何呢？

职工们说，与以前也没有太大区别，有的车间反倒“开开停停”，工人收入没见看涨。

但“诺佳”管理层向记者提供的一份资料显示，实行分区管理后，该公司本年度上半年的销售利润较去年同期增长了56.21万元，增幅为2%。

四、总经理如是说

总经理左权毕业于中南财经政法大学，博士学位，高级经济师，曾任武汉马应龙药业集团董事、常务副总经理。2000年9月26日，“诺佳”以50万元年薪招聘总经理，条件如下：2001年企业实现年利润1 100万元，给予总经理12万元基本年薪；实现年利润4 000万元，即拿50万元年薪。在来自全国各地的25名报名应聘者中，左权脱颖而出，赢得年薪50万元的总经理职位。2000年10月25日，左权正式就职。

左权实行这一管理方法的主要原因有三：①现在外资企业普遍实行这一管理方法，“诺佳”作为一个现代化的企业，也应该实行这一管理方法。②他在上任初期，许多职工经常到公司机关办公楼内“找麻烦”，使机关无法正常开展工作。分区管理可以将职工挡在办公区外，以避免“不必要的纠缠”。③作为一个医药化工企业，应该控制外来人员，以确保安全生产。左权称，在他上任之前，公司曾发生过数起安全事故。

左权还透露，虽然职工们对此反应比较强烈，但公司上层对实施分区管理的意见还是十分统一的，公司党委、董事会、工会都没有对此提出异议。

五、“干群分门出入”值得议个明白

武汉诺佳药业集团股份有限公司是武汉市一家有60年历史的大型国有企业，其前身为武汉制药厂。2001年初，公司将整个厂区划分为生产区和办公区两大块，规定公司里的机关干部通过正门进入办公区，近千名工人通过厂区后门进入生产区，而且，未经允许工人不得进入办公区。此规定一出台即引起轩然大波，10月8日起正式实施的“分区管理”更是激起许多工人的强烈反对。武汉大学商学院副院长、博士生导师谭力文教授应约谈及此事时说：“武汉是国有企业很集中的大城市，深化改革过程中会出现许多值得研究的新事物。‘工人干部分门出入’是否适合中国国情，是否代表现代企业管理的改革方向，很值得人们议个明白。”

附：

“诺佳”分区管理观念大碰撞

正方：工人地位不看前后门　着眼长远才是硬道理

武汉光辉人才顾问服务有限公司总经理朱光辉：我曾在深圳工作了10多年，发现在那里这种现象十分普遍。我觉得“分区管理”很正常，也很有好处。

第一，它提高了干部的权威。在深圳，实行了“分区管理”的企业里，职工对干部有种敬畏的感觉，干部的话就是命令，职工都一丝不苟地履行，便于干部发挥领导带头作用。

第二，它可以体现人才的价值。做了多年的人才服务工作，我认为，就是要将人才从人群中划分开来，不仅从工资、福利上，还要在权力、待遇上有所区别。这样才是尊重人才，才能留住人才，人们才会努力去争做人才。

武汉市医药设计院杨晖：分区管理有其道理。按照药品生产的有关要求，药厂应分为生产区和非生产区，生产区人员与非生产区人员也不应随意流动。但是否应分门而入还要根据实际情况而定。

深圳来武汉投资的张先生：我感到十分震惊，“分区管理”是国外企业的先进管理制度之一。随着中国加入 WTO，国企引进包括“分区管理”在内的先进企业管理制度，这是必然，是趋势，这样才能增强竞争力，企业才能生存。

汉阳侨光丝印厂厂长熊权武：“分门出入是把工人不当人”这种看法是一种保守落后的观点。从哪个门进出，并不能证明工人就低人一等或高人一等。过去吃大锅饭的时候，工人是主人翁的口号天天喊，但企业效益上不来，工人工资很低，难道能体现主人翁地位吗？

武汉市人民检察院退休干部吴天启：我同意“分区管理”的方法，管理是生产力，科学管理是先进生产力的方向。工人做主不是表现在走哪个门上，那只是形式，走后门并不影响广大职工的主人翁地位。最重要的利益体现在经济上，“分区管理”是现代企业管理制度之一，科学管理提高了企业效益，才能更好地实现企业职工的利益。走弯路只是牺牲了眼前“利益”，企业效益提高了，才是实现了长远利益。

反方：分区不应该限制走路　管理须考虑职工生活

“诺佳”职工贺先生：我厂面积有 22 000 平方米，到生产区走北门，有的人上班要多走近 30 分钟。

一位不愿透露姓名的“诺佳”职工：厂领导说此举是限制人员出入“生产区”，但“分区管理”的限制远远超过了“生产区”，变成了对“马路”的限制。

一位“诺佳”职工给武汉晚报发的电子邮件：外企厂房是经过科学规划的，在提高生产效率的同时，不会给工人造成不便；本公司是 20 世纪 60 年代的老厂，生产区、生活区布局并不合理，盲目分区管理只会打消工人积极性、耗费大量额外时间，工作效率不升反降。尤其正门旁宿舍距北门有 40 分钟路程，工人只能买自行车，还担心被偷，不会骑车的人冬天要早早出门顶风冒雨步行，苦不堪言。（编者注：据厂方介绍，住正门前宿舍从北门进厂的职工只占在岗职工的 1/4，厂方已采取了补贴措施，办公楼干部却没有这种“待遇”。）

武昌南机务段刘先生：这种“分区管理”并不代表先进的企业管理方式。以美国思科公司为例，该公司的办公室没有等级划分，总经理钱伯斯办公时就坐在职工的中央，职工们围在他身边办公，体现了一种民主气氛，也使得该公司办公透明化，员工工作积极性很高。

湖北省冶金行业办公室干部罗长洪：我在深圳等地考察时发现，也并不是所有的外资企业都实行“分区管理”。我觉得，人的因素才是第一位的，不能挫伤了人的积极性。

武汉缝纫机总厂熊先生：我也曾是一位中型国企的管理者，企业管理很有必要，而且应该严格，但是，管理的方式有很多，把工人与干部隔开的管理会加深相互之间的矛盾。

武汉纺织学校万恒贵：分区管理的动机是好的，是为了振兴企业。但试行了 10 个月后，工厂领导应反思一下，工人为何有反对意见。从严管理的目的是解放生产力，而不是束缚生产力。

第三方：工人心情可理解　企业改革须深化

武汉申龙汽车空调公司何礼俊：为了谋求和保护自身利益及体现自身价值，获取和传达各种信息非常重要。而在“人治”之下的企业中，职工个体通过非正式沟通渠道获取和传达信息，比如到公司信息较为集中的地方（机关）走动和与掌握信息较多的人（干部）交往等，远比参加会议和阅读文件等正式沟通渠道更加简单、有效和直接。所以，传统的“干群打成一片”对于本身处于信息传达不畅的环境来讲，就显得很重要。实施分区管理使传统的信息渠道断了，会引起少数工人心理上的失落和反对。如果企业依法治理深入人心，沟通渠道稳定充分；如果分区管理确实有利于提高产品质量、促进安全管理和保护知识产权，那么工人会自觉维护分区管理。

湖北省轻工业机械厂丁元鑫先生：判断企业的管理方式是否先进，关键看它是否有利于提高经济效益，有利于企业稳定、发展。我的观点是分区管理可行。企业实行分区管理，对所有职工各自做好本职工作，制止串岗，特别是企业保护技术秘密和商业秘密，无疑是有好处的。工人可以随意出入办公楼，到各个办公室走动，似乎如此就能体现主人翁地位，这种观念必须更新。企业生存与发展，管理者与职工能否同心同德十分重要。职工达成共识，无疑是顺利推进企业改革的关键所在。

诺佳管理层的声音——诺佳为何要实行分区管理

（诺佳药业集团股份公司党委宣传处处长　杨卫星）

首先，分区管理是现代企业通行的管理办法。众多三资、合资企业均将生产区、办公区、生活区划开，通过严格科学的管理规范，做到既不互相干扰，又可有序、有效地沟通与监控。

其次，实行分区管理是GMP达标的迫切需求。由于历史原因，诺佳的布局不尽合理，生产、办公、生活区界限不明，人流、物流混杂现象较为突出，难免交叉污染，相互妨碍，加大了公司GMP达标的难度。随着加入WTO的临近，加快GMP达标的步伐，已成为企业生存与发展的一件大事。

最后，实行分区管理是加强企业管理，保障企业安全的有力举措。安全生产是药品生产企业的头等大事。而分区管理前的状况是，只要凭职工的三个有效证件之一，便可通过公司南大门直接进入生产区域，难免给社会上的不法分子以可乘之机，给企业的生产安全和技术安全造成威胁。实行分区管理后，进出生产区的人员将受到严格监控；生产区、办公区、生活区都有各自的出入通道，职工持智能卡各行其道；从一区进入另一区的人员也需办理相关手续。

显然，分区管理和分区出入是个观念问题，也是规范问题。任何规范的企业，都是严格实行分区管理的。何况“诺佳”没有前后门之分，只有南北门之别，分区管理是职代会通过了的。实行分区管理与密切干群关系并没有直接联系。传统意义上的干群同吃、同住、同劳动不是密切干群关系的唯一方式，关键是企业领导人要做好经营管理之事，把企业带入持续发展之路，把职工带入富裕之路，从而在心灵上与职工“打成一片”。实行分区管理与任何改革一样，初期部分人不适应，少数人有意见是正常的，随着时间推移，当效果凸显出来之时，支持率就会更大。

实行分区管理与主人翁地位也无联系。单纯政治意义上的主人翁要向政治上、经济上的主人翁延伸，只有员工有家可当、有财可理、有责可负、有利可得，主人翁地位才有经济基础。

资料来源：根据《武汉晚报》系列报道整理编写

思　考　题

1．“诺佳”分区管理风波能否避免？你认为怎样才能避免这场风波？

2．如果你要通过公共关系手段解决分区管理风波，试分析你的目标公众对象，并谈谈你对目标公众将采取什么公关策略。

3. 制订一个解决分区管理风波的公共关系活动方案，撰写一份完整的公共关系活动方案报告书。

综合案例二　埃克森公司原油泄漏事件

埃克森公司是一家规模宏大的石油公司，其原油生产和销售业绩曾高居美国国内石油公司之榜首。在美国《幸福》杂志1990年4月所列出的全美500家公司中，埃克森公司名列第三位，仅次于通用汽车公司和福特汽车公司，其业务范围遍布全世界。然而，由于对突发性危机事件反应迟钝，一次油轮泄漏事件令埃克森公司在企业形象和经济上都遭受了巨大损失。因这一事件的影响，埃克森公司在人们心目中成了"破坏环境，傲慢无礼"的公司，西欧和美国的一些老客户纷纷抵制埃克森公司的产品。此外，埃克森公司还陷入了旷日持久的法庭诉讼中。1991年，埃克森公司为此支付了9亿美元的调解费，赔偿了3亿美元用于安抚受其影响的渔民，但根据当时的裁决，联邦政府和阿拉斯加地方政府有权在事后针对当时无法预测的损害追加埃克森公司的责任。这一案件最初于1994年开始在纽约审理，一个陪审团做出裁定，要求埃克森公司向32 000名渔民、阿拉斯加当地居民以及其他受影响的人支付共50亿美元的赔偿。后来美国一家上诉法庭裁定赔偿金降为25亿美元。直至2006年，美国相关部门及阿拉斯加地方政府还裁决埃克森公司再交9 200万美元罚款，为十几年前"埃克森·瓦尔代兹"号油轮原油泄漏事件买单。

1989年3月24日，埃克森公司的一艘巨型油轮"埃克森·瓦尔代兹"号在阿拉斯加州美、加交界的威廉王子湾附近触礁，原油泄出达800多万加仑㊀，在海面上形成一条宽约1千米、长达800千米的漂油带。事故发生地点是一个原本风景如画的地方，盛产鱼类，海豚、海豹成群。事故发生后，礁石上沾满一层黑乎乎的油污，不少鱼类死亡，附近海域的水产业受到很大损失，纯净的生态环境遭受了巨大的破坏。

事故发生以后，地处较偏僻的阿拉斯加地区少有记者光顾，偶尔有几个，他们也只是随意拍几张照片，报道的不过是一个一般性的泄油事故。环境保护组织对这一突发事件感到伤心，加拿大和美国当地政府的官员敦促埃克森公司尽快采取有效措施解决这一难题。

对于这一事故，埃克森公司方面却无动于衷。它既不彻底调查事故原因，也不及时采取有效措施清理泄漏的原油，更不向美、加当地政府道歉，致使事态进一步恶化，污染区域愈来愈大。到了3月28日，原油泄漏量已达1 000多万加仑，25万只海鸟、2 000多只海豚、海豹和至少22只鲸鱼死亡。加拿大和美国当地政府、环境保护组织以及新闻界对埃克森公司这种置公众利益于不顾、企图蒙混过关的恶劣态度极为不满，群起而攻之，发起了

㊀ 1加仑（美）=3.785 41升；1加仑（英）=4.546 09升。

一场“反埃克森运动”。各国新闻记者从世界各地纷至沓来，电视台、广播电台、报纸、杂志、新闻电影制片厂动用了所有的媒介手段，向埃克森公司发起总攻，埃克森公司一下子陷入了极为被动的境地之中。

各国新闻媒介的群起而攻和国际环保组织的严厉批评，惊动了美国总统。3 月 28 日，总统派出了运输部部长、环保局局长和海岸警卫部队总指挥等高级官员组成特别工作组，前往阿拉斯加进行调查。经过调查得知，造成这起恶性事故的原因是船长玩忽职守，擅离职守。事故发生时，船长因饮酒过量而不在驾驶舱，油轮由一个未经海岸警卫队认可的三副驾驶。港口领航员和海岸警卫队官员在发生事故后都从船长的呼吸中闻到很浓的酒气。调查结果传出后，舆论为之哗然。埃克森公司的公共关系危机不可避免地出现了，以往埃克森公司曾做过这样那样对社会有益的事情，现在都被公众抛在脑后。人们现在所知道的，就是埃克森公司是个破坏环境、傲慢无礼的公司。结果，埃克森公司被迫以重金聘请人员清理海滩、刷洗岩石。初春的阿拉斯加寒风袭人，海滩的清理工作十分费力、进展缓慢。据路透社报道，埃克森公司仅此一项就付出了 20 多亿美元。

埃克森公司在漏油事件发生后的一个星期内公司高层都没有公开发言，不仅没有在第一时间展开补救行动及对外公布信息，还企图靠拖延时间、指责政府部门延误清除油污等来推卸自身责任，在事故发生后的 10 多天用大篇幅广告来进行正面回应时，仍然不能掩盖媒体铺天盖地的批评指责。这一事件引起美国公关界的高度重视，他们一面分析埃克森公司在原油泄漏事件中公关失败的原因，一面提醒企业经理们要从中吸取教训，该案例被评为 1989 年美国最差公关案例。美国公关协会会员、公关学者詹姆斯·卢卡斯泽威基教授对这一公关危机进行了系统分析，指出埃克森公司犯了以下错误：反应迟钝；企图逃脱自己的责任；事先毫无准备，既无计划，也无行动；对地方相关部门傲慢无礼；自以为控制了事态发展；不接受任何解决问题的意见；存在侥幸心理；信息系统失控；忽视了能够赢得公众同情和支持的机会；错误地估计了事故规模；丝毫没有自责感。

如果埃克森公司在事发后能快速行动，积极清理泄漏原油以防止事态扩大；如果埃克森公司能及时同政府、新闻媒介和环保组织等公众进行有效沟通，是否能够避免多方责难及公共关系危机？埃克森公司的悲剧告诉我们，有效的公共关系活动对于任何一个社会组织都是至关重要的，正确的公关决策，及时而恰当的公关行动，在危机处理中显得尤为重要。

资料来源：根据《公关实务与案例分析》相关案例改编

思 考 题

1．在事故发生伊始，你认为埃克森公司应该如何做才能赢得公众的同情和支持？

2．“反埃克森运动”开始之后，假如你是该公司的公关顾问，你将提出怎样的建议以帮助公司重塑形象？

参考文献

[1] 熊源伟．公共关系学[M]．3 版．合肥：安徽人民出版社，2005．

[2] 杨波，寇荣．如何进行公关管理[M]．北京：北京大学出版社，2004．

[3] 朱崇娴．公共关系原理与实务[M]．北京：高等教育出版社，2008．

[4] 周安华，苗晋平．公共关系理论、实务与技巧[M]．北京：中国人民大学出版社，2007．

[5] 陶应虎．公共关系原理与实务[M]．北京：清华大学出版社，2006．

[6] 姚慧忠．公共关系理论与实务[M]．北京：北京大学出版社，2004．

[7] 黄昌年，赵步阳．公共关系[M]．上海：上海交通大学出版社，2003．

[8] 何伟祥．公共关系原理与实务[M]．2 版．大连：东北财经大学出版社，2006．

[9] 邓月英．新编公共关系简明教程[M]．上海：复旦大学出版社，2006．

[10] 游昌乔．危机公关[M]．北京：北京大学出版社，2006．

[11] Nina Sun．危机公关诊所[M]．上海：文汇出版社，2007．

[12] 格伦・布鲁姆，艾伦・森特．有效的公共关系[M]．明安香，译．北京：华夏出版社，2002．